堀川 宏

著

Basic
Language Learning
Series

しっかり学ぶ
初級古典ギリシャ語
初級古典
文法と練習問題

はじめに（本書の特長と使い方）

　現在使われているギリシャ語（現代ギリシャ語）に対して、古代に使われていたギリシャ語のことを「古代ギリシャ語」と言います。本書はそのなかでも特別に重要な「古典ギリシャ語」に焦点を当てますが、これはおおよそ紀元前5-4世紀にギリシャのアッティカ地方で使われていた言語です。アッティカ地方の中心都市アテーナイ（現在のアテネ）は政治や文化の中心として栄え、ペリクレースなどの政治家や三大悲劇詩人をはじめとする文学者、プラトーンやアリストテレースなどの哲学者が活躍しました。彼らが残した言葉を読めるようになることが、まずは大きな目標になります。

　とはいえ本書は古典ギリシャ語の文法をすみずみまで勉強するための本ではありません。本書が目指すのは、文法の基本を「しっかり」学びながら、まずは「初級」を卒業することです。そのために重視したのは以下の3点です。

　1．ギリシャ文字で記された単語や文を発音できること。
　2．名詞や動詞の語形変化をなるべくたくさん練習すること。
　3．知識を得たら、やさしめの例文を自分の力で読んでみること。

　"It's Greek to me." という言い回しが「ちんぷんかんぷん」を意味するように、ギリシャ語は難解な言語として知られています。勉強を始めるとすぐに実感されることですが、その難解さの原因はまず独特な文字（ギリシャ・アルファベット）にあります。それに慣れるために、本書は至るところで発音の確認をしながら進みます。第1課と第2課で基本を学び、それを最後までかけて練習するつもりで臨んでください。なるべく声に出して読むことをお勧めします。

　また、名詞や動詞をはじめとする多様な語形変化（屈折と言います）も厄介です。理想を言えばそれぞれの課にある変化表をすべて暗記することが望ましいのですが、いきなり高いハードルを越えようとするのではなく、まずは全体を大きく見渡して仕組みを理解するように努めてください。

そのための説明をなるべく丁寧に付けました。仕組みを理解したら、やはり声に出して読み上げる練習を重ねながら、語形変化に親しむように心がけるとよいでしょう。はじめは厄介だと感じる語形変化も、繰り返し練習するなかで少しずつ覚えていけると思います。

　新しい文法事項を学んだら、その知識を使って読むことのできる例文にも挑戦しましょう。途中からは巻末にある「語彙のリスト」を使って、辞書を引く練習もしていきます。練習問題には純粋に文法確認のための例文もありますが、なるべく古代ギリシャの文化や価値観を伝えるものを選びました。そのような文を発音して音の響きを楽しみ、自分の力で解釈する作業を通して文を読むコツを身に付けていってください。

　練習問題には解答と簡単な解説を付けました。例文と解答を見比べながら、この文がなぜこのように訳せるのかと考えることも勉強になるはずです。気に入った例文を見つけたら、それを覚えてしまうのもよいでしょう。皆さんそれぞれの仕方で、ぜひ楽しみながら学習を進めてください。

　本書で学ぶことは古典ギリシャ語のごく初歩ですが、そこをしっかり固めることで、その後の学習がスムーズに進むはずです。ぜひ繰り返し練習して、この厄介な言語の「初級」を卒業しましょう。その先には「中級」からさらには「上級」の学習体験、すなわち古代ギリシャの人々が残した様々な言葉をじかに読むという楽しみが待っています。

　古典ギリシャ語の世界へようこそ。これから皆さんに楽しい学びの時間がありますように！

しっかり学ぶ初級古典ギリシャ語　目次

第1課 │ 文字と発音

1 ギリシャ・アルファベット

　古典ギリシャ語を記すのに使うアルファベットは、次ページの24種類です。それぞれに大文字と小文字がありますが、大文字は固有名詞の語頭やパラグラフのはじめ以外ではあまり使いませんから、まずは小文字を中心に慣れていくのがよいでしょう。文字の形を真似して、何度か書いてみてください。「書き順」は書きやすいように書けば大丈夫です。260ページの付録1も参考になると思います。

　それぞれの文字には名称と音価（発音）が定まっています。たとえばリストの始めにある α は「アルファ」という名称の文字で、[a] または [a:] という音価を持ちます。文字の名称と音価が対応していて、「アルファ」だから「ア」または「アー」と発音すると捉えておいてください。同様に β は「ベータ」だから [b] と発音し、γ は「ガンマ」だから [g] と発音する……という要領で進みますが、ところどころ悩ましいものもあります。そこで以下では、古典ギリシャ語の文字と発音を、ひとつひとつ確認していくことにします。次ページのリストはまとめとして使ってください。

2 母音の組織
短母音と長母音

　母音で大切なのは、短母音（短く発音する母音）と長母音（長く伸ばして発音する母音）を区別することです。以下の表を見てください。

短母音	α [a]	ε [e]	ι [i]	o [o]	υ [y]
長母音	ᾱ [a:]	η [ɛ:]	ῑ [i:]	ω [ɔ:]	ῡ [y:]

　まずは短母音ですが、左から順に「ア」「エ」「イ」「オ」「ユ」と読んでください。最後の υ [y] は、正確には「唇を丸めてウの形にし、口のなかでイと発音する」ときの音ですが、本書では便宜的に「ユ」で示すことにします。「ウ」とは読まないことがポイントです。

● アルファベット（Greek Alphabet）［一覧表］

大文字	小文字	名称[1]	音価（古典期のもの）[2]
A	α	アルファ	[a] または [aː]
B	β	ベータ	[b]
Γ	γ	ガンマ	[g] または [ŋ]
Δ	δ	デルタ	[d]
E	ε	エ・プシーロン	[e]
Z	ζ	ゼータ	[zd]　英語 wisdom の sd
H	η	エータ	[ɛː]
Θ	θ	テータ（シータ）	[tʰ]
I	ι	イオータ	[i] または [iː]
K	κ	カッパ	[k]
Λ	λ	ラムダ	[l]
M	μ	ミュー	[m]
N	ν	ニュー	[n]
Ξ	ξ	クシー	[ks]　英語の x に相当
O	ο	オ・ミークロン	[o]
Π	π	ピー（パイ）	[p]
P	ρ	ロー	[r]　巻き舌で発音する
Σ	σ / ς	シーグマ	[s] または [z]
T	τ	タウ	[t]
Y	υ	ユー・プシーロン	[y] または [yː]　ドイツ語 ü の音
Φ	φ	ピー（ファイ）	[pʰ]
X	χ	キー（カイ）	[kʰ]
Ψ	ψ	プシー	[ps]
Ω	ω	オー・メガ	[ɔː]

注1　名称は慣用的な呼び名を優先しています。
注2　「古典期」とは前5-4世紀のこと。この時期にアテーナイ（現在のアテネ）を中心とする
　　地域で使われていたギリシャ語を「古典ギリシャ語」といいます。

　続いて長母音を確認します。これも左から順に「アー」「エー」「イー」
「オー」「ユー」と読んでいってください。これらのうち ā / ī / ū では、文
字の上にある横線（マクロン）が長母音であることを示します。この記号
はじつは補助的なもので、実際のギリシャ語原文では書かれないのです
が、教科書や辞書などではないと困る（母音の長短が分からない）ので、

9

本書では一貫してこの記号を使います。マクロンが付いていたら長く伸ばして読むようにしてください。

　η / ω は短母音とは異なる文字を使い、ā / ī / ū とは長母音の表し方が違うので注意してください。また発音記号を見るとそれぞれ［εː］［ɔː］となっていて、短母音（［e］［o］）とは異なる記号が使われています。これは［e］や［o］よりも口のなかを広く空けて発音する音を示しますが、カタカナでは区別が難しいので、本書では正確な区別にはこだわらずに、η を「エー」、ω を「オー」と記すことにします。

二重母音

　母音でもうひとつ大切なのが二重母音です。二重母音とは「2文字をまとめて発音する母音」（分けて発音することができない）のことで、基本的には以下の11の組み合わせがあります。それぞれの母音を単独で読む場合とは異なる発音になるものもあるので、注意して学んでください。

αι	［ai］	āι	［aːi］	αυ	［au］
ει	［ei］	ηι	［εːi］	ευ	［eu］
οι	［oi］	ωι	［ɔːi］	ηυ	［εːu］
υι	［yi］			ου	［uː］

　まずは左端の αι / ει / οι / υι を確認します。それぞれ短母音［a］［e］［o］［y］に［i］の音を添えるようにして、「アイ」「エイ」「オイ」「ユイ」と発音してください。ει については日本語で「先生 sensei」を「センセー」と発音するように［eː］と発音するともいわれますが、本書では長母音 η との区別のために「エイ」と記すことにします。

　次に真中の āι / ηι / ωι ですが、これらはいずれも長母音［aː］［εː］［ɔː］に短母音［i］を添えて、「アーイ」「エーイ」「オーイ」と発音します。これらは ᾳ / ῃ / ῳ と書かれることもあり、このとき文字の下にまわった ι（ゴミではありません）を「下書きのイオータ」と呼びます。この書き方の場合でも、古典ギリシャ語の発音としては ι を無視せずに、「アーイ」「エーイ」「オーイ」と読むのがよいでしょう。

　最後に右端の αυ / ευ / ηυ / ου を確認します。これらのうち αυ / ευ / ηυ はそれぞれ「アウ」「エウ」「エーウ」で、υ の文字を「ウ」と読むことが

ポイントです。先ほど見たように υ は単独では「ユ」と読み、二重母音でも υι の場合には「ユイ」でしたが、αυ / ευ / ηυ のように二重母音の後半に現われるときには「ウ」と読むので要注意です。ου を「ウー」と読むのも特別なので、気をつけて覚えておいてください。

3　子音の組織

子音の基本①：閉鎖音

　子音は母音と組み合わせて発音する音で、この組み合わせで音節（発音上の最小単位）を形成します。そのため子音単独で発音するのは難しいのですが、ここでは子音だけを取り出して音価を確認しておきます。まずは閉鎖音と呼ばれる子音から見ていきましょう。

	無声音	有声音	帯気音
唇音	π [p]	β [b]	φ [pʰ]
歯音	τ [t]	δ [d]	θ [tʰ]
軟口蓋音	κ [k]	γ [g]	χ [kʰ]

　これらはすべて、外に出ていく息の流れを一度ストップして、それを解放することで生まれる子音（そのため閉鎖音と呼ばれる）です。まずは**無声音**と**有声音**を確認しましょう。唇音の場合には唇で息の流れをストップして、それを解放しながら π は「プ」のような発音、β は「ブ」のような発音（正確には [pu] [bu] のうち [p] [b] にあたる音）になります。

　歯音の場合には上の前歯の付根に舌先を当てて、そこで一瞬だけ息の流れをストップし、それを解放することで発音します。τ なら「トゥ」、δ なら「ドゥ」という感じ（正確には [tu] [du] の [t] [d] にあたる音）です。ぜひ口を動かして確認するようにしてください。

　軟口蓋音は、口腔内奥の天井部分（喉の真上あたり）に舌の付根を近づけて、息の流れを狭めることで発音します。唇音や歯音に比べて説明しにくいのですが、κ なら「ク」、γ なら「グ」のように発音する際、舌の付根がどのように動いているか、あるいは口腔内のどこにストレスがかかっているか（その場所が軟口蓋です）を確認するとよいと思います。

　さて、少し厄介なのが**帯気音** φ / θ / χ です。これらは、だいたい「プ」「トゥ」「ク」という発音で、先ほどの π / τ / κ とよく似ていますが、発音

上ちょっとした違いがあります。たとえば英語の p の文字は stop の場合には［p］の音を添えるだけですが、peace のように語頭に来ると、唇でストップした息を強く吐き出しながら発音します。この息が強く伴った音のことを帯気音といい、古典ギリシャ語はそれを φ という特別な文字（発音記号は［pʰ］）で表します。同様に θ［tʰ］は teach などの t に、χ［kʰ］は keen などの k に相当する音です。いずれも息が強く伴った音なので、少しだけ息を強めに吐き出して発音するとよいでしょう。

子音の基本②：その他の子音

閉鎖音以外の子音には鼻音、流音、摩擦音、二重子音があります。順に確認していきましょう。まずは鼻音ですが、これには μ［m］と ν［n］があり、それぞれ「ム」「ヌ」のような音だと捉えておいてください。ともに息が鼻に抜けていく音です。

流音には λ［l］と ρ［r］があります。それぞれ英語の l と r に相当しますが、古典ギリシャ語の ρ は「巻き舌の r」でした（文字の見ためと異なり［p］の音ではないので注意）。口のなかで舌先を震わせながら出す音で、舌先で上の前歯を弾くようにして出す λ とは区別されます。本書では両者を区別せず、ともに「ル」のように示します。

摩擦音を示す文字には σ と ς の2種類があり、基本的に両方とも［s］の音（上の前歯と舌先のあいだに息を通して出す音です）を表します。小文字の場合、**語末では ς の文字を使い、それ以外では σ を使う**という約束になっています。大文字 Σ にはそのような区別がありません。

少し注意すべき子音として ζ［zd］/ ξ［ks］/ ψ［ps］があります。これらは1文字で子音2つ分の音を示すのがポイントで、そのため二重子音と呼ばれます。それぞれ「ズドゥ」「クス」「プス」のような音ですが、ζ は英語の wisdom、ξ は tax、ψ は tips（下線部がそれぞれ［zd］［ks］［ps］の音）と並べて押さえておくのがよいでしょう。

注意すべき子音

以上が子音の基本ですが、ガンマ（γ）とシーグマ（σ / ς）は注意が必要です。先ほど説明したように γ は**基本的に［g］の音を示す**文字ですが、**κ / γ / χ / ξ の前**（つまり軟口蓋音の前）では［ŋ］の音（鼻に抜けていく

「ン」の音）になります。たとえば γαια は「ガイア」と読みます（意味は「大地」）が、σπογγος は「スポンゴス」（意味は「海綿」）、Σφιγξ は「スピンクス」（ギリシャ神話に登場する怪物の名前）になります。ともに太字にした γ を「ン」と読むので注意してください。

　また σ / ς は [s] が基本ですが、β / δ / γ / μ の前（つまり有声音や μ の前）では [z] の音になります。たとえば μεσος は「メソス」と読みます（意味は「中間の」で「メソポタミア」の「メソ」です）が、κοσμος は「コズモス」（意味は「世界」など）、Λεσβος は「レズボス」（エーゲ海に浮かぶ島の名前）です。

　もう一点、γλωττα（舌）や βαλλω（投げる）のように同じ子音が連続する場合には、「グローッタ」や「バッロー」のように小さな「ッ」を入れて読むようにしてください。ただし γραμμα（文字）や τυραννος（王）など μμ と νν の連続の場合には、「グランマ」や「テュランノス」のように１文字目の μ / ν を「ン」と読みます。

練習問題1　　以下の単語を発音してみてください。余裕があれば、カタカナなどで読み方を書いて確認するとよいでしょう。括弧内に意味を記しておきました。知っている単語があるかもしれません。

1. λογος（言葉）　　2. προλογος（プロローグ）　　3. ποιητης（詩人）
4. μῡθος（神話）　　5. σοφιᾱ（智恵）　　6. αυτος（自身）
7. δουλος（奴隷）　　8. δεσποτης（主人）　　9. φωνη（声）
10. ψῡχη（魂）　　11. ορχηστρᾱ（舞台）　　12. αγγελος（使者）

＊練習問題の解答は巻末（272ページから）にあります。

第2課 気息記号とアクセント

1 気息記号

第1課でギリシャ・アルファベットを学びましたが、そこには [h] の音を表す文字がありませんでした。ギリシャ語では [h] を文字で表すことができないのです。そこで、**気息記号**という特別な記号を使って表現することになります。次の単語を見比べてください。

ἄγγελος（使者）　　vs.　　ἁρμονιᾱ（調和）

語頭の α の上に記号が付いています。これが ʼ（左に開いている）であれば、そのまま [a] と読んでください。つまり ἄγγελος は「アンゲロス」と読みます（γγ の発音は前ページを参照）。反対にこの記号が ʽ（右に開いている）になっていれば、それに [h] を付けて [ha] と読みます。つまり ἁρμονιᾱ は「ハルモニアー」です。この記号が気息記号で、ʼ の方を**無気記号**、ʽ の方を**有気記号**と呼んで区別します。なお、この記号は基本的に語頭の母音にしか付きません。

もう少し例を見ておきましょう。ἐγω（私）は「エゴー」と読むのに対して ἑπτα（7）は「ヘプタ」であり、ἰσος（等しい）が「イソス」であるのに対して ἱππος（馬）は「ヒッポス」です。気息記号の向きに注意して、[h] の有無を判断するようにしてください。

ただし ευ や ου といった二重母音の場合には、εὐθυς（まっすぐな）や οὐσιᾱ（財産）のように2文字めに付けるので注意してください。それぞれ「エウテュス」「ウーシアー」と読みますが、それに対して εὑρηκα（私は発見した）と οὑτος（この...）は「ヘウレーカ」と「フートス」です。二重母音に有気記号が付く場合には、**二重母音を構成する [eu] や [u:] の前に [h] を付けて読む**のですね。

気息記号について特に重要なのは以上ですが、次のことも知っておくとよいでしょう。まず、語頭の υ と ρ は常に [h] の音を伴います。たとえば ὑπερ（...を越えて）は υ の文字で始まりますが、このような語は必ず気息記号が ὑ になり「ヒュペル」のように発音します。また ῥυθμος（リ

14

ズム）のように ρ で始まる語も気息記号が ῥ になり、「リュトゥモス」の
ように発音します。ρ の文字は「巻き舌の r」を表しますが、それを発音
するときには必ず息（つまり［h］の音）を伴うため、それが有気記号で
示されているのです。先ほど気息記号は基本的に語頭の母音にしか付かな
いと言いましたが、ρ は子音なのでその例外ということになります。

　固有名詞など大文字で始まる語では、気息記号は大文字の左肩に付けま
す。たとえば有名なトロイア戦争の英雄アキッレウスとオデュッセウスの
ギリシャ語表記は、それぞれ Ἀχιλλευς と Ὀδυσσευς です。

2　アクセント

　古典ギリシャ語にもアクセントがありますが、その仕組みは英語などの
場合とは異なります。英語では、たとえば language という単語は lan の
部分をほかよりも強く発音するように、**音の強さ**によってアクセントを示
します。このようなアクセントを「強勢アクセント」といいますが、古典
ギリシャ語の場合はそれと異なり、**音の高さ**によってアクセントを示す仕
組みになっています。この仕組みはじつは日本語と同じです。

　　　箸（はし）　　　vs.　　　橋（はし）

　これらの語はともに［hashi］という音価を持ちますが、箸は［ha］の
方を高く発音する（そこから［shi］に向かって音が低くなる）のに対して、
橋は［shi］の方を高く発音します（そこに向かって［ha］から音が上が
る感じ）。このような仕組みのアクセントを「高低アクセント」といい、
古典ギリシャ語もこれと同じタイプのアクセントなのです。

　古典ギリシャ語のアクセントは、以下の3種類の記号で示されます。ま
ずはアクセント記号の指示どおりに読むように心掛けてください。

> 1．鋭アクセント（´）…… その母音をほかよりも高く読む。
> 2．重アクセント（`）…… 実質的に無アクセント。
> 3．曲アクセント（˜）…… 母音の前半を高く、後半を低く読む。

　鋭アクセントは、たとえば λόγος（言葉）や ποιητής（詩人）のように
示されます。それぞれ「ロゴス」「ポイエーテース」のように、鋭アクセ
ントの記号がある部分をほかよりも高く発音するようにしてください。本

15

書ではこれ以後、鋭アクセントのある部分に下線を引いて示すことにします。なお δαίμων（神霊）のように二重母音（この場合は αι）に記号を付ける場合には、気息記号の場合と同じく後半の母音（2文字め）に付け、発音は「ダイモーン」のように「ダイ」全体が高くなります。

　重アクセントは、本来は語末に鋭アクセントがある語形に、ほかの語が続く場合にだけ現われます。たとえば先ほどの ποιητής は「本来は語末に鋭アクセントがある語形」ですが、これに別の語 καλός（美しい）を続けると、ποιητὴς καλός のように語末の鋭アクセントが重アクセントに変わります。発音は「ポイエーテース・カロス」のように、重アクセントの部分にはアクセントを付けずに（ほかの部分と高さをあわせて平板に）読み、鋭アクセントの部分だけを高くしてください。

　曲アクセントは長母音と二重母音にのみ付くことができ、短母音よりも発音に時間がかかる母音（長母音や二重母音）の前半を高く、後半を低く読みます。たとえば μῦθος（神話）の υ は曲アクセントが付いているので必然的に長母音ですが、その「ユー」を高い音で始めて、伸ばしている途中で低い音に変えて読むことになります。本書ではこれを「ミュートス」のように、二重下線を引いて示すことにします。δοῦλος（奴隷）のように二重母音（この場合には ου）に曲アクセントが付く場合には、気息記号と同じくアクセント記号を2文字めに付けます。先ほどの μῦθος と同じ要領で、「ウー」の途中で高さを変えて「ドゥーロス」と発音してください。同様に παῖς（子供）は「パイス」と発音します。

［気息記号とアクセント記号が重なる場合］

はじめのうちは、気息記号とアクセント記号を意識して区別するように心掛けてください。両者が同じ文字に付くこともあり、そのようなときには特に注意が必要です。αὔριον（明日）は αυ に付いている記号のうち、左が気息記号で右がアクセント記号。αἷμα（血）は αι に気息記号が付き、その上に曲アクセントの記号があります。読み方はそれぞれ「アウリオン」と「ハイマ」です。

第 3 課 | 動詞の基本

動詞の活用（現在形）

この課では古典ギリシャ語の動詞について基本的なことを学びます。今後の学習の前提となる大切な考え方を学びますから、しっかり理解するように努めてください。

ギリシャ語の動詞は、**主語の人称と数**に応じて形を変えます。人称には日本語などと同じく **1 人称**、**2 人称**、**3 人称**があり、数には**単数**と**複数**のほかに、「2つ」であることを特別に示す**双数**（または両数）があります。双数は古典ギリシャ語の時代にはあまり使われなくなっていたので、本書ではひとまずこれを省略して学び、261ページで概要のみ示します。

さて、動詞の語形変化（**活用**という）を見てみましょう。たとえば「…を止める」を意味する παύω の現在形は、以下のように変化します。

	単数	複数
1 人称	παύω	παύομεν
2 人称	παύεις	παύετε
3 人称	παύει	παύουσι(ν)

単数は上から順に<u>パウオー</u>、<u>パウエイス</u>、<u>パウエイ</u>と発音します（二重母音 αυ をほかよりも高く読む）。παυ- の部分は変化せず、語尾が -ω、-εις、-ει と変わっていることに注目してください。複数は<u>パウオメン</u>、<u>パウエテ</u>、<u>パウーシ（ン）</u>で、やはり語尾だけが -ομεν、-ετε、-ουσι(ν) と変わります。3 人称の最後に括弧付きの ν がありますが、これは**脱着可能な ν**で、場合に応じて付く場合と付かない場合があります。基本的に**句読点や母音の前**では付くと覚えておいてください。

この変化表をもう少し観察しておきましょう。まずは全体を眺めて、すべての語形が（綴りも発音も）明確に区別されていることを確認してください。つまり παύω という形は主語が 1 人称・単数のときにだけ使い、この形を見れば主語が「私」だと特定できる仕組みになっています。そのため次のように、**1 人称と 2 人称の場合には主語を明示する語**（英語の I

練習問題2-1 気息記号とアクセントに注意して、以下の単語
てください。解答は巻末（272ページから）にあります。

1. σοφίᾱ（知恵）　　2. φωνή（声）　　3. ψῡχή（魂）
4. ὀρχήστρᾱ（舞台）　5. ἄγγελος（使者）　6. ἁρμονίᾱ（
7. αὐτός（自身）　　8. οἶκος（家）　　9. οἷος（...よ

練習問題2-2 以下の人名を発音してください。アクセント
気をつけて読めば、古典ギリシャ語らしい発音になります。

1. Σωκράτης　2. Πλάτων　3. Ἀριστοτέλης　4. ¨
5. Ἡρακλῆς　6. Οἰδίπους　7. Ἀπόλλων　8. ¨

[ラテン・アルファベットとの対応]

ギリシャ語の単語をラテン・アルファベット（英語などで使われるア
で表記する方法は、知っておくと便利です。基本的には第1-2課で
そのままラテン・アルファベットに置き換えれば OK です。アク-
現せず、η / ω などの長母音は e / o のように長音を無視して記すの
必要に応じて ē / ō のようにすることもあります。以下の例で確認
太字部分は要注意の箇所です。

λόγος　　⇒　logos　　ποιητής　⇒　poietes
ἁρμονίᾱ　⇒　**harmonia**　ἄγγελος　⇒　angelos

ただし [k] の音は c で表現するのが普通です。また φ / χ / θ の
れぞれ ph / ch / th とし、語頭の ῥ は rh で表します。

Σωκράτης　⇒　Socrates　φωνή　　⇒　**ph**one
ὀρχήστρᾱ　⇒　or**ch**estra　ῥυθμός　⇒　**rh**yth

など）**を書く必要がありません**。動詞だけで主語を示せるのです。

παύω.	<u>私は止める。</u>	παύομεν.	<u>私たちは止める。</u>
παύεις.	<u>あなたは止める。</u>	παύετε.	<u>あなたたちは止める。</u>

　3人称の場合にも、文脈から主語が明らかならば、主語（英語の He など）を明示せずに、παύει. だけで「<u>彼は</u>／<u>彼女は</u>／<u>それは止める</u>」の意味になります。しかし3人称では、主語を具体的に示さないと状況が分からないことがありえます。そういうときには、Σωκράτης παύει.「ソークラテースは止める」のように主語を明示して表現します。

2　ω 動詞と μι 動詞

　動詞には大きく分けて、**ω 動詞**（オー）と **μι 動詞**（ミ）という 2 つのタイプがあります。ω 動詞は、先ほどの παύω のように **1 人称・単数が -ω で終わる動詞**のことで、ほかにも ἀκούω（聞く）や λέγω（語る）などがあります（発音はアクーオーとレゴー）。活用のパターンは παύω と同様で、ἀκούω なら ἀκούω、ἀκούεις、ἀκούει、ἀκούομεν、ἀκούετε、ἀκούουσι(ν)、λέγω なら λέγω、λέγεις、λέγει、λέγομεν、λέγετε、λέγουσι(ν) と活用します。語尾の変化を確認しながら、書いたり発音したりして練習してください。

　もうひとつの μι 動詞は、やはり **1 人称・単数**の語形に注目して、それが **-μι で終わる動詞**のことです。δίδωμι（与える）や τίθημι（置く）などの重要語（発音は順にディドーミ、ティテーミ）が多いのですが、これらは ω 動詞とは異なる活用をするので、後ほど学ぶことにします。

> ［辞書での表記］
> 古典ギリシャ語の辞書には、1 人称・単数の語形を動詞の見出し語にするという習慣があります。そのため、たとえば παύεις を辞書で引くには、語尾の -εις を -ω に変えて παύω の語形で検索することになります。これをスムーズに行なうには、変化表への習熟が不可欠です。頑張って練習しましょう。

3　現在形の示す意味

　現在形は基本的に **「（繰り返し）…する」「（習慣的に）…している」** な

どの反復的な意味合いや、「(今まさに)...している／しようとしている」
などの進行的な意味合いを示します。たとえば τὸν ὕμνον ἀκούω. (トン・
ヒュムノン・アクーオー) という文は「その歌を (τὸν ὕμνον) 私は繰り
返し聞く／習慣的に聞いている／今まさに聞いている」などの意味を示し
ます。どの意味で解釈するかは、文脈と相談したり状況をイメージしたり
しながら決めてください。もう少し例文を見ておきましょう。

(1) ταῦτα πολλάκις λέγεις.
　　あなたはよくそれらのことを語る。[反復的]
　　＊ ταῦτα　それらのこと　πολλάκις　よく (often)　λέγω　語る

(2) πρὸς τὸ ἄστυ βαίνομεν.
　　私たちはその町へ向かって進んでいる。[進行的]
　　＊ πρός　...へ向かって　τὸ ἄστυ　その町　βαίνω　進む

(3) τὸ θηρίον ἀποκτείνει.
　　彼はその獣を殺そうとしている。[進行的]
　　＊ τὸ θηρίον　その獣　ἀποκτείνω　殺す

　例文を読む準備として、まず発音を確認しましょう。例文 (1) はタウ
タ・ポッラキス・レゲイス、例文 (2) はプロス・ト・アステュ・バイノ
メン、例文 (3) はト・テーリオン・アポクテイネイと読みます。
　そのうえで意味をとりますが、その際、**最初に述語動詞に注目する**よう
にしてください。ギリシャ語に限らずヨーロッパ言語全般にいえることで
すが、文は述語動詞 (人称と数を備えた動詞のこと) を中心に組み立てら
れるため、その中心を押さえることが解釈の出発点になるのです。
　例文 (1) では λέγεις が 2 人称・単数なので、まず「あなたは語る」と
意味をとり、そこに ταῦτα と πολλάκις を繋げます。このように考えてい
けば、ταῦτα を λέγεις の目的語として (「それらのことを語る」の意味で)
読めるでしょう。例文 (2) も βαίνομεν が 1 人称・複数であることを確認
して「私たちは進む」と読んでから、πρὸς τὸ ἄστυ (この 3 語で前置詞句
です) を関係させます。例文 (3) は ἀποκτείνει が 3 人称・単数なので文
脈なしでは「彼は」か「彼女は」か分かりませんが、とりあえず「彼は」

20

としておき、それに τὸ θηρίον を繋げます。もちろん「彼女は」としても OK です。

このような要領で文全体のおおまかな意味を捉えたら、反復的なのか進行的なのかといった意味合いを判断します。例文に付した訳で確認してください。なお、これらの例文から分かるように、ギリシャ語では**述語動詞が文末に来る**のが基本的な語順です。英語などとは違うのではじめは戸惑うかもしれませんが、少しずつ慣れていってください。

4　不定詞（現在不定詞）

παύω の語尾を -ειν に変えて παύειν（パウエイン）にすると、現在形に対応する不定詞（現在不定詞）の語形になります。古典ギリシャ語において**不定詞は「...すること」という意味を示す**のが基本です。これについても例文を見ておきましょう。

(4) τὸν ὕμνον ἀκούειν ἐθέλω.
　　私はその歌を聞くことを望む。（その歌を聞きたい）
　　＊τὸν ὕμνον　その歌　ἀκούω　聞く　ἐθέλω　望む、欲する

(5) τὸν ὕμνον ἀκούειν μοι ἀρέσκει.
　　その歌を聞くことは私を喜ばせる。
　　＊μοι　私　ἀρέσκω　喜ばせる

発音は、例文（4）がトン・ヒュムノン・アクーエイン・エテローで、例文（5）がトン・ヒュムノン・アクーエイン・モイ・アレスケイです。ともに不定詞句 τὸν ὕμνον ἀκούειν が「その歌を聞くこと」という名詞的な意味になっていることがポイントで、その不定詞句が（4）では述語動詞 ἐθέλω（私は望む）の目的語として、（5）では μοι ἀρέσκει（私を喜ばせる）の主語として機能しています。「...すること」は意味的に1人称でも2人称でもなく、さらには複数でもありませんから、例文（5）のようにそれを主語にする場合には、述語動詞は3人称・単数の語形（ἀρέσκει）で対応させます。

練習問題 3-1　παύω の活用（18ページ）を参考にして、次に挙げる各動詞の現在形の変化（活用）を確認してください。何でもよいので練習用の紙を用意して、変化形を順に書いてみましょう。必ずしもきれいな表にする必要はありません。

1．λέγω（レゴー）語る　　2．ἀκούω（アクーオー）聞く
3．γράφω（グラポー）書く　　4．βαίνω（バイノー）進む

練習問題 3-2　次に挙げる各語形に対して、辞書の見出し語形（1人称・単数の語形）を答えてください。これが辞書で動詞を調べるための練習になります。

1．ἔχει（エケイ）　　2．φέρομεν（ペロメン）
3．βάλλουσι（バッルーシ）　4．λείπεις（レイペイス）
5．πέμπετε（ペンペテ）　6．λαμβάνειν（ランバネイン）

練習問題 3-3　次に挙げる各文について、発音を確認したうえで意味を答えてください（訳してください）。まずは動詞の語尾に注目して、主語を正確に捉えることが大切です。そのうえで余裕があれば、反復的や進行的などのニュアンスを考えてみるとよいでしょう。必要な単語は問題文の下に載せておきます。

1．τὸν ὕμνον ἀεὶ ἀκούομεν.
2．τὸν ὕμνον ἀεὶ ἀκούετε.
3．τὴν ἐπιστολὴν νῦν γράφει.
4．ἆρα τὴν ἐπιστολὴν νῦν γράφεις;　（疑問文）

＊τὸν ὕμνον　その歌を　　ἀεί [ā]　いつも（always）　　ἀκούω　聞く
　τὴν ἐπιστολήν　その手紙を　　νῦν　いま（now）　　γράφω　書く
　ἆρα　疑問文の目印

22

第4課 | 名詞の基本と第二変化名詞

1 名詞の性と格

　第3課で動詞について学んだので、この課では名詞の基本を学ぶことにします。ギリシャ語の名詞には単語ごとに性別があり、**男性名詞、女性名詞、中性名詞**に区分されます。たとえば「父」を意味する πατήρ（パテール）は男性名詞に分類され、それに対して「母」を意味する μήτηρ（メーテール）は女性名詞に、「星」を意味する ἄστρον（アストロン）は中性名詞に分類されます。

　このような区別のことを名詞の**性**（gender）というのですが、その区分は必ずしも「父」や「母」といった意味に応じて決まるとは限りません。たとえば「河」を意味する ποταμός（ポタモス）は男性で、「調和」を意味する ἁρμονίᾱ（ハルモニアー）は女性、「子供」を意味する παιδίον（パイディオン）は中性です。これらについて、なぜ「河」が男性で「調和」が女性なのかとか、「子供」には男の子と女の子がいるじゃないかとか、いろいろ考えてみたくもなるのですが、そのような疑問はひとまず脇に置いておくのがよいでしょう。**名詞の性は意味とは関係なく定まることがある**と捉えておいてください。

　もうひとつ大切なのが**格**という考え方です。たとえば「馬」を意味する名詞 ἵππος（ヒッポス）は、文中で「その馬**は**」を意味するときにはこの形ですが、「その馬**を**」の意味になると ἵππον（ヒッポン）、「その馬**の**」なら ἵππου（ヒップー）、「その馬**に**」なら ἵππῳ（ヒッポーイ）というように語形が変わっていきます。日本語の助詞が「は」「を」「の」「に」と変わるのに対応して、ギリシャ語の語尾が -ος、-ον、-ου、-ῳ と変化していることを確認してください。日本語は文中での名詞の働き（主語なのか目的語なのかなど）を助詞（格助詞）で示しますが、**ギリシャ語ではその働きが名詞の語尾によって示される**のです。このとき主語や目的語といった文中での働きのことを格といい、それに応じた語形変化（ἵππος、ἵππον、ἵππου、ἵππῳ）のことを一般に**格変化**（正確には曲用）といいます。

　名詞を学ぶとき、綴りと発音、そして意味との対応を覚えることはもち

23

ろん大切ですが、ギリシャ語の場合には、それに加えて上記のような格変化のパターンを覚える必要があります。これからこの課では「第二変化」と呼ばれるパターンを学びますが、それに先立って、格について基本的なことをまとめておきます。それぞれの格の名称と働きを、対応させて覚えるようにしてください。

［古典ギリシャ語の格］
1. **主格**　「...は」「...が」のように主語として働く。
2. **対格**　「...を」のように直接目的語として働く。
3. **属格**　「...の」のように所有や所属を示す。
4. **与格**　「...に」のように間接目的語として働くほか、
　　　　　「...で」「...を使って」など手段を示すこともある。
5. **呼格**　「...よ」のように呼びかけを示す。

2　第二変化名詞

　それでは、名詞の格変化のパターンを学んでいきましょう。まずは「第二変化」と呼ばれるパターンから始めます。第一変化をまだやっていないのになぜ第二変化からなのかと疑問に思うかもしれませんが、理由は単純で、このパターンの方が勉強しやすいからです。まずは第二変化で要領をつかんでから、第一変化については後ほど、第8課以降で学びます。

　次ページの変化表を見てください。λόγος（ロゴス）は「言葉」を意味する名詞ですが、この変化表を縦に見ていくと、主格などの格に応じて語尾（太字部分）が変化しているのが分かると思います。上から順に、単数がロゴス、ロゴン、ログー、ロゴーイ、複数がロゴイ、ログース、ロゴーン、ロゴイスと読みながら確認してください。下線部は鋭アクセントなのでほかよりも高く発音します。

　左側に並んでいる ὁ、τὸν、τοῦ、τῷ ... は定冠詞で、基本的には英語の the と同じく「（あなたも知っている）その...」などの意味合いを示すときに使います。この表にあるように定冠詞も名詞と同じく格変化するのですが、詳しくは後ほど第6課で説明することにします。

		言葉（男性名詞）		本（中性名詞）	
単数	主格	ὁ	λόγος	τό	βιβλίον
	対格	τόν	λόγον	τό	βιβλίον
	属格	τοῦ	λόγου	τοῦ	βιβλίου
	与格	τῷ	λόγῳ	τῷ	βιβλίῳ
複数	主格	οἱ	λόγοι	τά	βιβλία
	対格	τούς	λόγους	τά	βιβλία
	属格	τῶν	λόγων	τῶν	βιβλίων
	与格	τοῖς	λόγοις	τοῖς	βιβλίοις

　次に隣の βιβλίον（ビブリオン）の変化表を見てください。先ほどと同じく格に応じて語尾が変化しています（発音はビブリオン、ビブリオン、ビブリウー、ビブリオーイ、ビブリア、ビブリア、ビブリオーン、ビブリオイスです）が、その変化のパターンが λόγος とは少し違います。単数でも複数でもそれぞれ主格と対格が同じ形（βιβλίον と βιβλία）になっているのが特徴的で、属格と与格の語尾は λόγος の場合と同じです。定冠詞にも同様の特徴があることを確認してください。

　このように、λόγος と βιβλίον には似ているところもありますが、全体としては異なる変化パターンをとります。このパターンの違いは辞書などでは次のように表記して区別されます。

　　λόγος, -ου, ὁ 言葉　　　　βιβλίον, -ου, τό 本

　左端の λόγος と βιβλίον は**単数・主格**の語形で、これが辞書などの「見出し語」になります。名詞の代表形といってもよいでしょう。左から２番目の -ου は**単数・属格**の語尾です。上の変化表と見比べて、λόγος であれば単数・主格の -ος が単数・属格では -ου になっていること、βιβλίον であれば単数・主格の -ον が単数・属格で -ου になっていることを確認してください。３つめの ὁ や τό は表中にある**定冠詞**ですが、これによって名詞の性が示されます。ここが ὁ なら男性名詞であることを、τό なら中性名詞であることを示し、女性名詞はここが ἡ になります。

　この表示の仕方で大切なのは、**単数・主格（見出し語）と単数・属格の語尾を示せば、格変化のパターンを確定できる**ということです。たとえば次の語を見てください。先ほどと同じく辞書の表記にしてあります。

βίος, -ου, ὁ　生命、生活　　　τόξον, -ου, τό　弓

　まず βίος（ビオス）は、単数・主格と単数・属格の語尾（太字部分）の対応が先ほどの λόγος と同じく ος – ου になっています。このことは βίος が λόγος と同じパターンの格変化をすることを示していて、単数が順に **βίος**、**βίον**、**βίου**、**βίῳ**（ビオス、ビオン、ビウー、ビオーイ）、複数が **βίοι**、**βίους**、**βίων**、**βίοις**（ビオイ、ビウース、ビオーン、ビオイス）になることが分かるのです。本書ではこのパターンを **〈ος – ου タイプ〉** と呼ぶことにします。

　それに対して τόξον（トクソン）は、語尾の対応が ον – ου になっています。この対応は前ページの βιβλίον と同じなので、τόξον の変化はそれにならい、単数が **τόξον**、**τόξον**、**τόξου**、**τόξῳ**（トクソン、トクソン、トクスー、トクソーイ）、複数が **τόξα**、**τόξα**、**τόξων**、**τόξοις**（トクサ、トクサ、トクソーン、トクソイス）ということになります。このパターンを **〈ον – ου タイプ〉** と呼ぶことにします。

練習問題4-1　ここまでの説明を参考に、次に挙げる名詞の変化表を書いてください。変化するのは語尾だけ。定冠詞は付けなくても構いません。

　πόνος, -ου, ὁ　苦しみ、労苦　　　δένδρον, -ου, τό　樹木

［第二変化名詞の性］

第二変化名詞の性は格変化のパターンと関係していて、λόγος などの **〈ος – ου タイプ〉は基本的に男性名詞**、βιβλίον など **〈ον – ου タイプ〉は必ず中性名詞**です。ただし以下の語は ος – ου タイプなのに女性名詞という例外的な語なので、特別に覚えておくとよいでしょう。定冠詞の ἡ が女性名詞であることを示しています。

　νόσος, -ου, ἡ　病　　　ὁδός, -οῦ, ἡ　道
　νῆσος, -ου, ἡ　島　　　ψῆφος, -ου, ἡ　小石

練習問題 4-2　次の各語形の性（男性か女性か中性か）、数（単数か複数か）、格（主格か対格か属格か与格か）を答えてください。解答に必要な情報（辞書的な情報）も示しておきます。

νόμος, -ου, ὁ　法、法律　　　　παιδίον, -ου, τό　（小さな）子供

1. νόμον　　性：＿＿＿＿　数：＿＿＿＿　格：＿＿＿＿
2. νόμῳ　　性：＿＿＿＿　数：＿＿＿＿　格：＿＿＿＿
3. νόμους　性：＿＿＿＿　数：＿＿＿＿　格：＿＿＿＿
4. παιδίου　性：＿＿＿＿　数：＿＿＿＿　格：＿＿＿＿
5. παιδίον　性：＿＿＿＿　数：＿＿＿＿　格：＿＿＿＿　または＿＿＿＿
6. παιδία　　性：＿＿＿＿　数：＿＿＿＿　格：＿＿＿＿　または＿＿＿＿

練習問題 4-3　24ページの囲み（古典ギリシャ語の格）を参考にして、各文に付した訳に適切な助詞を補ってください。γράφω（グラポー）は「書く」、ζητῶ（ズデートー）は「探し求める」、παρέχω（パレコー）は「与える」を意味する動詞です。

1. τὸν νόμον γράφω.
   私はその法律（　　）書いている。
2. τὸ παιδίον ζητῶ.
   私はその子供（　　）探している。
3. τῷ παιδίῳ βιβλίον παρέχω.
   私はその子供（　　）一冊の本（　　）与えようとしている。

［呼格への対応］
呼格は「…よ」という呼びかけを示しますが、本書の変化表ではこの格を省略します。「言葉よ」や「本よ」と呼びかけることは少ないでしょうし、呼びかけであることは多くの場合、状況から判断できるからです。例文に出てきたときには説明するので安心してください。

練習問題 4-4 次の各文について、発音を確認したうえで意味を答えてください。まず述語動詞に注目して主語の人称と数を確認したら、名詞の語形に注目して、それらをどう訳すかを考えていきます。先ほどの練習問題4-2と同じ要領でやってみてください。

1. οἱ λόγοι τοῦ βιβλίου με πείθουσιν.
2. τοὺς λόγους τοῦ βιβλίου νῦν ἀναγιγνώσκω.
3. τίνι τὸ τόξον φέρεις;
4. πόνος πόνῳ πόνον φέρει.

> * λόγος, -ου, ὁ 言葉　βιβλίον, -ου, τό 本　με 私を
> πείθω 説得する　νῦν いま（now）　ἀναγιγνώσκω 読む
> τίνι 誰に？　τόξον, -ου, τό 弓　φέρω 運ぶ　πόνος, -ου, ὁ 苦しみ

［語順について］
ギリシャ語では名詞の機能（主語か目的語か etc.）が語形によって示されるので、語順の自由度がかなり高くなります。たとえば先ほどの練習問題の2番の文は、語順を変えて τοὺς λόγους νῦν ἀναγιγνώσκω τοῦ βιβλίου. としてもほぼ同じ意味になります。τοὺς λόγους は対格なので「…を」と訳し、τοῦ βιβλίου は属格なので「…の」と訳すことは、語順を変えても変わらないからです。ただしこの語順は、述語動詞を文末に置くという基本（21ページ）から外れるため、やや特別なニュアンスを感じさせます。

［主語と述語動詞との対応関係］
述語動詞に対して3人称の主語が明示されている場合（練習問題4-4だと1番と4番）、主語が単数なら動詞も単数の語形（-ει）で対応させ、主語が複数なら動詞を複数形（-ουσιν）にします。あくまでもこれが基本ですが、**主語が中性・複数のときは例外的に、動詞を単数形にすることが多い**ので注意してください。τὰ δῶρά με πείθει.（それらの贈り物は私を説得する／しつつある）のような場合です。

第 5 課 　格変化によるアクセント移動

1　格変化によるアクセント移動①

　これまで確認した λόγος、βιβλίον、βίος、τόξον などの場合には、格変化
をしてもアクセントの変更はありませんでした。それに対して ἄνθρωπος
（人間）や νῆσος（島）といった名詞は、格変化に応じてアクセントに変
化が起きます。以下の変化表で確認しましょう。

		人間（男性名詞）		島（女性名詞）	
単数	主格	ὁ	ἄνθρωπος	ἡ	νῆσος
	対格	τὸν	ἄνθρωπον	τὴν	νῆσον
	属格	τοῦ	ἀνθρώπου	τῆς	νήσου
	与格	τῷ	ἀνθρώπῳ	τῇ	νήσῳ
複数	主格	οἱ	ἄνθρωποι	αἱ	νῆσοι
	対格	τοὺς	ἀνθρώπους	τὰς [ᾱ]	νήσους
	属格	τῶν	ἀνθρώπων	τῶν	νήσων
	与格	τοῖς	ἀνθρώποις	ταῖς	νήσοις

　これらの語は辞書などで「ἄνθρωπος, -ου, ὁ　人間」や「νῆσος, -ου, ἡ
島」と示されます。まずはこの表記からいずれも〈ος – ου タイプ〉の名
詞であること、それから変化表を見て、語尾の変化が25ページの λόγος と
同じパターンになっていることを確認してください。

　さて、ここで注目して欲しいのは、ἄνθρωπος の変化表におけるアクセ
ントの位置です。単数の主格と対格、複数の主格では語頭の ἀ- に鋭アク
セントがありますが、それ以外の語形ではアクセントが右側の ω に移動し
ています。単数をアントローポス、アントローポン、アントロープー、ア
ントローポーイ、複数をアントローポイ、アントロープース、アントロー
ポーン、アントロポイス（下線部をほかよりも高く発音する）と読みな
がら、アクセントの移動を確認してください。

　次に νῆσος の変化表を観察すると、やはり格変化に応じてアクセントが
変化しています。単数の主格と対格、複数の主格（つまり先ほど ἀ- に鋭

29

アクセントがあったところ）では νη- に曲アクセントがあるのに対して、それ以外の語形ではアクセントが鋭アクセントに変わっています。これも単数をネーソス、ネーソン、ネースー、ネーソーイ、複数をネーソイ、ネースース、ネーソーン、ネーソイスと読んで確認してください。

このようなアクセントの移動や変更は、じつは見出し語（単数・主格）のアクセントによって決まっています。ἄνθρωπος は**語末から3音節めに鋭アクセント**（音節は語末から数えるのがポイント）を持ちますが、このタイプの名詞は ἄνθρωπος と同様のアクセント移動をします。たとえば ἄνεμος（風）は、単数が ἄνεμος、ἄνεμον、ἀνέμου、ἀνέμῳ（アネモス、アネモン、アネムー、アネモーイ）、複数が ἄνεμοι、ἀνέμους、ἀνέμων、ἀνέμοις（アネモイ、アネムース、アネモーン、アネモイス）となります。

それに対して νῆσος は**語末から2音節めに曲アクセント**を持ちます。このタイプでは νῆσος と同様のアクセント変更が起こり、たとえば οἶνος（ぶどう酒）は、単数が οἶνος、οἶνον、οἴνου、οἴνῳ（オイノス、オイノン、オイヌー、オイノーイ）、複数が οἶνοι、οἴνους、οἴνων、οἴνοις（オイノイ、オイヌース、オイノーン、オイノイス）となります。

λόγος のように**語末から2音節めに鋭アクセント**のある語は、第4課の変化表のように、格変化に際してアクセントの移動や変更が起きません。

[音節の捉え方]
発音に際しての最小単位（それ以上分けて発音できない単位）を**音節**といいます。音節は母音を中心として、それに子音が組み合わされることによって構成されるため、**母音の数だけ音節がある**ことになります。たとえば ἄνθρωπος は母音が3つ（α, ω, o）あるので3音節の語、οἶνος は母音が2つ（οι, o）なので2音節の語といった具合です。οι などの二重母音（ほかに αι, ευ など）はひとつの母音として数えることに気をつけてください。

練習問題 5-1 ここまでの説明を参考にして、次に挙げる名詞の変化表を書いてください。ὄργανον と δῶρον については〈ον − ου タイプ〉の中性名詞であることにも注意しましょう。

1. πόλεμος, -ου, ὁ　戦争　　2. δῆμος, -ου, ὁ　民衆
3. ὄργανον, -ου, τό　道具　　4. δῶρον, -ου, τό　贈り物

2　格変化によるアクセント移動②

〈ος – ου タイプ〉と〈ον – ου タイプ〉のアクセント移動については、もう一種類だけ、見出し語が**語末音節に鋭アクセント**を持つ語の場合を確認する必要があります。例として以下の変化表を見てください。

		道（女性名詞）		翼（中性名詞）	
単数	主格	ἡ	ὁδός	τὸ	πτερόν
	対格	τὴν	ὁδόν	τὸ	πτερόν
	属格	τῆς	ὁδοῦ	τοῦ	πτεροῦ
	与格	τῇ	ὁδῷ	τῷ	πτερῷ
複数	主格	αἱ	ὁδοί	τὰ	πτερά
	対格	τὰς [ᾱ]	ὁδούς	τὰ	πτερά
	属格	τῶν	ὁδῶν	τῶν	πτερῶν
	与格	ταῖς	ὁδοῖς	τοῖς	πτεροῖς

これらの名詞は辞書などで「ὁδός, -οῦ, ἡ　道」や「πτερόν, -οῦ, τό　翼」のように示されますが、この表記から、単数・主格（見出し語）が語末音節に鋭アクセントを持つことが分かります。これらの語は変化表のように、単数でも複数でも、主格と対格の鋭アクセントが属格と与格では曲アクセントになるという特徴があります。ὁδός は単数がホ<u>ドス</u>、ホ<u>ドン</u>、ホ<u>ドゥー</u>、ホ<u>ドーイ</u>、複数がホ<u>ドイ</u>、ホ<u>ドゥース</u>、ホ<u>ドーン</u>、ホ<u>ドイス</u>となり、πτερόν は単数がプテ<u>ロン</u>、プテ<u>ロン</u>、プテ<u>ルー</u>、プテ<u>ローイ</u>、複数がプテ<u>ラ</u>、プテ<u>ラ</u>、プテ<u>ローン</u>、プテ<u>ロイス</u>です。なるべく声に出して読みながら、アクセントを確認するようにしてください。

ここまでの説明を読んで、「ちょっと面倒だな」と思う方もいるかもしれません。その場合には、まず語尾の変化を優先的にしっかり覚え、アクセントの変化を覚えるのは後まわしにしても構いません。ただし今後のために、**アクセントを意識して読む**習慣はつけておいてください。

練習問題 5-2　ここまでの説明を参考にして、次に挙げる名詞の変化表を書いてください。なお、θεός は定冠詞によって「男神」と「女神」を区別できます。このような名詞の性を共性（きょうせい）といいます。ὁ / ἡ という表記をあわせて確認してください。

1. θεός, -οῦ, ὁ / ἡ　神　　　　2. ἱερόν, -οῦ, τό　捧げ物

[アクセントの重要性]

なぜアクセントを意識して読む必要があるのでしょうか？　もっとも簡単な答えは、綴りが同じでもアクセントによって意味が区別されることがあるからです。たとえば βίος（ビオス）は「生命、生活」といった意味ですが、アクセントを変えて βιός（ビオス）にすると「弓」を意味する叙事詩的な語になります。また βάλλω（バッロー）は「投げる」の現在形ですが、これを βαλῶ（バロー）にすると、同じ動詞の未来形になります。この場合には綴りも微妙に変わっていますが、アクセントを意識することで、現在形か未来形かを見分けやすくなります。

[中性の特徴（その1）：主格と対格]

ギリシャ語だけでなくヨーロッパの言語一般にいえることですが、中性には**主格と対格が同じ語形**になるという特徴があります（厳密には呼格も同形）。25ページの βιβλίον や31ページの πτερόν の変化表で確認してみてください。単数なら -ον、複数なら -α の語尾で、それぞれ同じ語形になっています。これは名詞だけでなく、後ほど学ぶ定冠詞や形容詞でも認められる、中性の大切な特徴です。

第6課 | 定冠詞

1　定冠詞の格変化

　この課では定冠詞について学びます。定冠詞は英語の the と同じく、それを伴う名詞が**相手にとって既知のもの**であることを示します。たとえば日本語で「ある本が...」という表現をする場合、そういわれても相手はそれがどの本のことなのかが分かりません。それに対して「その本が...」という表現は、それを聞いた相手が、どの本のことなのかを分かってくれる状況で使います。つまり相手の「既知」を前提とした表現なのですが、このような場合、ギリシャ語では英語などと同じく、名詞に定冠詞を付けて表現します。

　定冠詞には**名詞に性・数・格を一致させて使う**という約束があります。そのため定冠詞は、性（男性／女性／中性）、数（単数／複数）、格（主格／対格／属格／与格）を区別できる仕組みを備える必要があり、そのため下のように大きな変化表を持つことになります。まずはこの表の枠組みが、性・数・格の区別によって構成されていることを確認してください。

	単　　数			複　　数		
	男性	女性	中性	男性	女性	中性
主格	ὁ	ἡ	τό	οἱ	αἱ	τά
対格	τόν	τήν	τό	τούς	τάς [ᾱ]	τά
属格	τοῦ	τῆς	τοῦ	τῶν	τῶν	τῶν
与格	τῷ	τῇ	τῷ	τοῖς	ταῖς	τοῖς

　変化表を観察しましょう。全体を大きく見ると、定冠詞は基本的に τ で始まりますが、単数も複数も、男性と女性の主格だけは［h］の音で始まる（ὁ／ἡ はホ／ヘー、οἱ／αἱ はホイ／ハイと読む）という特徴があります。また、これらの語形にはアクセント記号もありません。名詞の変化を確認したときと同じように、声に出して読みながら、変化を確認するとよいでしょう。中性では主格と対格が同形になることも重要です（前ページの囲みを参照）。

なお、複数の女性・対格のところに [ᾱ] とありますが、これは τάς の α を長く伸ばして読むという指示です。第1課で学んだように、母音の上に横線（マクロン）を付すことで長母音であることを示すことができます。ところが τάς のようにアクセント記号が付く場合には（あるいは気息記号が付く場合にも）、そこに横線を重ねると表記が複雑になってしまいます。そこで辞書などでは、長母音をこのように別添えにして示すことがあるのですが、本書ではこの表記法を採ることにします。

［中性の特徴（その2）：属格と与格］

定冠詞の変化表を見ると、中性の属格と与格は、それぞれ男性の語形と対応しています（単数は τοῦ と τῷ、複数は τῶν と τοῖς）。これは定冠詞だけでなく、これから何度も出てくる対応関係です。すでに見たように中性は主格と対格が特殊ですが、それ以外は男性形と対応すると覚えておけば、変化表を覚えるのが少し楽になると思います。

2　性・数・格の一致

先ほど簡単に触れたように、定冠詞は名詞に性・数・格を一致させて使います。ここではその要領を見ておきましょう。

たとえば男性名詞 λόγος（言葉）の場合、それを「その言葉は」の意味（つまり単数・主格）で使うときには、定冠詞も男性・単数・主格の形を使って、ὁ λόγος となります。定冠詞の変化表で、ὁ が男性・単数・主格の位置にあることを確認してください。これを「その言葉を」に変えると、男性名詞の単数・対格（λόγον）になるので、今度は定冠詞を男性・単数・対格にして τὸν λόγον という表現を使います。以下同様に「それらの言葉を」なら男性・複数・対格で τοὺς λόγους、「それらの言葉の」なら男性・複数・属格で τῶν λόγων といった具合です。

なお、τὸν λόγον や τοὺς λόγους で定冠詞のアクセントが表中のものと異なるのは、τόν や τούς のアクセントを語末の鋭アクセントと捉えるからです。16ページにある重アクセントの説明を確認してください。

女性名詞 νῆσος（島）と中性名詞 βιβλίον（本）の場合も見ておきましょう。「その島は」なら女性・単数・主格なので ἡ νῆσος に、「その島の」なら女性・単数・属格なので τῆς νήσου になります。同様に「その本を」なら中性・単数・対格なので τὸ βιβλίον、「それらの本を」なら中性・複

数・対格なので **τὰ βιβλία** といった具合です。定冠詞の変化表のほか、29ページと25ページの変化表も見ておくとよいでしょう。

3　定冠詞の用法

　この課のはじめに述べたように、定冠詞はそれを伴う名詞が**相手にとって既知のもの**であることを示します。ただしギリシャ語の場合、英語よりも定冠詞を使う機会が多いので注意が必要です。代表的な用法をまとめたうえで、それぞれについて説明を加えることにします。

---

1. 「その...」のように特定のものを指示する。
2. 「...というもの」のように総称を示す。
3. 抽象名詞に付けて使う。
4. ほかの品詞を名詞化する。

　まずは１の用法について、**ἵππος**（馬）を例にして説明します。定冠詞の付いた **ὁ ἵππος** という表現は、それを聞いた相手が「あの馬のことだな」と分かってくれるときに使います。ある馬についてすでに述べられていて、それを指して「その馬は」と表現するような場合です。基本的に英語の the と同じだと考えてよいのですが、**ὁ Σωκράτης** など固有名詞に付くときには、上述のような「（先ほど述べた）そのソークラテースは」の意味合いのほか、「（君も知っている／あの有名な）ソークラテースは」のような意味合いを示すこともあります。いずれの場合も、相手の「既知」を前提とした表現であることを確認してください。

　続いて２ですが、定冠詞付きの **ὁ ἵππος** という表現は「（一般的に）馬というものは」の意味でも使われます。１の「その馬は」という意味では特定の馬がイメージされるのに対して、この「馬というものは」の意味では、馬と呼びうるもの全体（あるいはその代表例）がイメージされています。このような定冠詞の用法を「総称」といいます。なお、**ὁ ἵππος** という表現を「その馬は」の意味で読むか「馬というものは」の意味で読むかは、文脈や状況に照らして判断することになります。

　３はやや特殊な用法かもしれません。ギリシャ語では、抽象名詞に定冠詞を付けて表現することが多いのです。たとえば「平和」を英語で表現すれば peace ですが、ギリシャ語では **ἡ εἰρήνη** のように定冠詞が付くこと

がよくあります（ただし必須ではない）。同様の例に ἡ ἀρετή（優れた性質）、ἡ ἀλήθεια（真実）、ἡ σωφροσύνη（思慮分別）などがあります。

4 も面白い用法です。たとえば「そのとき」を意味する副詞 τότε に定冠詞（男性・複数・主格）を付けて οἱ τότε とすると「当時の男たちは」の意味を表すことができます。もともと副詞だった τότε が、定冠詞によって名詞化されていることを確認してください。同様に、「今」を意味する副詞 νῦν を οἱ νῦν にすると「今の男たちは」の意味になります。

前置詞句に定冠詞を付けても同様のことが起こります。たとえば ἐν τῇ νήσῳ は「その島のなかに（in the island）」を意味する前置詞句（これについては第 10 課で学びます）ですが、それを οἱ ἐν τῇ νήσῳ にすると「その島の男たちは」の意味になります。

なお、ギリシャ語には不定冠詞（英語の a / an）はありません。そのため「ある馬が（a horse）」の意味を示したければ、単に ἵππος とするか、第 17 課で学ぶ不定代名詞（冠詞ではない）を付けて ἵππος τις と表現することになります。

［定冠詞の表現力］
すでに学んだように定冠詞は性・数・格を名詞に一致させて使いますが、副詞や前置詞句など（これらには性・数・格の区別がない）を名詞化する用法の場合には、定冠詞の性・数・格によって意味の調整をすることができます。たとえば先ほどの οἱ τότε（οἱ は男性・複数・主格）を αἱ τότε（αἱ は女性・複数・主格）にすると「当時の女たちは」の意味になり、τοὺς τότε（τούς は男性・複数・対格）にすると「当時の男たちを」の意味になります。

［定冠詞の由来］
定冠詞（ὁ, ἡ, τό）はもともと指示性を持つ代名詞（指示代名詞）で、ホメーロス（前 8 世紀の詩人とされる）の詩などでは、たとえば ὁ だけで「その男は」の意味を示します。このような代名詞としての用法は、古典ギリシャ語（前 5-4 世紀）にも ὁ δὲ ...（するとその男は...）や ὁ μὲν ..., ὁ δὲ ...（一方の男は...で、もう一方の男は...）などの熟語的表現に残っています。それについては出てきたときに、ひとつずつ覚えていってください。

練習問題6-1　次に挙げる各語形に適切な定冠詞を付けてください。基本的な訳し方を付した後、[　　]内に名詞の性・数・格を示しておきました。これも参考にしてください。

1. (　　) οἶνον　そのぶどう酒を　　[男性・単数・対格]
2. (　　) οἴνου　そのぶどう酒の　　[男性・単数・属格]
3. (　　) νόσον　その病気を　　　　[女性・単数・対格]
4. (　　) νόσοι　それらの病気は　　[女性・複数・主格]
5. (　　) δώροις　それらの贈り物で　[中性・複数・与格]
6. (　　) ψήφοις　それらの小石で　　[女性・複数・与格]

練習問題6-2　次に挙げる各文について、発音を確認したうえで意味を答えてください（訳してください）。定冠詞の付いた名詞は「その...」などの意味合いになります。

1. τοῖς θεοῖς ἀεὶ δῶρα παρέχομεν.　＊ἀεί [ā]
2. τὰ δῶρα σήμερον οὐ παρέχομεν.
3. ὁ θεὸς τῷ τόξῳ θηρία ἀποκτείνει.
4. ἀλλὰ τὸ θηρίον σήμερον οὐκ ἀποκτείνει.（3の続き）

＊θεός, -οῦ, ὁ / ἡ　神　　ἀεί [ā]　いつも　　δῶρον, -ου, τό　贈り物
παρέχω　捧げる　　σήμερον　今日 [副詞]　　οὐ(κ) ...ない (not)
τόξον, -ου, τό　弓　　θηρίον, -ου, τό　獣　　ἀποκτείνω　殺す　　ἀλλά　しかし

第7課 | 不規則動詞 εἰμί

1 不規則動詞 εἰμί の活用

この課では英語の be 動詞にあたる重要語 εἰμί を学びます。語尾から分かるように μι 動詞（19ページ）の一種なのですが、ちょっと不規則な活用をします。まずは変化表で現在形を確認しましょう。

	単数	複数
1人称	εἰμί	ἐσμέν
2人称	εἶ	ἐστέ
3人称	ἐστί(ν)	εἰσί(ν)

発音は単数がエイミ、エイ、エスティ（またはエスティン）、複数がエズメン、エステ、エイシ（またはエイシン）です。2人称・単数が曲アクセントになることと、1人称・複数の σ が [z] の音になること（13ページ）に注意してください。

これを18ページの παύω の変化表と比べてみましょう。παύω など規則動詞の場合には παυ- の部分は変化せず、語尾だけが変化して人称と数の区別をしました。それに比べると εἰμί の変化は全体的に不規則なので、英語の be 動詞などと同じく特別に覚える必要があります。なお、εἰμί の不定詞は εἶναι（エイナイ）で、やはり不規則な語形をしています。

2 コピュラ文

この動詞は主に「**A は B である**」の意味を示す文（コピュラ文という）で使われます。基本的には英語の He is my father. などと同様に考えればよいのですが、ギリシャ語では動詞の語形によって主語の人称と数が示される（18–19ページを復習）ため、解釈に際して少しだけ注意が必要です。例文で確認しておきましょう。

（1）Ἀθηναῖός εἰμι.

私はアテーナイ人です。

＊Ἀθηναῖος, -ου, ὁ　アテーナイ人

（2）Ἀθηναῖοι οὔκ εἰσιν.

彼らはアテーナイ人ではない。

＊οὐ(κ)　否定語（英語の not）

（3）ὁ Σωκράτης φιλόσοφός ἐστιν.

ソークラテースは哲学者である。

＊φιλόσοφος, -ου, ὁ　哲学者

　いつものように、まずは発音を確認しましょう。（1）はアテーナイオス・エイミ、（2）はアテーナイオイ・ウーク・エイシン、（3）はホ・ソークラテース・ピロソポス・エスティンと読みます。アクセントが特殊なところがありますが、これについては後ほど「4　後接語と前接語」で説明します。

　発音が確認できたら意味をとりましょう。20ページで述べたように、意味をとるときにはまず述語動詞に注目してください。例文（1）なら動詞がεἰμι（1人称・単数の語形）なので「私は...である」の意味になるはずです。この意味をとってから、そこに Ἀθηναῖος を関係させて、上記のような訳を完成させます。「アテーナイ人は...」のように、Ἀθηναῖος を主語と捉えるのは誤りなので注意してください。

　例文（2）は動詞が εἰσιν なので主語は3人称・複数、そこに否定語 οὔκ が付いているので「彼らはアテーナイ人ではない」と意味をとります。3人称・複数の主語としては「彼ら」のほか、「彼女ら」や「それら」が考えられますが、本文では Ἀθηναῖοι が男性名詞（単語情報の ὁ に注目）なので、主語を「彼ら」と確定します。**否定語 οὐ は母音の前では οὐκ になる**ということも覚えておいてください。

　例文（3）は動詞 ἐστιν の主語が明示されている文です。Σωκράτης の格変化はまだ勉強していません（第21課で学ぶ）が、その前にある定冠詞 ὁ を見れば、これが男性名詞の単数・主格であることが分かるでしょう。この対応関係から「（君の知っているその）ソークラテースは...である」のように意味をとり、それに φιλόσοφος を関係させて訳を完成させます。あとは一点だけ、φιλόσοφος が単数・主格（語尾 -ος に注目）であることを確認しておいてください。24ページで主格は主語（...は／が）を示すと

学びましたが、本文の φιλόσοφος のように**主語と「イコール関係」にあるものも、やはり主格で示される**のです。これについては下の囲みも参考になるでしょう。

　なお、本文のように名詞が2つ並ぶコピュラ文では、定冠詞の付いている方を主語、付いていない方を補語として読むのが基本です。

[イコール関係の表現]
ギリシャ語では**格を揃えることで「イコール関係」を表現します**。たとえば先ほどの例文 (3) では、主語 ὁ Σωκράτης に対して補語の「哲学者」が主格 φιλόσοφος になっていました。主格に対して主格を置くことで「ソークラテース＝哲学者」の関係を示すのです。同様のことは主格以外にもいえます。たとえば τὸν Σωκράτη φιλόσοφον νομίζω. は「私はソークラテースを哲学者だと考える」という意味の文ですが、動詞 νομίζω の目的語「ソークラテース（τὸν Σωκράτη）」と補語「哲学者（φιλόσοφον）」をともに対格にすることによって、両者のイコール関係を示しています。

3　存在文

　動詞 εἰμί には上記のようなコピュラ文をつくる以外に、**「A がある／いる」**といった存在を示す文（存在文）をつくる働きもあります。これについても例文を見ておきましょう。

(4) θεοὶ ἀεί εἰσιν.
　　神々は常にいる（存在する）。
　　＊ ἀεί [ā̱]　いつも、常に

(5) ὁ Σωκράτης οὐκέτ᾽ ἐστιν.
　　ソークラテースはもういない。
　　＊ οὐκέτι　もう…ない

　読み方は (4) がテオイ・アーエイ・エイシン、(5) がホ・ソークラテース・ウーケテスティン（οὐκέτ᾽ ἐστιν はひと続きに読む）です。

　続いて意味をとります。例文 (4) は動詞 εἰσιν に対して θεοί（複数・主格）を主語と解釈し、副詞 ἀεί と合わせて上記のような訳をつくります。これをコピュラ文として解釈すれば「彼らは常に神々である」となりますが、それだと意味的にちょっと変なので、存在文だと判断することになり

40

ます。

　例文（5）では主語 ὁ Σωκράτης と動詞 ἐστιν との対応に、副詞 οὐκέτι
が意味を加えています。οὐκέτ’ ἐστιν となっているのは、οὐκέτι に ἐστιν
が続く際、単語間で母音が連続するのを避けるために οὐκέτι の ι を落とし
ているからです（アポストロフィが母音省略の目印）。これらのことを確
認したうえで、この文も「いる／いない」という存在に関わる文（存在文）
として意味を捉えるようにしてください。

4　後接語と前接語

　この課で見てきた例文には、アクセントが特殊なものがいくつかありま
す。ここではそれを説明しますが、その前に、ギリシャ語の単語は基本的
に**1語につき1ヵ所にアクセントを持つ**という原則を押さえておいてくだ
さい。λόγος（言葉）や ἄνθρωπος（人間）、また νῆσος（島）などで確認
するとよいでしょう。

　そのうえで例文（3）ὁ Σωκράτης φιλόσοφός ἐστιν. を見ると、おかし
な点がいくつかあります。ὁ と ἐστιν にはアクセントがなく、φιλόσοφός
は2ヵ所にアクセントが付いていて、いずれも上記の原則に反しています。
なぜそのようになるのかを理解するには、後接語と前接語という特殊な語
について説明が必要です。

　定冠詞 ὁ のように自身はアクセントを持たず、後ろの語とセットで発音
される語のことを**後接語**といいます。アクセントを持たない語は単独で発
音することができず、後ろの語に接して（添えて）発音されるため、この
ように呼ばれます。後接語には定冠詞（ὁ, ἡ, οἱ, αἱ）のほか、εἰς や ἐκ な
どの前置詞（第10課で学ぶ）や否定語 οὐ などがあります。いずれも後ろ
の語との関係で意味を形成する語ですね。例文（3）の ὁ Σωκράτης は、ὁ
を後ろの語に添えるような感じで読んでください。

　それに対して ἐστιν のように、前の語とセットで発音される語のことを
前接語（<u>前</u>に<u>接</u>する語）といいます。先ほどの後接語は単純に後ろの語に
添えて発音すればよいのですが、前接語では前の語とのあいだに、アクセ
ントの受け渡しが起ることがあるので注意が必要です。たとえば先ほどの
φιλόσοφός ἐστιν では、もともと φιλόσοφος だった語（単語としてはこの
ように1アクセント）に ἐστίν（38ページの変化表の語形）が付く際に、

そのアクセントが前に受け渡されて φιλόσοφός ἐστιν になっているのです。下線部 -φός に鋭アクセントがあること、そして ἐστιν がアクセントを失っていることを確認してください。

これと同様の受け渡しは、例文 (1) Ἀθηναῖός εἰμι. と例文 (2) Ἀθηναῖοι οὔκ εἰσιν.、例文 (4) θεοὶ ἀεί εἰσιν. の下線部にも見られますが、いつも起こるわけではありません。これについての説明は次ページの囲みに譲るとして、とりあえずは、**前接語は前の語にアクセントを受け渡すことがある**と覚えておいてください。

なお εἰμί の現在形は、2人称・単数の εἶ と不定詞 εἶναι 以外は、基本的にはすべて前接語です。

練習問題 7　各文を発音したうえで、不規則動詞 εἰμί（太字部分）に注意して訳してください。1にある句読点「;」がクエッションマークであることに要注意。3や5の οὐ ... ἀλλά ... は、英語の not ... but ... と同じく「... ではなく...」の意味関係を示します。

1. ἆρα φιλόσοφος **εἶ**; —— φιλόσοφός **εἰμι**.
2. τῷ διδασκάλῳ τρεῖς υἱοί **εἰσιν**.
3. ὁ Ζεὺς οὐκ ἄνθρωπός **ἐστιν**, ἀλλὰ θεός.
4. φιλόσοφος **εἶναι** ἐθέλω.
5. οὐ σοφός, ἀλλὰ φιλόσοφος **εἶναι** ἐθέλω.

*ἆρα　...か?　　φιλόσοφος, -ου, ὁ　哲学者　　διδάσκαλος, -ου, ὁ　教師
τρεῖς　3人の (three)　　υἱός, -οῦ, ὁ　息子　　Ζεύς　ゼウス（単数・主格）
οὐ(κ)　...ない (not)　　ἄνθρωπος, -ου, ὁ　人間　　ἀλλά　しかし (but)
θεός, -οῦ, ὁ / ἡ　神　　ἐθέλω　欲する (want)　　σοφός, -οῦ, ὁ　賢者、知者

［前接語とアクセント］

前接語によるアクセントの受け渡しはいつも起こるとは限りません。では、どのような場合に起こるのでしょうか？　これには**前接語の直前にくる語**（39ページの例文3では φιλόσοφος）のアクセントが関係するので、それを基準にして説明します。

（1）語末から3音節めに鋭アクセントがある語（φιλόσοφος など）。

（2）語末から2音節めに曲アクセントがある語（Ἀθηναῖος など）。

（3）語末音節に鋭アクセントがある語（ἀεί [ᾱ] など）。

　上記のうち（1）や（2）に前接語が続く場合には、φιλόσοφός ἐστιν や Ἀθηναῖός εἰμι のようにアクセントの受け渡しが起こります。また（3）は通常、後ろに別の語が続くと ἀεὶ παίζεις（君はいつも遊んでいる）のように重アクセントに変わります（16ページ）が、後ろに前接語が続く場合には、ἀεί εἰσιν のように鋭アクセントを保ちます。これも εἰσιν からアクセント（高く読むべき位置）を受け渡された結果です。

　それに対して以下の語の場合には、後ろに前接語が続いてもアクセントの受け渡しが起りません。

（4）語末音節に曲アクセントがある語（ὁδῶν など）。

（5）語末から2音節めに鋭アクセントがある語（βιβλίον など）。

　ただし、ἐστίν など2音節の前接語が続く場合には（4）と（5）でちょっとした違いがあります。（4）の ὁδῶν に ἐστίν を続けると ὁδῶν ἐστιν となり ἐστίν はアクセントを失うのに対して、（5）の βιβλίον に ἐστίν が続くと、βιβλίον ἐστίν となって ἐστίν のアクセントが保たれるのです。なお、前接語がアクセントを持つのはこの場合だけです。

　前接語については説明すべきことがほかにも色々ありますが、はじめから完璧を期しても上手くいかないので、ひとまずは前ページに太字で示したような感じで大雑把に捉えておくのもよいでしょう。

第8課 第一変化名詞（基本）

1 第一変化名詞①

　名詞については第4課で第二変化名詞を学びましたが、今回はその続きとして「第一変化」と呼ばれる名詞を学びます。名詞変化のポイント（変化表のどこに注目するか）や辞書情報の読みとり方は第4課で説明しました。自信がない場合には簡単に復習しておくとよいと思います。

　第一変化名詞で基本となるのは以下の変化表です。まずは変化表全体を観察して、第二変化名詞と何が違うのかを捉えてみてください。

		技術（女性名詞）		国土（女性名詞）	
単数	主格	ἡ	τέχνη	ἡ	χώρᾱ
	対格	τὴν	τέχνην	τὴν	χώρᾱν
	属格	τῆς	τέχνης	τῆς	χώρᾱς
	与格	τῇ	τέχνῃ	τῇ	χώρᾳ
複数	主格	αἱ	τέχναι	αἱ	χῶραι
	対格	τὰς [ᾱ]	τέχνᾱς	τὰς [ᾱ]	χώρᾱς
	属格	τῶν	τεχνῶν	τῶν	χωρῶν
	与格	ταῖς	τέχναις	ταῖς	χώραις

　もっとも大切なのは語尾の違いです。第二変化の語尾は、主格から順に -ος、-ον、-ου、-ῳ ...（ος – ου タイプ）または -ον、-ον、-ου、-ῳ ...（ον – ου タイプ）でしたが、今回の変化表では語尾の現われ方が異なります。まずは単数形から見ましょう。τέχνη（テクネー）では -η、-ην、-ης、-ῃ であるのに対して、χώρᾱ（コーラー）では -ᾱ、-ᾱν、-ᾱς、-ᾳ になっています。それぞれ長母音の η と ᾱ を基本としながら、互いによく似た変化をしていることを確認してください。主格の -η / -ᾱ が対格では -ην / -ᾱν に、属格では -ης / -ᾱς に、与格では -ῃ / -ᾳ になるといった具合です。複数形は両者とも -αι、-ᾱς、-ων、-αις になっています。これらが第一変化名詞の基本語尾です。

　これらの語は、辞書などで「τέχνη, -ης, ἡ　技術」や「χώρᾱ, -ᾱς, ἡ　国

土」のように示されます。辞書情報の約束事から、それぞれ〈η－η ς タイプ〉と〈ᾱ－ᾱ ς タイプ〉の名詞であること（名詞の変化タイプは単数・主格と単数・属格の語尾の対応で決まる）、両者とも女性名詞であること（定冠詞 ἡ に注目）が示されています。辞書情報の読みとり方について自信がない場合には、必ず25ページを復習してください。

　ここで変化表を音読しておきましょう。τέχνη の方は単数がテクネー、テクネーン、テクネース、テクネーイ、複数がテクナイ、テクナース、テクノーン、テクナイスで、χώρᾱ は単数がコーラー、コーラーン、コーラース、コーラーイ、複数がコーライ、コーラース、コーローン、コーライスです。アクセントは全体的に単数・主格から変化しませんが、一部では異なるアクセントになっています。そこを意識して、何回か読んでみてください。

　この表に見られるアクセントについては、ひとまず次のように捉えておいてください。**1）第一変化名詞の複数・属格は語末音節に曲アクセントを持つ**（τεχνῶν / χωρῶν）。これは古い時代の語形（τεχνάων［ᾱ］など）に由来する、第一変化名詞に特有の大切な特徴です。**2）複数・主格の語末から2音節めにアクセントがあるとき、そこの母音が長母音または二重母音ならば曲アクセントになる**（χῶραι）。変化表と照らし合わせて、χῶραι はこれに該当するけれど τέχναι は該当しないこと（ε は短母音なので）を確認してください。確認すべきことが色々あって大変ですが、練習問題も使いながら少しずつ慣れていきましょう。

練習問題8-1　以下に掲げる辞書情報を手掛かりにして、それぞれの名詞の変化表を書いてください。なお、アクセントは基本的に単数・主格（見出し語）から変わりませんが、複数・主格と複数・属格のアクセントには注意してください。

1. μάχη, -ης, ἡ　戦い
2. φιλίᾱ, -ᾱς, ἡ　親しさ
3. γνώμη, -ης, ἡ　知覚、判断
4. ἀνδρείᾱ, -ᾱς, ἡ　勇敢さ

2　第一変化名詞②

　第二変化名詞において、**語末音節に鋭アクセント**を持つ語は（単数も複

数もともに）属格と与格が曲アクセントになるということを31ページで学びました。これと同じことが第一変化名詞でも起こります。

		名誉（女性名詞）		広場（女性名詞）	
単数	主格	ἡ	τῑμή	ἡ	ἀγορά [ᾱ]
	対格	τὴν	τῑμήν	τὴν	ἀγοράν [ᾱ]
	属格	τῆς	τῑμῆς	τῆς	ἀγορᾶς
	与格	τῇ	τῑμῇ	τῇ	ἀγορᾷ
複数	主格	αἱ	τῑμαί	αἱ	ἀγοραί
	対格	τὰς [ᾱ]	τῑμάς [ᾱ]	τὰς [ᾱ]	ἀγοράς [ᾱ]
	属格	τῶν	τῑμῶν	τῶν	ἀγορῶν
	与格	ταῖς	τῑμαῖς	ταῖς	ἀγοραῖς

　ここに挙げたのは「τῑμή, -ῆς, ἡ　名誉」と「ἀγορά [ᾱ], -ᾶς, ἡ　広場」の変化表です。まずは辞書情報から τῑμή が〈η – ης タイプ〉で、ἀγορά [ᾱ] が〈ᾱ – ᾱς タイプ〉であることを読みとり、44ページの変化表と見比べて、語尾（単数 -η、-ην、-ης、-ῃ または -ᾱ、-ᾱν、-ᾱς、-ᾳ、複数 -αι、-ᾱς、-ων、-αις）が共通していることを確認してください。違うのはアクセントだけです。

　その点に気をつけて変化表を音読してみましょう。τῑμή は単数がティーメー、ティーメーン、ティーメース、ティーメーイ、複数がティーマイ、ティーマース、ティーモーン、ティーマイスです。鋭アクセントと曲アクセントの読み方の違いがポイントですが、怪しいようなら15-16ページを復習してください。ἀγορά は単数がアゴラー、アゴラーン、アゴラース、アゴラーイ、複数がアゴライ、アゴラース、アゴローン、アゴライスです。アクセントの特徴が先ほどの τῑμή と同じですね。

　以上を踏まえて、（単数・主格が）**語末音節に鋭アクセントを持つ第一変化名詞と第二変化名詞は、属格と与格で曲アクセントに変わる**とまとめることができます。これで少しだけ知識が整理されました。

練習問題8-2　以下に掲げる辞書情報を手掛かりにして、それぞれの名詞の変化表を書いてください。1と2は前ページの変化表を、3については31ページの変化表を参照してください。

1. ἀρχή, -ῆς, ἡ　始まり　　2. θεά [ᾱ], -ᾶς, ἡ　女神（θεός の女性形）
3. υἱός, -οῦ, ὁ　息子

　　＊「女神」の意味は θεός に女性の定冠詞（ἡ など）を付けて示すこともできます（練習
　　問題5-2を参照）が、上記2の θεά という特別な語形を使っても表現できます。

練習問題8-3　各文を発音したうえで、第一変化名詞と第二変化名詞の区別に注意して訳してください。格（主格など）の訳し方は24ページを参照。定冠詞の意味合いにも注意してください。

1. ἡ πενίᾱ τέχνᾱς ἐγείρει.
2. αἱ τέχναι παιδία εἰσὶ τῆς πενίᾱς.
3. ἡ φωνὴ ψῡχῆς σκιά ἐστιν.

　　＊πενίᾱ, -ᾱς, ἡ　貧しさ、欠乏　　τέχνη, -ης, ἡ　技術　　ἐγείρω　目覚めさせる
　　παιδίον, -ου, τό　子供　　ἐστί …である（38ページを参照）
　　φωνή, -ῆς, ἡ　声　　ψῡχή, -ῆς, ἡ　魂　　σκιά [ᾱ], -ᾶς, ἡ　影

［意外と身近な古典ギリシャ語］
この課でもいくつか、どこかで聞いたことのありそうな単語が出てきました。たとえば τέχνη が英語 technique に繋がることは気づいたでしょうか？　あるいは ἀγορά [ᾱ] や ἀρχή などは、高校の世界史や倫理の授業などで「アゴラ」や「アルケー」というカタカナを見たかもしれません。哲学者タレースの言葉として有名な「万物の根源は水である」の「根源」は、ギリシャ語では ἀρχή（始まり）といいます。

第9課 第一変化名詞（つづき）

1 第一変化名詞③

　この課では第8課に引き続き、第一変化名詞について学んでいきます。〈η – ης タイプ〉と〈ᾱ – ᾱς タイプ〉はすでに学びましたから、ここではそのヴァリエーションである〈α – ης タイプ〉と〈α – ᾱς タイプ〉の変化表を見ておくことにします。

		海（女性名詞）		運命（女性名詞）	
単数	主格	ἡ	θάλαττα	ἡ	μοῖρα
	対格	τὴν	θάλατταν	τὴν	μοῖραν
	属格	τῆς	θαλάττης	τῆς	μοίρᾱς
	与格	τῇ	θαλάττῃ	τῇ	μοίρᾳ
複数	主格	αἱ	θάλατται	αἱ	μοῖραι
	対格	τὰς [ᾱ]	θαλάττᾱς	τὰς [ᾱ]	μοίρᾱς
	属格	τῶν	θαλαττῶν	τῶν	μοιρῶν
	与格	ταῖς	θαλάτταις	ταῖς	μοίραις

　特徴的なのは単数の主格と対格の語尾です。θάλαττα も μοῖρα もともに、単数の主格語尾 -α（短母音）に対応して、対格の語尾が -αν（この α も短母音）になっています。〈ᾱ – ᾱς タイプ〉では主格が -ᾱ で対格が -ᾱν でしたから、ここが大きな違いになります。

　ここまでは θάλαττα と μοῖρα に共通する特徴です。しかし両者には違いもあるので、そこを確認しておきましょう。θάλαττα は単数の属格と与格がそれぞれ -ης と -ῃ ですが、μοῖρα では同じ箇所が -ᾱς と -ᾳ です。それ以外の語尾はすべて共通しているものの、異なるところがある以上は区別が必要なので、いつものように単数・主格と単数・属格の語尾の対応に注目して、θάλαττα のような格変化を〈α – ης タイプ〉、μοῖρα のような格変化を〈α – ᾱς タイプ〉として捉えることにします。

　また、この変化表ではアクセントの移動も起こっています。これについては変化表を音読して確認しましょう。θάλαττα の方は単数がタラッタ、

タラッタン、タラッテース、タラッテーイ、複数が**タラッタイ**、タラッタース、タラットーン、タラッタイスで、一方の μοῖρα は単数が**モイラ**、モイラン、**モイラース**、**モイラーイ**、複数が**モイライ**、**モイラース**、モイローン、**モイライス**です。複数・属格のみ第一変化名詞特有のアクセント（45ページを復習）になっていますが、それ以外はすでに見た ἄνθρωπος や νῆσος と同様です。以下の練習問題で確認することにしましょう。

練習問題9-1　29ページにある ἄνθρωπος の変化表を書き出したうえで、その隣に θάλαττα の変化表を並べて書き出してください。それができたら変化表を音読しながら、アクセントの特徴を確認してください。

練習問題9-2　同様に、29ページにある νῆσος の変化表を書き出したうえで、その隣に μοῖρα の変化表を並べて書き出してください。それができたら変化表を音読しながら、アクセントの特徴を確認してください。

　どうでしょう、確認できましたか？　ここで確認したアクセントの移動は、見出し語（単数・主格）のアクセントを基準にして確定されます。たとえば「μάχαιρα, -ᾱς, ἡ　短刀」は、〈α - ᾱς タイプ〉の名詞なので μοῖρα と同じ語尾変化をしますが、見出し語のアクセント位置が θάλαττα と同じ**（語末から3音節めに鋭アクセント）**なので、アクセントの移動パターンは μοῖρα ではなく θάλαττα のようになります。

　反対に「γλῶττα, -ης, ἡ　舌」は、〈α - ης タイプ〉の名詞なので語尾変化のパターンは θάλαττα と同じですが、アクセントは μοῖρα のパターン（見出し語が**語末から2音節めに曲アクセント**を持つ）になります。

　なお、「δόξα, -ης, ἡ　考え、印象」など**語末から2音節めに鋭アクセント**を持つ場合には、複数・属格（第一変化名詞では必ず -ῶν）以外のアクセントは変化しません。これらについても次の練習問題で、変化表を書いて確認しておきましょう。

練習問題 9-3 前ページの説明をよく読んで、以下に挙げる各語の変化表を書いてください。まずは語尾の現われ方を確認したうえで、アクセントについては後から付けていくとやりやすいと思います。

1．μάχαιρα, -ᾱς, ἡ　短刀　　　　2．γλῶττα, -ης, ἡ　舌
3．δόξα, -ης, ἡ　考え、印象

2　第一変化名詞④

これまで学んできた第一変化名詞は、じつは性別がすべて女性でした。第8課と第9課に出てくる名詞の辞書情報に注目して、性別の表示（定冠詞）が ἡ になっていることを確認してください。このように第一変化名詞の性は基本的に女性です。

しかし、第一変化名詞には、性別が男性になる特別なパターンがあります。変化表を観察してみましょう。

		詩人（男性名詞）		若者（男性名詞）	
単数	主格	ὁ	ποιητής	ὁ	νεᾱνίᾱς
	対格	τὸν	ποιητήν	τὸν	νεᾱνίᾱν
	属格	τοῦ	ποιητοῦ	τοῦ	νεᾱνίου
	与格	τῷ	ποιητῇ	τῷ	νεᾱνίᾳ
複数	主格	οἱ	ποιηταί	οἱ	νεᾱνίαι
	対格	τοὺς	ποιητάς　[ᾱ]	τοὺς	νεᾱνίᾱς
	属格	τῶν	ποιητῶν	τῶν	νεᾱνιῶν
	与格	τοῖς	ποιηταῖς	τοῖς	νεᾱνίαις

まず ποιητής の読み方は、単数がポイエーテース、ポイエーテーン、ポイエートゥー、ポイエーテーイ、複数がポイエータイ、ポイエータース、ポイエートーン、ポイエータイスです。見出し語（単数・主格）が**語末音節に鋭アクセント**を持つ語なので、属格と与格で曲アクセントになります（46ページの変化表と同様）。続いて νεᾱνίᾱς は、単数がネアーニアース、ネアーニアーン、ネアーニウー、ネアーニアーイ、複数がネアーニアイ、ネアーニアース、ネアーニオーン、ネアーニアイスです。こちらは見出し語が**語末から2音節めに鋭アクセント**を持つ語なので、複数・属格以外で

はアクセントの変化はありません（先ほど練習した δόξα と同様）。

　これらの名詞は全体的に η や ā を基調とした格変化をするため第一変化名詞に分類されますが、単数の主格（-ης / -ᾱς）と属格（-ου）には、第4課で学んだ〈ος - ου タイプ〉と共通の特徴があります。-ης / -ᾱς の -ς が -ος と共通していて、-ου は〈ος - ου タイプ〉の語尾そのものですね。

　この特徴が名詞の性に関係します。26ページの囲みで見たように〈ος - **ου タイプ〉は基本的に男性名詞**ですが、それと共通の特徴を持つこれらの名詞も男性名詞になるのです。辞書での表記「ποιητής, -οῦ, ὁ　詩人」と「νεᾱνίας, -ου, ὁ　若者」を確認したうえで、〈**ης - ου タイプ〉と〈ᾱς - ου タイプ〉は第一変化の男性名詞**と覚えておいてください。

　このタイプについてはもうひとつだけ、「πολίτης [ῐ], -ου, ὁ　市民」の変化表を確認しておきます。これは見出し語が語末から2音節めに鋭アクセントを持つ〈ης - ου タイプ〉ですが、**アクセントのある音節が長母音**になっている点が特徴的です。

	単　数		複　数	
主格	ὁ	πολίτης [ῐ]	οἱ	πολῖται
対格	τὸν	πολίτην [ῐ]	τοὺς	πολίτᾱς [ῐ]
属格	τοῦ	πολίτου [ῐ]	τῶν	πολῑτῶν
与格	τῷ	πολίτῃ [ῐ]	τοῖς	πολίταις [ῐ]

　このタイプの名詞は、複数・主格のアクセントに注意してください。単数をポリーテース、ポリーテーン、ポリートゥー、ポリーテーイ、複数をポリータイ、ポリータース、ポリートーン、ポリータイスと発音しながら、複数・主格のアクセントが曲アクセントになっていることを確認してください。複数・属格の曲アクセントは、しつこいですが第一変化名詞であるがゆえの特徴です。

練習問題9-4 以下の名詞の変化表を書いてください。なお、ναύτης の αυ は二重母音ですが、アクセントの決定に際しては長母音と同様に扱います（つまり複数・主格が曲アクセントになる）。

1．ὑποκριτής, -οῦ, ὁ　俳優　　　　2．ναύτης, -ου, ὁ　船乗り

［第一変化と第二変化の語尾（まとめ）］

ここまで第一変化と第二変化の名詞を学んできましたが、ここで語尾だけを抜き出してまとめておきます。アクセントなど面倒なことも学びましたが、ともかく**名詞の格は語尾によって決まる**ので、ひとまずは以下の表を頼りにして和訳問題を解いてもよいでしょう。

	第一変化名詞（女性）				
	単	数			複数
主格	**-η**	**-ᾱ**	**-α**	**-α**	-αι
対格	-ην	-ᾱν	-αν	-αν	-ᾱς
属格	**-ης**	**-ᾱς**	**-ης**	**-ᾱς**	-ων
与格	-ῃ	-ᾳ	-ῃ	-ᾳ	-αις

	第一変化（男性）		第二変化（男性）		第二変化（中性）	
	単	数	単数	複数	単数	複数
主格	**-ης**	**-ᾱς**	**-ος**	-οι	**-ον**	-α
対格	-ην	-ᾱν	-ον	-ους	-ον	-α
属格	**-ου**	**-ου**	**-ου**	-ων	**-ου**	-ων
与格	-ῃ	-ᾳ	-ῳ	-οις	-ῳ	-οις

第一変化の単数形には様々なパターンがありますが、複数形はすべてに共通しています。第二変化名詞の性は〈ος – ου タイプ〉が基本的に男性（たまに女性のものがある）、〈ον – ου タイプ〉は必ず中性です。これについては26ページも復習しておいてください。

［アクセントの制限規則］

　名詞のアクセントが移動する現象について、本書ではここまで、実例に即してパターンを確認してきました。いろいろなパターンを見てきましたが、じつはそこにはギリシャ語という言語が持つ、アクセントの位置を制限する規則（制限規則）が関係しています。ギリシャ語の単語は、この規則で許された範囲内にしかアクセントを持つことができないのです。以下ではこの規則を説明します。

　まず前提として、名詞はなるべく単数・主格（見出し語）のアクセントを保とうとするということが大切です。つまり基本的には単数・主格からできるだけアクセントを動かしたくないのですが、そこに以下の制限規則が関係して、アクセントが移動していきます。

（1）鋭アクセントは、語末から3音節以内であればどこにでも付くことができる。ただし、語末音節の母音が長母音や二重母音のときには、語末から3音節めに付くことはできない。

（2）曲アクセントは、語末から2音節以内に付くことができる。ただし、語末音節の母音が長母音や二重母音のときには、語末から2音節めに付くことはできない。

　たとえば ἄνθρωπος（人間）は ἄν-θρω-πος という3音節の語で、語末から3音節めに鋭アクセントがあります。音節とは「母音を中心とした音のかたまり」なので、母音の数だけ音節があると捉えておくことが大切です（30ページ）。この語形を上記の（1）と見比べて、語末音節の母音 o が短母音だから、ルールに違反していないことを確認してください。では単数・属格の ἀνθρώπου はどうでしょうか？　今度は語末音節の母音が ου（ウー）なので、語末から3音節めにアクセントを付けてしまうと（1）の「ただし」以下に違反してしまう。それを避けるためにアクセントを語末方向に1つ動かしているのです。これと同じことが ἀνθρώπῳ や ἀνθρώποις などにも言えます。

　ただし複数・主格の ἄνθρωποι には注意してください。語末音節の οι は二重母音のはずですが、アクセントが語末から3音節めに付いていて、（1）の「ただし」以下に違反しているように見えます。なぜでしょうか？　それは**語末の -οι / -αι は短母音として扱う**という特別なルールがあるからです。この語形は複数・与格の ἀνθρώποις（最後に ς が付くので語末は -οι ではない）と比べておくとよいでしょう。

曲アクセントについても確認しましょう。例えば νῆσος（島）は νῆ-σος という2音節の語ですが、語末音節の母音 o が短母音なので、上記（2）のルールに違反していません。この語は単数・属格でアクセントが νήσου になりますが、これは語末音節の母音が -ου に変わったからです。もし νῆ- のアクセントを保とうとすると、（2）の「ただし」以下に違反してしまいます。νήσῳ、νήσων、νήσοις も同様です。

　以上が基本的な制限規則ですが、もうひとつ以下のルールも確認しておくとよいでしょう。

（3）語末の2音節にある母音が〈長母音＋短母音〉または〈二重母音＋短母音〉である語形は、語末から2音節めにアクセントを付けたい場合には曲アクセントにしなくてはならない。

　これは πολίτης［ῑ］（市民）で説明します。この語は語末から2音節めが長母音 ῑ なので、複数・主格 πολῖται は上記（3）の「語末の2音節にある母音が〈長母音＋短母音〉」に該当します。つまり πο-λῖ-ται の ῑ が長母音で αι が短母音です（語末の -αι は短母音として扱う）。この囲みで前提として述べたとおり、名詞はなるべく単数・主格（見出し語）のアクセントを保とうとするので πολίται でもよいはずですが、（3）のルールがあるために πολῖται になるのです。

　このようなアクセントの制限規則は、名詞だけでなくギリシャ語文法の全体に関係します。変化表を観察していてアクセントの移動を見つけたら、なぜそうなっているのかを考えてみてください。ただし例外もあるので、それらは個々に覚えていくことになります。

第10課 | 前置詞

1 前置詞の基本

英語の in（...の中で）のように、名詞の前に置いてひとまとまりの意味をつくる語を前置詞といいます。古典ギリシャ語の前置詞で大切なのは、**特定の格と結びついて意味を形成する**という性質です。まずは例を見てみましょう。括弧内の英語も参考にしてください。

(1) εἰς τὴν οἰκίᾱν　その家の中へ（into the house）
(2) ἐκ τῆς οἰκίᾱς　その家の中から（out of the house）
(3) ἐν τῇ οἰκίᾳ　その家の中で／に（in the house）

読み方は（1）がエイス・テーン・オイキアーン、（2）がエク・テース・オイキアース、（3）がエン・テーイ・オイキアーイです。それぞれの太字部分（εἰς / ἐκ / ἐν）が前置詞で、その後に名詞「οἰκίᾱ, -ᾱς, ἡ　家」が定冠詞付きで続いています。注目して欲しいのは、どの前置詞が使われるかに応じて、定冠詞と名詞の語形が変わっていることです。（1）の τὴν οἰκίᾱν は単数・対格、（2）の τῆς οἰκίᾱς は単数・属格、（3）の τῇ οἰκίᾳ は単数・与格ですね。

なぜこのようになるのでしょうか？ それは、前置詞 εἰς（into）は対格と、ἐκ（out of）は属格と、ἐν（in）は与格と結びつくというように、前置詞と名詞の結びつき方が約束として決まっているからです。これらの前置詞が上記以外の格と結びつくことはないので、〈εἰς ＋ 対格〉、〈ἐκ ＋ 属格〉、〈ἐν ＋ 与格〉というように、前置詞と格との結びつきを覚えるようにしてください。前置詞がこのように特定の格と結びつくことを**前置詞の格支配**（対格支配／属格支配／与格支配）といい、その際に形成される〈前置詞 ＋ 名詞〉のまとまりを**前置詞句**といいます。

前置詞にはこのように特定の格と結びつくもののほか、**どの格と結びつくかによって意味合いが変わる**ものもあります。たとえば παρά は基本的に「誰かのそば」を示す前置詞ですが、対格と結びつくと「...のそばへ」

の意味になり、属格と結びつくと「...のそばから」の意味に、与格と結びつくと「...のそばで／に」の意味になります。格との結びつき方（格支配の仕方）によって下線部のように意味合いが変化するのですが、これを先ほど見た前置詞 εἰς、ἐκ、ἐν と並べてみると、面白いことが分かります。

εἰς ＋ 対格 ...の中へ	παρά ＋ 対格 ...のそばへ
ἐκ ＋ 属格 ...の中から	παρά ＋ 属格 ...のそばから
ἐν ＋ 与格 ...の中で／に	παρά ＋ 与格 ...のそばで／に

これらを横に見比べていくと、対格と結びつく表現はともに「...へ」という**方向性**（対象に向かっていく感じ）を示していることに気づくでしょう。同様に、属格と結びつく表現は「...から」という**分離**（対象から離れていく感じ）の意味、与格と結びつく表現は「...で／に」というように**場所を指定する**感じの意味になっていることが分かると思います。練習問題で確認しておきましょう。

練習問題 10-1 前置詞 ὑπό（ヒュポ）は「何かの下」を意味します。それに名詞「τράπεζα, -ης, ἡ テーブル」を続けたそれぞれの表現に対して、（ ）を埋めて訳を完成させてください。

1. ὑπὸ τῆς τραπέζης　そのテーブルの下（ ）
2. ὑπὸ τὴν τράπεζαν　そのテーブルの下（ ）
3. ὑπὸ τῇ τραπέζῃ　そのテーブルの下（ ）

以上が基本的な考え方です。ただし、この基本どおりには理解しにくい前置詞も、じつは少なくありません。以下の例を見てみましょう。

διά ＋ 対格 ...のゆえに	μετά ＋ 対格 ...の後に
διά ＋ 属格 ...を通って	μετά ＋ 属格 ...とともに

たとえば〈διά ＋ 対格〉は「...のゆえに」を意味しますが、それがなぜ対格と結びつくのかを理解するのは、はじめは難しい（方向性を示しているとは了解しにくい）と思います。〈μετά ＋ 対格〉が「...の後に」の意味になることにも同様の困難がありますが、このように原則どおりに理解

しにくいものは、前置詞と格との結びつきを確認したうえで、**ひとつひとつ意味を覚えていく**ようにしてください。なお、διά と μετά は属格と結びつくと上記のような意味（…を通って／…とともに）になり、与格と結びつくことはありません。

[基本的な前置詞]
前置詞には前ページに挙げたもののほかに、たとえば以下のようなものがあります。訳し方を含めてあくまでも一例にすぎないので、詳しくは必要に応じて、辞書などで確認するようにしてください。

πρός ＋ 対格	…に向かって	κατά ＋ 対格	…に沿って下へ
ἀπό ＋ 属格	…から離れて	κατά ＋ 属格	…から下へ
πρό ＋ 属格	…の前で／に	περί ＋ 対格	…のまわりで／に
ἐπί ＋ 属／与格	…の上で／に	περί ＋ 属格	…について

2　母音の省略など

　母音で終わる前置詞（ἀπό など）に母音で始まる語が続くとき、**母音の連続を避ける**ために、前置詞の語末母音がよく省略されます。その場合、以下のようにアポストロフィを入れて、母音の省略を示します。

ἀπό ＋ ὀφθαλμῶν	⇒ ἀπ’ ὀφθαλμῶν	見えないところへ
παρά ＋ ἐμοί	⇒ παρ’ ἐμοί	私のそばで

　音読する際は、ἀπ’ ὀφθαλμῶν はアポプタルモーン、παρ’ ἐμοί はパレモイというように、省略後の綴りをひと続きに読むようにしてください。

　このような省略に際して、前置詞に続く母音が［h］を伴う場合には、それに引かれて前置詞の子音が帯気音になることがあります。

ἐπί ＋ ἵππου	⇒ ἐφ’ ἵππου	馬上で、馬に乗って
κατά ＋ ἡμέρᾱν	⇒ καθ’ ἡμέρᾱν	日ごとに、毎日（熟語的）

　読み方はそれぞれエピップー、カテーメラーンです。カタカナで示すと［h］の音が消えてしまいますが、綴りに合わせて［h］を意識して発音するようにしてください。φ は［pʰ］、θ は［tʰ］の音を示す文字です。

　なお、これと同様の母音省略は、前置詞以外の場合にも起こります。例

として40ページの例文（5）にある οὐκέτ' ἐστιν（οὐκέτι ＋ ἐστίν）を見ておくとよいでしょう。また、母音省略とは異なる現象ですが、**ἐκ は母音の前では ἐξ になる**ということも確認しておいてください。

$$\text{ἐκ + ἀρχῆς} \Rightarrow \text{ἐξ ἀρχῆς} \quad \text{はじめから（エクサルケース）}$$
$$\text{ἐκ + ὁδοῦ} \Rightarrow \text{ἐξ ὁδοῦ} \quad \text{道から外れて（エクソドゥー）}$$

練習問題10-2 ここまでの説明を参考に、以下の表現（すべて前置詞句です）で使われている前置詞を、省略のない形で記してください。「彼」や「あなた」などの人称代名詞については第14課で学びます。

1. μετ' αὐτοῦ 彼と一緒に
2. δι' ἡμέρας 一日じゅう
3. ἀπ' αὐτῶν 彼らから
4. ἀφ' ὑμῶν [ῡ] あなたたちから

3 接頭辞としての機能

前置詞には、名詞とともに前置詞句を形成するだけでなく、**動詞と結びついて合成動詞をつくる**働きもあります。ここでは βαίνω（歩く、進む）という動詞を例に、要領を確認することにしましょう。

ἀπο|βαίνω	...から離れる	προσ|βαίνω	...に向かって進む
ἐκ|βαίνω	...から外へ出る	εἰσ|βαίνω	...の中へ進む

ここに挙げた動詞は、すべて βαίνω を基本としながら、その前に ἀπο- / ἐκ- / προσ- / εἰσ- が付いた合成動詞です。すでに見たように、ἀπό / ἐκ / πρός / εἰς は名詞と一緒に使うと、それぞれ「...から離れて」「...の中から」「...に向かって」「...の中へ」を意味する前置詞句をつくりますが、それがここでは βαίνω の前に付いて、動詞に意味を加える働きをしているのです。ἀπο\|βαίνω ならば「...から離れて」＋「進む」で「...から離れる」、ἐκ\|βαίνω なら「...の中から（外へ）」＋「進む」で「...から外へ出る」といった具合で、προσ\|βαίνω と εἰσ\|βαίνω も同様に考えます。

この場合の ἀπο- / ἐκ- / προσ- / εἰσ- のように、動詞の本体部分の前に付く要素のことを**接頭辞**といいます。先ほど挙げた合成動詞は、実際には ἀποβαίνω、ἐκβαίνω、προσβαίνω、εἰσβαίνω のように記されますが、本

書の語彙欄などでは、接頭辞と動詞の本体部分との区別が分かりやすいように縦線を入れて ἀπο|βαίνω などと示すことにします。

　接頭辞と動詞の合成に際しては、以下のように、動詞の語頭子音との関係で接頭辞の子音が変化することがあります（太字部分に注意）。

ἐν + πίπτω [ῑ]　落ちる　⇒　ἐ**μ**πίπτω　…の中に落ちる

ἐν + γράφω　　書く　⇒　ἐ**γ**γράφω　…の中に書き込む

　読み方はそれぞれエン<u>ピー</u>プトー、エン<u>グ</u>ラポーなので、単に綴りが変わっているだけだと捉えて大丈夫です。ἐμπίπτω の方は、英語において、否定の接頭辞 in- が possible に付くと impossible になるのと同様の現象で、ἐγγράφω の方には「ング」（発音記号では [ŋg]）の音を γγ という綴りで示すというギリシャ語の事情（12-13ページ）が関係しています。

　また、ἀπό + εἰμί（be）が ἄπ|ειμι（…から離れている）になり、ἐκ + ἄγω が ἐξ|άγω（…から導き出す）になるといった現象は、合成動詞でも起こります（発音は<u>ア</u>ペイミと<u>エク</u>サゴー）。ただし、πρό + ἄγω ⇒ προ|άγω（前へ促す）のように母音省略をしない前置詞（περί や πρό）もあります。

練習問題10-3　　動詞 βάλλω（投げる）の合成動詞を以下に並べます。接頭辞（前置詞）の基本的な意味を確認しながら、それぞれの意味として適切なものを、ア～エから選んでください。

1. ἐκ|βάλλω　　2. ἐμ|βάλλω　　3. περι|βάλλω　　4. κατα|βάλλω

ア　投げ落とす　　イ　追放する
ウ　投げ入れる　　エ　衣服を着せる

第11課 | 形容詞の格変化とアクセント

1 形容詞の格変化（oς – η – ov タイプ）

　ギリシャ語に限らず一般的に、名詞を説明する語のことを形容詞といいます。たとえば「よい本」や「新しい靴」といった表現の「よい」と「新しい」は、それぞれ「本」と「靴」という名詞を説明しているので形容詞です。まずはそのことを確認してください。

　ギリシャ語の形容詞で大切なのは、上記のような表現をつくる際に、**名詞に性・数・格を一致させて使う**ということです。性・数・格の一致についてはすでに定冠詞（第6課）で学びましたが、それと同じことが形容詞でも起こるのです。そのため形容詞の変化表は、性・数・格を区別できるものでなくてはなりません。以下の変化表を見てください。

| | 単　数 | | | 複　数 | | |
	男性	女性	中性	男性	女性	中性
主格	σοφός	σοφή	σοφόν	σοφοί	σοφαί	σοφά
対格	σοφόν	σοφήν	σοφόν	σοφούς	σοφάς [ᾱ]	σοφά
属格	σοφοῦ	σοφῆς	σοφοῦ	σοφῶν	σοφῶν	σοφῶν
与格	σοφῷ	σοφῇ	σοφῷ	σοφοῖς	σοφαῖς	σοφοῖς

　これは形容詞 σοφός（賢い）の変化表です。定冠詞のときと同様に、まずは表を構成する枠組を確認してください。左右に大きく単数と複数とが区別され、それぞれがさらに男性、女性、中性と分割されて、縦方向には格変化が示される構成になっていますね。

　そのうえでいつものように、語尾に注目して変化のパターンを観察しますが、全体を見渡して何か気づくことはないでしょうか？　じつはこの変化表は、これまでに学んだ名詞の格変化を組み合わせた構成になっているのです。ひとまずアクセントを無視して語尾だけを見ますが、男性形の語尾（単数が -ος、-ον、-ου、-ῳ、複数が -οι、-ους、-ων、-οις）は第4課で学んだ第二変化名詞の〈ος – ου タイプ〉と同じです。また女性形の語尾（単数が -η、-ην、-ης、-ῃ、複数が -αι、-ᾱς、-ων、-αις）は第8課で学んだ第一

変化名詞の〈η – η ς タイプ〉と同じ、中性形の語尾（単数が -ον、-ον、-ου、-ῳ、複数が -α、-α、-ων、-οις）はやはり第4課の〈ον – ου タイプ〉と同じです。このことについては、以下の練習問題11-1で確認しましょう。

　形容詞の変化表はこのように、名詞の格変化と対応します。今回のものは第一変化名詞と第二変化名詞とを組み合わせた変化なので「第一・第二変化」の形容詞とも呼ばれますが、本書では単数・主格の語尾を順に並べて**〈ος – η – ον タイプ〉の形容詞**と呼ぶことにします。

練習問題11-1　λόγος の変化表（25ページ）を書き写したうえで語尾に下線を引き、上記 σοφός の男性形と見比べてください。続いて τέχνη の変化表（44ページ）を書き写して σοφός の女性形と比べ、さらに βιβλίον の変化表（25ページ）を書き写して σοφός の中性形と比べてください。

2　形容詞の格変化（ος – ā – ον タイプ）

　形容詞の変化表をもうひとつ見ておきましょう。まずは以下の変化表を、前ページの σοφός の変化表と見比べてみてください。

	単　数			複　数		
	男性	女性	中性	男性	女性	中性
主格	δίκαιος	δικαίᾱ	δίκαιον	δίκαιοι	δίκαιαι	δίκαια
対格	δίκαιον	δικαίᾱν	δίκαιον	δικαίους	δικαίᾱς	δίκαια
属格	δικαίου	δικαίᾱς	δικαίου	δικαίων	δικαίων	δικαίων
与格	δικαίῳ	δικαίᾳ	δικαίῳ	δικαίοις	δικαίαις	δικαίοις

　これは形容詞 δίκαιος（公正な）の変化表です。語尾の現われ方（太字部分）を確認すると先ほどの σοφός とほぼ同じですが、単数の女性形に -ā（先ほどは -η でした）が現われることだけが異なります。このタイプを本書では**〈ος – ā – ον タイプ〉の形容詞**と呼ぶことにします。

　これらの形容詞は、辞書などで以下のように提示されます。

σοφός, -ή, -όν　賢い　　　δίκαιος, -ā, -ον　正当な
καλός, -ή, -όν　美しい　　μακρός, -ά, -όν　長い

　まずは σοφός と δίκαιος について、変化表と見比べながら確認しまし

ょう。男性・単数・主格の語形が見出し語になっていて、その右に単数・主格の女性形と中性形を並べることで、それぞれ〈ος – η – ον タイプ〉と〈ος – ā – ον タイプ〉であることが示されています。

続いて καλός と μακρός に進みます。καλός の方は語尾の提示が -ος, -η, -ον なので、σοφός と同様の格変化だと分かります。それに対して μακρός の方は、語尾の提示が -ος, -ā, -ον になっているので δίκαιος と同じ格変化をします。アクセント記号が付く関係で女性語尾が -ά（長母音を示す横線がない）と示されていますが、前後から〈ος – ā – ον タイプ〉であること（つまりこの -α は長母音）が分かるので、いつもの［ā］という注記は省略します。μακρά の -ά を長く伸ばして、マクラーと読んでください。

[練習問題 11-2] この課の変化表を見ながら、以下の形容詞を格変化させてください。アクセントについてはいずれも σοφός と同様のパターン（属格と与格のみ曲アクセントに変わる）をとります。

  1. κακός, -ή, -όν　悪い　　　　2. μῑκρός, -ά, -όν　小さい

3　形容詞のアクセント

　形容詞のアクセントは**男性・単数・主格を基準**にして定まります。アクセントの規則は53-54ページで説明しましたが、それを変化表全体に、男性・単数・主格（見出し語）を基準にして適用していくことになります。

　まずは δίκαιος, -ā, -ον を例にして、男性・単数・主格が**語末から3音節めに鋭アクセント**を持つ形容詞の場合を見ましょう。この場合、語末音節の母音が短い語形（δίκαιος や δίκαιον など）ではアクセントはそのままで、それが長母音や二重母音になると、鋭アクセントがひとつ右側に移ります（δικαίᾱ、δικαίου、δικαίοις など）。この点に注目して前ページの変化表を観察してください。たとえば単数・主格を男性、女性、中性の順に読むと、ディカイオス、ディカイアー、ディカイオンとなります。ただし、語末の -οι / -αι（男性と女性の複数・主格）は短母音として扱うので注意してください（53ページ）。

　続いて θεῖος, -ā, -ον（神のような）など、男性・単数・主格が**語末から2音節めに曲アクセント**を持つ形容詞の場合を見ましょう。この場合、語

末音節の母音が短母音の語形（θεῖος や θεῖον など）ではその前の ει に曲アクセントを持ちますが、そこが長母音や二重母音になる（θείᾱ、θείου、θείοις など）と、鋭アクセントに変わります（位置はそのまま）。たとえば単数・主格は、男性から順に<u>テイオス</u>、<u>テイアー</u>、<u>テイオン</u>です。

　これらに対して、σοφός, -ή, -όν など男性・単数・主格が**語末音節に鋭アクセント**を持つ形容詞は、属格と与格で曲アクセントに変わります（このタイプではアクセント規則は関係ありません）。たとえば60ページの変化表で男性の単数形を確認すると、主格と対格が順に σοφός、σοφόν（ソ<u>ポ</u>ス、ソ<u>ポ</u>ン）と鋭アクセントなのに対して、属格と与格は σοφοῦ、σοφῷ（ソ<u>プー</u>、ソ<u>ポー</u>イ）と曲アクセントになっています。女性形や中性形、また複数でも同様のことが起きているので、変化表の全体を確認しておくとよいでしょう。これは ὁδός や τῑμή といった名詞（それぞれ31ページと46ページ）と共通の特徴です。

　なお ἴσος, -η, -ον（等しい）など、男性・単数・主格が**語末から2音節めに鋭アクセント**を持つ形容詞の場合には、変化表全体でアクセントの変更はありません。これも λόγος（25ページ）などの名詞と同様です。

練習問題11-3　以下に挙げる形容詞の変化表を書いてください。語尾の変化は〈ος – η – ον タイプ〉か〈ος – ᾱ – ον タイプ〉かで判断し、アクセントについては上記の説明に従ってください。

1. ὅμοιος, -ᾱ, -ον　類似の　　2. οἰκεῖος, -ᾱ, -ον　家の、親族の
3. δεινός, -ή, -όν　恐ろしい　　4. μέσος, -η, -ον　中間の

［名詞と形容詞の類似と相違］

この課で確認したように、名詞と形容詞はとてもよく似た格変化をします。まずはこの類似に注目して、名詞と形容詞を関係づけながら捉えるようにすることが大切です。しかし両者には違いもあります。たとえば名詞の場合には、第一変化の複数・属格がかならず -ῶν というアクセントになります（45ページ）が、形容詞のアクセントは男性・単数・主格を基準とするため、第一変化に対応する女性形の複数・属格が -ῶν になるとは限りません。たとえば ὅμοιος の女性・複数・属格は ὁμοίων に、οἰκεῖος の女性・複数・属格は οἰκείων になります。

形容詞のなかには男性形と女性形を区別せず、結果的に2系統の語尾しか持たないものもあります。このタイプは辞書などで、以下のように示されます（語尾が -ος と -ον の2つであることに注目）。

ἄδικος, -ον	不正な	παράνομος, -ον	法に反する
εὔπορος, -ον	容易な	βάρβαρος, -ον	異民族の

これらは男性／女性形が -ος、-ον、-ου、-ῳ … と、中性形が -ον、-ον、-ου、-ῳ … と格変化します。特別な女性形を持たないと捉えておくとよいでしょう。本書ではこれを〈ος − ον タイプ〉の形容詞と呼ぶことにします。

［単語の合成］
合成動詞については58-59ページで確認しましたが、形容詞にも合成語があります。たとえば上の囲みの ἄδικος は、接頭辞 ἀ-（欠如を示す）と名詞 δίκη（正義）の合成語で、「正義を欠いた」⇒「不正な」と意味をつくっています。また εὔπορος は副詞 εὖ（よい仕方で）と名詞 πόρος（通り道）が合成されて「通りやすい」⇒「容易な」の意味になります。〈ος − ον タイプ〉にはこのような合成語が多くあります。

第12課 | 形容詞の用法、μέγας と πολύς の格変化

1 形容詞の用法① （限定用法と述語用法）

　この課では形容詞の用法（使い方）を学びます。すでに確認したとおり形容詞は名詞を説明する語ですが、その説明の仕方には次の2種類があります。

> 1. **限定用法**……「美しい声」や「賢い若者」のように、名詞の意味を限定する用法。いわゆる名詞修飾。
> 2. **述語用法**……「その声は美しい」や「その若者を賢いと思う」のように、主語や目的語の性質などを述べる用法。

　いずれの場合にも、形容詞は名詞に対して**性・数・格を一致**させて使います。たとえば「美しい声が」という表現なら、名詞「声が」（ギリシャ語では φωνή）が女性名詞の単数・主格なので、「美しい」を意味する形容詞 καλός をそれに合わせて女性・単数・主格にして、καλὴ φωνή または φωνὴ καλή と表現します（形容詞は名詞の前に置いても後ろに置いても構いません）。名詞に性・数・格を一致させる要領は、定冠詞の場合（34-35ページ）と同様です。練習問題で確認しておきましょう。

練習問題 12-1　日本語の意味に合うように、以下の空所に形容詞 καλός, -ή, -όν （美しい）を適切な語形にして入れてください（60ページの変化表を参照）。名詞として使われているのは「νῆσος, -ου, ἡ　島」と「νεᾱνίᾱς, -ου, ὁ　若者」で、その数と格は [　　　] 内に記しておきました。

1. 美しい島を　　　　νῆσον（　　　　　　）［単数・対格］
2. 美しい島で　　　ἐν νήσῳ（　　　　　　）［単数・与格］
3. 美しい若者たちが　νεᾱνίαι（　　　　　　）［複数・主格］
4. 美しい若者たちを　νεᾱνίᾱς（　　　　　　）［複数・対格］

先ほど形容詞は名詞の前に置いても後ろに置いても構わないと言いまし

たが、**定冠詞付きの名詞に形容詞が関わる場合**には、語順に注意する必要があります。まずは前提として、定冠詞が名詞とのコンビネーションで意味を形成する語であることを、「その声」を意味するギリシャ語 ἡ φωνή や、それに対応する英語 **the** voice（太字部分が定冠詞）で確認してください。

　そのうえでそこに形容詞を関係させていきますが、その際ギリシャ語では、**形容詞が〈定冠詞 ＋ 名詞〉のコンビネーションに割って入る場合は上記1の用法になり、外側に置かれる場合には2の用法になる**ということが、約束事として決まっています。たとえば ἡ καλὴ φωνή なら限定用法で、「その美しい声が」のように形容詞を名詞にかけて解釈しますが、それに対して ἡ φωνὴ καλή や καλὴ ἡ φωνή の場合には、述語用法として「その声は美しい」と解することになります（太字部分が〈定冠詞＋名詞〉）。述語用法の場合、そこに ἐστίν（英語の is）を補ってピリオドで終えれば、ἡ φωνὴ καλή ἐστιν. などの文をつくることができます。ἐστίν のアクセント移動については43ページを参照してください。

　以上は主格の例ですが、同じことは主格以外の格についても言えます。たとえば **τὴν** καλὴν **φωνὴν** δεινὴν νομίζω. という文には、述語動詞 νομίζω（私は考える）と定冠詞付きの名詞 τὴν φωνήν（その声を）、それにふたつの形容詞 καλήν（美しい）と δεινήν（恐ろしい）が並んでいますが、τὴν φωνήν に割って入った καλήν を1の限定用法、外に置かれた δεινήν を2の述語用法と解して、「私はその美しい声を恐ろしいと思う」と読むのが正解です。語順を入れ替えて **τὴν** δεινὴν **φωνὴν** καλὴν νομίζω. にすると「私はその恐ろしい声を美しいと思う」の意味になります。

　このような定冠詞と名詞、形容詞の位置関係は、ギリシャ語の文にとって大切な約束事ですから、しっかり区別するようにしてください。

［属性的位置と述語的位置］
先ほど説明した〈定冠詞 ＋ 名詞〉と形容詞の位置関係について関連して、1の限定用法として解釈される形容詞の位置のことを**属性的位置**と呼び、2の述語用法として解釈される位置を**述語的位置**と呼びます。文法を説明するときによく使われる言い方なので、覚えておくとよいでしょう。

練習問題12-2　各文を発音したうえで、形容詞の限定用法と述語用法の違いに注意して訳してください。今回から、必要な単語情報を304ページ以下の「語彙のリスト」に委ねます。単語を調べる練習も少しずつしていきましょう。

1. αἱ ἡδοναὶ θνηταί εἰσιν.
2. ὁ ἄνθρωπος πολιτικὸν ζῷόν ἐστιν.
3. οἱ κακοὶ φίλοι κακὸν καρπὸν φέρουσιν.
4. τοὺς τοῦ νεανίου λόγους καλοὺς νομίζομεν.

2　形容詞の用法②（名詞としての用法）

　形容詞の用法としてもうひとつ大切なのは名詞としての用法です。形容詞は一般的に名詞を説明する語であり、先ほど確認した限定用法と述語用法では名詞に性・数・格を一致させて使いますが、以下の文のように、**形容詞自体が名詞として機能する**ことがしばしばあります。

ἡ καλὴ ἐν τῇ οἰκίᾳ ἐστίν.
その美しい女性はその家のなかにいる。

　発音はヘー・カレー・エン・テーイ・オイキアーイ・エスティン。この文は ἡ καλή（その美しい女性は）、ἐν τῇ οἰκίᾳ（その家のなか）、ἐστίν（is）という3つの要素で構成されますが、そのうち ἡ καλή は〈定冠詞 ＋ 形容詞〉の表現になっていて、名詞が使われていません。それなのになぜ「その美しい女性は」と訳せるのでしょうか？

　それはギリシャ語の形容詞が持つ、性・数・格を表示するという特徴のおかげです。ἡ καλή は〈定冠詞 ＋ 形容詞〉の表現なので、そのまま読めば「その美しい…」などの意味になり、通常は「…」の部分に何か名詞を入れて解釈します。ἡ καλὴ φωνή なら「その美しい声は」、ἡ καλὴ νῆσος なら「その美しい島は」といった具合です。しかし先ほどの例文では、この φωνή や νῆσος にあたる名詞がありません。そのような場合には、**形容詞の性・数・格を訳す**つもりで意味をとってください。今回は καλή が女性・単数・主格の語形なので、〈定冠詞 ＋ 形容詞〉が示す「その美しい…」の意味に「女性」で「単数（一人）」で「主語（…は／が）」であると

いう情報を加えて訳し、「その一人の美しい女は」と意味をとることになります。このような形容詞の用法を**名詞用法**といいます。形容詞の3つめの用法として覚えておいてください。

この用法においては、形容詞の性を調整することで、以下のような意味を示すことができます。

> 男性形 「...な男（たち）」
> 女性形 「...な女（たち）」
> 中性形 「...なもの／こと」または「...な性質」

たとえば καλός を名詞用法と解すると「美しい男」の意味、女性形の καλή は「美しい女」、中性形の καλόν は「美しいもの／こと」あるいは「美しい性質」=「美しさ」となります。

この区別を基本として、文中ではさらに数と格を確認して意味をとることになります。たとえば ὁ καλός（男性・単数・主格）なら「その美しい男は」の意味ですが、οἱ καλοί（男性・複数・主格）なら「その美しい男たちは」、τοὺς καλούς（男性・複数・対格）なら「その美しい男たちを」といった意味になります。

練習問題12-3 以下の各文について、空所を埋めて意味を完成させてください。単語については304ページ以下を参照してください。

1. τὸν σοφὸν ἐκβάλλεις.
   その（　　　　　　　　）あなたは追放しようとしている。
2. ἆρα τὴν σοφὴν ἐκβάλλεις;
   その（　　　　　　　　）あなたは追放しようとしているのか？

3 μέγας と πολύς の格変化

ここで、やや特殊な格変化をする形容詞、μέγας（大きい）と πολύς（多い）を学ぶことにします。形容詞の変化としてはすでに〈ος – η – ον タイプ〉と〈ος – ᾱ – ον タイプ〉を学びました（第11課）が、μέγας と πολύς はそのヴァリエーションです。まずは μέγας から確認しましょう。次ページの変化表を見てください。

　この形容詞は、男性と中性の単数・主格と対格（表の太字部分）だけが
特殊な語形になりますが、それ以外は全体的に μεγάλ- に〈ος － η － ον タ
イプ〉の語尾が付いた規則的なパターンをとります。60ページにある
σοφός の変化表と見比べて、全体的な類似を確認してください。特殊な
ところは限られているので、そこに注目して覚えてしまいましょう。

	単　　数			複　　数		
	男性	女性	中性	男性	女性	中性
主格	**μέγας**	μεγάλη	**μέγα**	μεγάλοι	μεγάλαι	μεγάλα
対格	**μέγαν**	μεγάλην	**μέγα**	μεγάλους	μεγάλᾱς	μεγάλα
属格	μεγάλου	μεγάλης	μεγάλου	μεγάλων	μεγάλων	μεγάλων
与格	μεγάλῳ	μεγάλῃ	μεγάλῳ	μεγάλοις	μεγάλαις	μεγάλοις

　πολύς の変化表もこれと同様の特徴を持ちます。やはり男性と中性の単
数・主格と対格のみが特殊な語形で、それ以外は πολλ- に〈ος － η － ον タ
イプ〉の語尾が付いた規則的なパターンになっています。

	単　　数			複　　数		
	男性	女性	中性	男性	女性	中性
主格	**πολύς**	πολλή	**πολύ**	πολλοί	πολλαί	πολλά
対格	**πολύν**	πολλήν	**πολύ**	πολλούς	πολλάς [ᾱ]	πολλά
属格	πολλοῦ	πολλῆς	πολλοῦ	πολλῶν	πολλῶν	πολλῶν
与格	πολλῷ	πολλῇ	πολλῷ	πολλοῖς	πολλαῖς	πολλοῖς

　なお πολύς は「多い」の意味ですが、単数形は「量的に多い（much）」
ことを示し、複数形は「数的に多い（many）」ことを示します。たとえば
「多くの時間が」なら πολὺς χρόνος（男性・単数・主格）ですが、「多く
の兵士たちが」なら πολλοὶ στρατιῶται（男性・複数・主格）になります。

［文意を解釈する手順］

　ここまでの学習で動詞、名詞、形容詞という主要品詞を学びました。いずれの品詞も語形変化を起こすので大変ですが、本書の説明を参考にして少しずつ覚えていってください。

　さて、ここでは文意を解釈する手順について、簡単にアドバイスをしておきます。ギリシャ語の文を読むためには様々なことを確認しなくてはいけませんが、どこから考えればよいのか困ったときには、以下の手順を踏んでみるとよいと思います。

Step 1　**述語動詞の人称・数をチェック**
　　　　⇒ 1 人称／2 人称なら主語を確定し、3 人称なら主語が何かを考える（主格を探したり状況を確認したりする）。

Step 2　**名詞の数・格をチェック**
　　　　⇒ 格の訳し方（24 ページ）を参考にして述語動詞との関係を考える。ただし前置詞と結びつくこともある。

Step 3　**形容詞の性・数・格をチェック**
　　　　⇒どの名詞に関係させるかを考える。ただし限定用法と述語用法との区別（65 ページ）や名詞用法に注意。

　たとえば αἱ κόραι τῷ μεγάλῳ ποιητῇ καλὴν ᾠδὴν ᾄδουσιν. という文は少し長いですが、上記の手順に従ってまず動詞 ᾄδουσιν の人称と数を確認してください。語尾が -ουσιν なので 3 人称・複数ですね。次に名詞に注目して数と格を確認します。κόραι が「少女」の複数・主格（...たちは）、ποιητῇ が「詩人」の単数・与格（...に）、ᾠδήν が「歌」の単数・対格（...を）なので、述語動詞との関係を「少女たちは詩人に歌を歌う」のように確定できます。最後に形容詞をチェックしましょう。μεγάλῳ は「大きい」の男性・単数・与格、καλήν は「美しい」の女性・単数・対格と判断して、それぞれ ποιητῇ と ᾠδήν にかけて解釈します。名詞との性・数・格の一致に注意してください。以上を踏まえて定冠詞（αἱ / τῷ）も意識して訳すと「その少女たちはその偉大な詩人に美しい歌を歌う」と訳すことができます。

第13課 | 中動態と受動態

1 中動態とは何か？

　英語などでお馴染みのように、動詞と主語との関係に注目して「（主語が）...する」を意味する表現形式を**能動態**、「...される」を意味する形式を**受動態**と呼びます。この区別はギリシャ語にもありますが、もうひとつ大切なものとして**中動態**（または中間態）があります。中動態は、主語の行為や意識が自分自身に向かうことを示す形式で、おおよそ以下のような意味を示すのに使われます。

> 1.「自分に対して ...する」
> 2.「自分のために ...する」
> 3.「自分たちの間で ...する」

　ポイントは「自分」という言葉です。まずは1の用法を「洗う」という動詞を例にして説明すると、能動態なら「...を洗う」の意味で「...」に洗う対象（洗うもの）を入れて使いますが、中動態ではその「...」に「自分」を入れて、「自分を洗う」（自分に対して「洗う」という行為をする）の意味を示します。このとき「自分を」の意味は中動態であることによって示されるので、目的語を記す必要はありません。

　2の用法は「買う」を例にしますが、中動態を使うと単に「買う」という意味だけでなく、それを「自分のために買う」という意味合いが示されます。この場合は何を買うかは目的語がないと分からないので、必要に応じて目的語を記すことになります。

　3は主語が複数のときにありうる用法で、複数主語が「自分たちの間で」⇒「お互いに」何かをする意味を示します。たとえば「分配する」という動詞を（複数主語の）中動態で使うと、「お互いに分配し合う」という意味を示すことができます。なお、1から3のどの意味合いになるかは、文脈や状況から判断することになります。

2 中動態の活用 (現在形)

能動態と中動態は、動詞の語尾を使い分けることによって区別されます。たとえば παύω (...を止める) の現在形の活用を、能動態と中動態を並べて確認しておきましょう。

	能動態		中動態	
	単数	複数	単数	複数
1人称	παύω	παύομεν	παύομαι	παυόμεθα
2人称	παύεις	παύετε	παύῃ	παύεσθε
3人称	παύει	παύουσι(ν)	παύεται	παύονται

能動態の変化表は18ページで確認したものと同じです (心配なら復習しておくこと)。これと中動態を見比べると、それぞれの人称で παυ- の部分は共通していて、語尾は異なるものが使われています。結果として中動態のパターンは、単数が上から順にパウオマイ、パウエーイ、パウエタイ、複数がパウオメタ、パウエステ、パウオンタイ (1人称・複数のみアクセントの位置が変わる) となり、能動態とは区別されます。

なお、中動態の不定詞は παύεσθαι です (能動態は παύειν)。また2人称・単数には παύει (パウエイ) という形もあり、表中の παύῃ の代わりにしばしば使われます。能動態の3人称・単数と同じ語形なので、どちらで解釈すべきかは文脈や状況と相談して決めることになります。

練習問題13-1 上の変化表を参照しながら、次の各動詞について中動態 (現在形) の活用を答えてください。いつものように発音も確認しましょう。

1. λούω ...を洗う 　　2. νέμω ...を分ける、分配する

練習問題13-2 以下の文では述語動詞がともに中動態になっています。その意味合いに注意して、各文を訳してください。いつものように発音も確認しましょう。

1. μετὰ θήρᾱς πολλάκις ἡ θεὸς ἐν τῷ ποταμῷ λούεται.
2. οἱ στρατιῶται νῦν καλὰ δῶρα νέμονται.

［自動詞の意味になる中動態］

παύω は「...を止める」という他動詞ですが、それを中動態にすると「自分を止める」という発想から、「止まる」または「やめる」という自動詞の意味になります。また φαίνω は「...の姿を示す」ですが、中動態では「自分の姿を示す」⇒「現われる」のように、やはり自動詞の意味になります。中動態は自動詞の意味を示すことがあると覚えておいてください。

3　受動態

　未来とアオリスト以外の時制において、受動態（...される）は中動態と同じ語形で表現されます。時制については後ほど学びますが、ひとまずは現在形において、**受動態は中動態と同形**だと覚えておいてください。例文を見ておきましょう。

　τὸ παιδίον ὑπὸ τοῦ δούλου λούεται.
　その子供は奴隷に洗ってもらっている。

　発音はト・パイディオン・ヒュポ・トゥー・ドゥールー・ルーエタイ。述語動詞 λούεται（中動態か受動態の3人称・単数）に対して τὸ παιδίον が主語、ὑπὸ τοῦ δούλου は「その奴隷（彼の奴隷）によって」を意味する前置詞句です。δούλου は「δοῦλος, -ου, ὁ　奴隷」の単数・属格で、定冠詞 τοῦ を付けて使われています。ポイントは 〈ὑπό ＋ 属格〉で「...によって」の意味になることで、この前置詞句があるため、本文の λούεται は中動態ではなく受動態だと判断できます。

　それに対して練習問題13-2の1の場合には、述語動詞は同じ λούεται ですが、行為者（...によって）が想定されないため受動態ではなく、中動態だと判断することになります。

　なお、行為者は上記のように 〈ὑπό ＋ 属格〉で明示されることもありますが、文脈や状況から明らかな場合には省略されます。そのため中動／受動態の意味をとる際には、文脈や状況と相談しながら、行為者（...によって）が想定されているかどうかを考えるようにしてください。

以下の文は述語動詞が中動／受動態です。その意味合いに注意して、各文を訳してください。3の主語は τὰ καλὰ δῶρα です。

1. ὑπὸ τῶν στρατιωτῶν διωκόμεθα.
2. ὁ χρῦσὸς οὐ μιαίνεται.
3. τὰ καλὰ δῶρα νῦν νέμεται.

4 能動態がない動詞

動詞のなかには能動態の語形を持たず、中動／受動態でのみ使うものがあります。本書ではそれを**欠如動詞**と呼ぶことにします。この用語は英語 deponent verb に対応しますが、ほかに異態動詞や形式受動態動詞という呼び方もあります。用語は違ってもすべて同じものを指しますから、本書以外を参照する際には気をつけてください。

動詞の情報を辞書などで提示するとき、通常は能動態（直説法・現在）の1人称・単数の語形（-ω）を見出し語にすることはすでに学びました。しかし、上述のように欠如動詞には能動態の語形がないので、中動／受動態（直説法・現在）の1人称・単数（-ομαι）を見出し語とします。辞書を引いて**見出し語が -ομαι になっていたら、それが欠如動詞の目印**だと覚えておいてください。

通常の動詞	⟷	欠如動詞
παύω …を止める λούω …を洗う		βούλομαι …を望む、しようと思う γίγνομαι 生じる、…になる

欠如動詞は、中動／受動態の活用パターンをとります。たとえば上の βούλομαι なら、単数が βούλομαι、βούλῃ、βούλεται（ブーロマイ、ブーレーイ、ブーレタイ）で、複数が βουλόμεθα、βούλεσθε、βούλονται（ブーロメタ、ブーレステ、ブーロンタイ）、不定詞が βούλεσθαι（ブーレスタイ）です。語尾に注目して72ページの変化表と見比べてください。

練習問題 13-4 βούλομαι にならって γίγνομαι を活用させてください。

第14課 | 人称代名詞と αὐτός

1 人称代名詞

　ギリシャ語の人称代名詞には、「私」「あなた」「私たち」「あなたたち」
の4つがあります。英語では I や you などのほか、he や she なども人称
代名詞に含みますが、ギリシャ語では「彼」や「彼女」などを別の種類の
代名詞 αὐτός（78ページ）で表現するので注意してください。

　まずは「私」（1人称・単数の代名詞）と「あなた」（2人称・単数の代
名詞）から確認しましょう。これらは以下のように格変化して、それぞれ
に強勢形と非強勢形とがあります。

	私		あなた	
	強勢形	非強勢形	強勢形	非強勢形
主格	ἐγώ	——	σύ	——
対格	ἐμέ	με	σέ	σε
属格	ἐμοῦ	μου	σοῦ	σου
与格	ἐμοί	μοι	σοί	σοι

　いつものようにエゴー、エメ、エムー、エモイと発音しながら、表全体
を観察してください。「私」の方は強勢形と非強勢形とを綴りでも区別し
ますが、「あなた」の方は両者の区別がアクセントのみで紛らわしいです
ね。強勢形はアクセントを持つので自立した語として発音され、それに対
して非強勢形は、アクセントを持たない前接語（41ページ）として使わ
れます。

　「私」や「あなた」の意味を代名詞で示すとき、基本的には非強勢形を
使いますが、**ほかとの対比を明示する**ときや**前置詞の目的語**には強勢形を
使うことになっています。例文を見ておきましょう。

（1）ἐγὼ δεσπότης τοῦ ἀγροῦ εἰμι.

（ほかの者ではなく）私がその畑の主人だ。

（2）σὲ μὲν ὁ διδάσκαλος ἐπαινεῖ, ἐμὲ δ’ ὀνειδίζει.

先生は君の方は褒めているが、私の方は非難している。

（3）ὁ νεᾱνίᾱς ἀεὶ παρ’ ἐμοί ἐστιν.　＊ἀεί [ᾱ]

その若者はいつも私と一緒にいる。

　例文（1）のエゴー・デスポテース・トゥー・アグルー・エイミは、ἐγώ のない δεσπότης τοῦ ἀγροῦ εἰμι. という文と比較するのがよいでしょう。述語動詞が εἰμί（1人称・単数）で「私は...である」の意味、δεσπότης が「主人」の単数・主格で「私」とのイコール関係を示し、そこに単数・属格 τοῦ ἀγροῦ が「その畑の」の意味を加えています。以上から「私はその畑の主人である」と意味をとることができます。

　この文に人称代名詞の単数・主格 ἐγώ を加えたのが例文（1）です。「私は」という主語は先ほどの文ですでに示されていたので、この ἐγώ は主語ではなく、むしろ**主語が「私」であることを、ほかとの対比において示す**働きをしています。上掲の訳では「（ほかの者ではなく）私が」としましたが、文脈や状況によっては「（あなたではなく）私が」や、「（彼ではなく）私が」などとしてもよいでしょう。

　例文（2）のセ・メン・ホ・ディダスカロス・エパイネイ・エメ・ドネイディズデイは ὁ διδάσκαλος（単数・主格）を主語として、前半は述語動詞が ἐπαινεῖ で σέ が目的語、後半は述語動詞が ὀνειδίζει で ἐμέ が目的語です。残る μέν と δέ（後ろとの母音連続を避けるために δ’ になっている）は対比を示す機能語で、**A μὲν ...，B δὲ ... のコンビネーションで「A ... に対して（その一方で）B ... だ」の意味関係**を示します。ここでは σέ（あなたを）と ἐμέ（私を）との対比を示していますが、このようなときにも強勢形を使います。対比のニュアンスを示さずに「先生は君を褒めている」としたい場合には、非強勢形の σε（前接語）を使って ὁ διδάσκαλός σε ἐπαινεῖ. のように表現します。前接語は文頭に立てないので、このような語順になります。

　例文（3）のホ・ネアーニアース・アーエイ・パレモイ・エスティンは人称代名詞を前置詞の目的語として使う例です。やはり強勢形が使われていますね。前置詞の格支配（55ページ）を確認のうえ、〈παρά ＋ 与格〉で「...と一緒に」の意味だと覚えておいてください。

　続いて「私たち」（1人称・複数の代名詞）と「あなたたち」（2人称・複数の代名詞）を確認します。先ほど見た「私」や「あなた」と違って、こちらには強勢形と非強勢形の区別がありません。

	私たち	あなたたち
主格	ἡμεῖς	ὑμεῖς [ῡ]
対格	ἡμᾶς	ὑμᾶς [ῡ]
属格	ἡμῶν	ὑμῶν [ῡ]
与格	ἡμῖν	ὑμῖν [ῡ]

練習問題 14-1　　人称代名詞に注意して以下の文を訳してください。なお3の οὐ ... ἀλλά ... は、英語の not ... but ... と同様に「...ではなく...」の意味を示すコンビネーションです。

1. ὠφελείᾱς ὑμῶν ἐθέλομεν.
2. οἱ βάρβαροι νῦν ἡμᾶς διώκουσιν.
3. οὐκ ἐμέ, ἀλλὰ σὲ διώκουσιν οἱ βάρβαροι.

［所有形容詞］

名詞に対して「私の...」や「あなたの...」といった意味を加えたいとき、ここまでに学んだ人称代名詞の属格（μου や σου など）を使うこともできますが、下記の所有形容詞を使うこともできます。

ἐμός, -ή, -όν	私の...	ἡμέτερος, -ᾱ, -ον	私たちの...
σός, -ή, -όν	あなたの...	ὑμέτερος [ῡ], -ᾱ, -ον	あなたたちの...

これらは形容詞なので、名詞に性・数・格を一致させて使います。たとえば、上の練習問題の1を所有形容詞で書き換えると ὠφελείᾱς ὑμετέρᾱς ἐθέλομεν.（ὑμετέρᾱς は女性・複数・対格）になります。

2 αὐτός の格変化と用法

　ここでは「自身」を意味する重要語 αὐτός について学びます。下表の
とおり基本的に〈ος – η – ον タイプ〉の形容詞（60ページ）と同様に変化
しますが、中性・単数の主格と対格が -o で終わることに注意してください。

	単　　　数			複　　　数		
	男性	女性	中性	男性	女性	中性
主格	αὐτός	αὐτή	αὐτό	αὐτοί	αὐταί	αὐτά
対格	αὐτόν	αὐτήν	αὐτό	αὐτούς	αὐτάς [ā]	αὐτά
属格	αὐτοῦ	αὐτῆς	αὐτοῦ	αὐτῶν	αὐτῶν	αὐτῶν
与格	αὐτῷ	αὐτῇ	αὐτῷ	αὐτοῖς	αὐταῖς	αὐτοῖς

　この語 αὐτός には以下の三つの用法があります。いずれも重要な用法
なので、しっかり区別するように努めてください。

---

1. **強意代名詞としての用法**……〈定冠詞 ＋ 名詞〉の外側に置かれて、「…自身」
　　　　　　　　　　　　　　　「まさにその…」（英語 … oneself）の意味を示す。
2. **形容詞としての用法**……〈定冠詞 ＋ αὐτός ＋ 名詞〉の語順で使われ、「同じ…」
　　　　　　　　　　　　　（英語 the same …）の意味を示す。
3. **3人称代名詞としての用法**……主格以外の語形は「彼」「彼女」「それ」の意味
　　　　　　　　　　　　　　　を示しうる。

　例文を挙げて説明しましょう。1の例文は ὁ στρατηγὸς **αὐτὸς** ἡμᾶς
κελεύει.（ホ・ストラテーゴス・アウトス・ヘーマース・ケレウエイ）で
す。述語動詞 κελεύει（3人称・単数）に ὁ στρατηγός（単数・主格）が
主語として対応しますが、それに男性・単数・主格の αὐτός が添えられて
います。性・数・格の一致から αὐτός が主語 ὁ στρατηγός の説明であるこ
と、また〈定冠詞 ＋ 名詞〉の外側に置かれていることを確認して、「その
将軍自身が私たちに命じている」と読んでください。語順を変えて **αὐτὸς**
ὁ στρατηγὸς ἡμᾶς κελεύει. としても、αὐτός が〈定冠詞 ＋ 名詞〉の外側
にあるので同じ意味になります。

　それに対して、ὁ **αὐτὸς** στρατηγὸς ἡμᾶς κελεύει. の語順にすると意味
が変わります。この文では αὐτός が〈定冠詞 ＋ 名詞〉の内側に入り込み、
〈定冠詞 ＋ αὐτός ＋ 名詞〉の語順になっています。上の2にあるように、

このとき αὐτός は「...自身」ではなく「同じ...」の意味になるので、例文は「その同じ将軍が私たちに命じている」と読むのが正解です。

　3の例文としては、まず ὁ στρατηγὸς **αὐτὸν** κελεύει.（ホ・ストラテーゴス・アウトン・ケレウエイ）を見ておきましょう。αὐτόν は対格なので、先ほど1で示した例文とは違って主語 ὁ στρατηγός の説明ではありません。κελεύει の目的語として「その男（彼）に命じている」と読むのが正解です。αὐτόν が示す男性・単数・対格という文法情報を「男」「一人」「...を／に対して」（対格は「命じる」の目的語であることを示す）という感じで読みとることがポイントです。これを ὁ στρατηγὸς **αὐτὴν** κελεύει.（ホ・ストラテーゴス・アウテーン・ケレウエイ）にすると、αὐτήν が女性・単数・対格になるので「その女（彼女）に命じている」の意味になります。

練習問題14-2　αὐτός の用法に注意して、各文の訳を完成させてください。なお2の καί は「...も」という副詞的な意味を示します。

1. ἆρα τὸν στρατηγὸν αὐτὸν ἀποκτείνεις;
   あなたは（　　　　　　　　　）を殺そうとしているのか？
2. καὶ ἐγὼ τὸν αὐτὸν στρατηγὸν ἀποκτείνω.
   私もまた（　　　　　　　　　）を殺そうとしている。

練習問題14-3　日本語の意味になるように、空所に αὐτός の適切な語形を入れてください。3の「...に」は与格で表現します。

1. 私はまさにその本を探しているのだ。
   （　　　　　　　）τὸ βιβλίον ζητῶ.
2. 私も同じ考えを持っている。
   καὶ ἐγὼ τὴν（　　　　　　　）γνώμην ἔχω.
3. 彼女には多くの息子がいる。
   πολλοὶ（　　　　　　　）υἱοί εἰσιν.

第15課 | 第三変化名詞

1 第三変化名詞の基本

この課では第三変化名詞について、基本的な考え方を学びます。いつものように変化表の観察から始めましょう。

		弁論家（男性）	希望（女性）	身体（中性）
単数	主格	ῥήτωρ	ἐλπίς	σῶμα
	対格	ῥήτορα	ἐλπίδα	σῶμα
	属格	ῥήτορος	ἐλπίδος	σώματος
	与格	ῥήτορι	ἐλπίδι	σώματι
複数	主格	ῥήτορες	ἐλπίδες	σώματα
	対格	ῥήτορας	ἐλπίδας	σώματα
	属格	ῥητόρων	ἐλπίδων	σωμάτων
	与格	ῥήτορσι(ν)	ἐλπίσι(ν)	σώμασι(ν)

まず確認して欲しいのは、単数・主格とそれ以下との語形の違いです。「弁論家」は単数・主格が ῥήτωρ ですが、それ以外はすべて ῥήτορ- に語尾が付いた構成になっています。長母音の ω が短母音の o に変わっていることに注目してください。また「希望」は単数・主格が ἐλπίς ですが、対格以下は ἐλπίδ- に語尾が付く構成で、主格にはなかった δ が出てきています。「身体」の主格と対格が同じ語形なのは中性名詞だから（32ページ）ですが、属格以下を見ると σώματ- に語尾が付く構成になっていて、やはり主格にはなかった τ が出ています。

このことは、**辞書の見出し語から変化表をつくることができない**という問題を引き起こします。辞書での見出し語は単数・主格の語形ですが、その語形と対格以下（中性では属格以下）とが異なるため、このような問題が生じるのです。では、第三変化名詞の変化表はどのようにつくればよいのでしょうか？　それには辞書情報の読み取りが鍵になります。

ρήτωρ, -ορος, ὁ　弁論家　　　　　ἐλπίς, -ίδος, ἡ　希望

σῶμα, -ατος, τό　身体

先ほどの名詞を辞書的な表記にするとこのようになります。名詞の辞書情報は、見出し語（単数・主格）の右側に、単数・属格の語形と定冠詞を並べるのでしたね（25ページ）。上記の語はすべて**単数・属格が -ος で終わっている**ことが特徴で、これが第三変化名詞の目印になります。

さて、この辞書情報をもとにして変化表をつくるのですが、第三変化名詞は見出し語が特殊なので、**単数・属格の語形を正確に読みとって、そこから格変化のベースとなる部分（語幹）を手に入れる**必要があります。

第一段階として、単数・属格の読みとり方を説明します。上記の辞書情報で「弁論家」の単数・属格は -ορος となっていますが、これを見出し語 ρήτωρ の下線部と置き換えると、ρήτορος という単数・属格を得ることができます。変化表と比べて確認してください。「希望」の場合には、辞書情報の -ίδος を見出し語 ἐλπίς の下線部と置き換えて、単数・属格の語形 ἐλπίδος を得ます。「身体」も同様に、-ατος を σῶμα の下線部と置き換えて σώματος とします（アクセントは次ページの囲みを参照）。

単数・属格の語形が読み取れたら、第二段階として格変化のベース（語幹）を取り出します。ρήτορος / ἐλπίδος / σώματος から語尾 -ος を外してみてください。すると ρήτορ- / ἐλπίδ- / σώματ- になりますが、これが格変化のベース（語幹）です。**第三変化名詞の語幹は単数・属格から -ος を外したもの**だと覚えておくとよいでしょう。この語幹をベースにして、下の「第三変化名詞の基本語尾」を付けると、本課のはじめに見た変化表が形成されます。なお単数・主格の語形については、辞書の見出し語で確認で

● 第三変化の基本語尾

	男性名詞／女性名詞		中性名詞	
	単数	複数	単数	複数
主格	——	-ες	——	-α
対格	-α	-ας	——	-α
属格	-ος	-ων	-ος	-ων
与格	-ι	-σι(ν)	-ι	-σι(ν)

きるため、語尾の一覧表では「――」としてあります。

　以上が基本的な考え方ですが、複数・与格については注意が必要です。「弁論家」の場合には基本どおりに ῥήτορ-σι(ν) とすれば複数・与格の語形になりますが、「希望」と「身体」ではちょっと変なことが起きています。基本どおりには ἐλπίδ-σι(ν) と σώματ-σι(ν) になるはずなのに、語幹末の δ や τ が落ちて ἐλπίσι(ν) と σώμασι(ν) になっているのです。第三変化名詞の複数・与格では、このような微妙な変化がよく起こりますが、これについては後ほど改めて説明することにします。

【練習問題 15-1】　以下の辞書情報を手がかりに、それぞれの語の（1）単数・属格の語形と（2）語幹とを答えてください。

　1．ἀσπίς, -ίδος, ἡ　盾　　　　　2．ἔρως, -ωτος, ὁ　愛欲

【練習問題 15-2】　〈語幹 ＋ 語尾〉の構造を確認しながら、上記の2語を格変化させてください。これらの語も複数・与格では語幹末の δ や τ が落ちます。アクセントについては下の囲みを参照してください。

> ［第三変化名詞のアクセント］
> 名詞の格変化において、アクセントは可能なかぎり単数・主格（見出し語）と同じに留まろうとしますが、53-54ページで説明した制限規則の影響を受けて、語末方向に移動することがあります。このことは第三変化名詞でも同様なので、アクセントが移動している場合には53-54ページを参照しながら「なぜそうなっているのか」を確認することが大切です。ただし、次ページの κλώψ のように単数・主格が1音節である第三変化名詞には、属格と与格のアクセントが語末音節にくるという特徴があります。

2　κ / γ / χ や π / β / φ と σ の接触

　第三変化名詞について、もう少し例を見ておきましょう。変化表を観察しながら説明を読んでいってください。

		盗賊（男性）	衛兵（男性）	夜（女性）
単数	主格	κλώψ	φύλαξ	νύξ
	対格	κλῶπα	φύλακα	νύκτα
	属格	κλωπός	φύλακος	νυκτός
	与格	κλωπί	φύλακι	νυκτί
複数	主格	κλῶπες	φύλακες	νύκτες
	対格	κλῶπας	φύλακας	νύκτας
	属格	κλωπῶν	φυλάκων	νυκτῶν
	与格	κλωψί(ν)	φύλαξι(ν)	νυξί(ν)

　まずは「盗賊」と「衛兵」の変化を確認します。単数・属格から -ος を外すことにより、語幹はそれぞれ κλωπ- と φυλακ- だと分かります。語幹を取り出すときにはアクセントを省くのが普通なので、そのように記しておきました。この語幹に81ページの基本語尾を付けて変化表が構成されていますが、やはり複数・与格は、ちょっと不思議な形をしています。

　この語形を理解するには、ひとまず基本どおりに語形をつくってみることが有効です。複数・与格の基本語尾 -σι(ν) を上記の語幹に付けると、それぞれ κλωπ-σι(ν) と φυλακ-σι(ν) になるはずですが、古典ギリシャ語には π と σ の連続は ψ（発音は [ps]）で、κ と σ の連続は ξ（発音は [ks]）で示すという習慣があります。そのため κλωπ-σι(ν) が κλωψι(ν) という綴りに、φυλακ-σι(ν) が φυλαξι(ν) という綴りになるのです。これらの場合には発音は変わらず、綴りだけが変化していることを確認してください。

　アクセントについては前ページの囲みに記しましたが、念のため確認しておきましょう。φύλαξ のアクセントは53-54ページの制限規則に従い可能なかぎり単数・主格の φύ- を保持しますが、複数・属格だけは、語末音節の母音が長母音（ω）になるため φυλάκων になります。一方の κλώψ は1音節の語なので、先ほどの制限規則とは関係なく、属格と与格でアクセントが語末音節にきます。その際、そこの母音が長母音であれば、κλωπῶν

のように曲アクセントになることも確認しておくとよいでしょう。

　次に「夜」の変化表を見ます。これも基本どおりに単数・属格から -ος を外して、語幹が νυκτ- であることを確認してください。この語幹が変化表の全体に現れていますが、やはり複数・与格の νυξί(ν) は不思議な形をしています。κτ はどこへ行ったのでしょうか？

　この語形はこれまでに見たことの「合わせ技」で理解することができます。まず語幹 νυκτ- に語尾 -σι(ν) を付けると、81ページの σώμασι(ν) と同様に τ が消えて νυκ-σι(ν) になり、ここで κ と σ が連続するので νυξι(ν) という綴りになるのです。このような綴りや音韻の変化は、以下のようにまとめることができます。

(1)	κ / γ / χ	＋	σ	⇒	ξ [ks]
(2)	π / β / φ	＋	σ	⇒	ψ [ps]
(3)	τ / δ / θ	＋	σ	⇒	σ [s] (τ / δ / θ が脱落する)

　注目すべきは、γ ＋ σ や χ ＋ σ といった連続の場合にも、先ほどの κ ＋ σ と同様に ξ になるということです。β ＋ σ や φ ＋ σ が ψ になることとあわせて確認してください。たとえば αἰγ- や φλεβ- という語幹に -σι(ν) を付けると、αἰξί(ν) や φλεψί(ν) になります。それぞれ「αἴξ, αἰγός, ὁ / ἡ　山羊」と「φλέψ, φλεβός, ἡ　血管」の複数・与格です。なお、このように短い単語の場合には、単数・属格を先ほどのような省略形で示すと分かりにくいので、αἰγός や φλεβός のように省略せずに示します。

練習問題 15-3　各文を発音したうえで訳してください。1の述語動詞が単数形である理由は、28ページの囲みで確認するとよいでしょう。

1. παθήματα μαθήματά ἐστιν.
2. παρ' ἐλπίδας μοῖρα βαίνει.
3. ἐν ἐλπίσιν οἱ σοφοὶ τὸν βίον ἔχουσιν.
4. ἐν ἀτυχίαις οἱ ἄνθρωποι σῴζονται ἐλπίσιν.

第16課 | 第三変化名詞（その２）

1 ντ 語幹と代償延長

　第三変化名詞について、基本的なことは第15課で学びました。今回はその基本を踏まえて、少し注意が必要なタイプの第三変化名詞を確認することにします。以下の変化表を見てください。

		巨人（男性）	老人（男性）	神霊（男／女性）
単数	主格	γίγᾱς	γέρων	δαίμων
	対格	γίγαντα	γέροντα	δαίμονα
	属格	γίγαντος	γέροντος	δαίμονος
	与格	γίγαντι	γέροντι	δαίμονι
複数	主格	γίγαντες	γέροντες	δαίμονες
	対格	γίγαντας	γέροντας	δαίμονας
	属格	γιγάντων	γερόντων	δαιμόνων
	与格	γίγᾱσι(ν)	γέρουσι(ν)	δαίμοσι(ν)

　これらのうち「巨人」と「老人」の語幹はそれぞれ γιγαντ- / γεροντ- で、語幹が ντ で終わることから「ντ 語幹」と呼ばれます。このタイプも第15課で学んだ基本どおり、語幹に第三変化の基本語尾（81ページ）を付けた格変化をします。まずはそのことを確認してください。

　注意すべきは、やはりここでも複数・与格の語形です。基本どおりに語形をつくると、γίγᾱς なら語幹 γιγαντ- に語尾 -σι(ν) を付けて γίγαντ-σι(ν) に、γέρων なら語幹 γεροντ- に語尾 -σι(ν) を付けて γέροντ-σι(ν) になるはずですが、変化表を見るとそうはなっていません。そこにある γίγᾱσι(ν) や γέρουσι(ν) という語形は、なぜこの形になっているのでしょうか？

　これらの語形を理解するには、**代償延長**（だいしょうえんちょう）という現象について知っておくのがよいと思います。γίγαντ-σι(ν) や γέροντ-σι(ν) という語形では、語幹末の ντ に σ が接触することで ντ が脱落するのですが、その際 ντ という子音2つ分の要素を落とすことになるので、発音上のリズムを保つために ντ の前にある α や o を長母音にして、γίγᾱσι(ν) や γέρουσι(ν) になる

のです。**ντ を落とした代償として α や o を延長する**ので、この現象のことを代償延長と呼びます。α が長音化して ā になるのは分かりやすいですが、o が ω ではなく ου になることは特別に覚えておいてください（これには ου が時期によっては［oː］と読まれたことが関係します）。

　続いて「神霊」の変化表を見ましょう。語幹 δαιμον- にやはり第三変化の語尾を付けて格変化させていき、複数・与格が δαίμοσι(ν) という特別な形になる（-σι の前の ν がないことに注目）ことを確認してください。この語形は一見すると、第15課で確認した ἐλπίς や σῶμα の複数・与格（それぞれ ἐλπίδ-σι(ν) ⇒ ἐλπίσι(ν) と σώματ-σι(ν) ⇒ σώμασι(ν) で語幹末の子音が落ちる）とよく似ていますが、厳密には δαίμασι(ν) という特殊な語形が変化表のほかの形に合わせて δαίμοσι(ν) になったもので、語形成立の事情が異なるようです。このように語形変化には様々な事情が関係するので、本書での学習を終えた後も少しずつ学んでいってください。

　以上をまとめて、**語幹が -ντ で終わる第三変化名詞は -σι(ν) の前で -ντ が脱落して代償延長を起こし、語幹が -ν で終わるものは -ν が落ちたような見た目になる（代償延長はない）**と覚えておくとよいでしょう。

[練習問題 16-1]　以下の辞書情報を手がかりに、それぞれの語の（1）単数・属格の語形と（2）語幹とを答えてください。

　1．ἄρχων, -οντος, ὁ　統治者　　　　2．λιμήν, -ένος, ὁ　港

[練習問題 16-2]　〈語幹 + 語尾〉の構造を確認しながら、上記の2語を格変化させてください。複数・与格の語形には注意が必要です。

2　ちょっと変わった第三変化名詞

　もう少し別のタイプの第三変化名詞も見ておきましょう。次ページの変化表のうち、まずは「優美（ゆうび）」から確認します。語幹は χαριτ-（単数・属格から -ος を外して得る）で、基本的にはこれに語尾を付けて語形をつくります。複数・与格の χάρισι(ν) では、語幹末の τ が落ちるのでしたね（84ページの（3）で確認）。

　今回注目して欲しいのは単数・対格の語形です。第三変化名詞の単数・

		優美(女性)	父(男性)	母(女性)
単数	主格	χάρις	πατήρ	μήτηρ
	対格	χάριν	πατέρα	μητέρα
	属格	χάριτος	πατρός	μητρός
	与格	χάριτι	πατρί	μητρί
複数	主格	χάριτες	πατέρες	μητέρες
	対格	χάριτας	πατέρας	μητέρας
	属格	χαρίτων	πατέρων	μητέρων
	与格	χάρισι(ν)	πατράσι(ν)	μητράσι(ν)

対格は(男性と女性では)語尾 -α が基本でしたが、今回は -ν になっています。そこに注目して、単数の主格と対格を χάρις – χάριν と並べて覚えておくとよいでしょう。これと同様の対応を持つ名詞に「ἔρις, -ιδος, ἡ　争い」や「ὄρνῑς, -ῑθος, ὁ / ἡ　鳥」があります。やはり ἔρις – ἔριν、ὄρνῑς – ὄρνῑν といった感じで捉えておいてください。これらの語には**単数・主格が -ις で終わり、そこにアクセントがない**という共通点があります。

　続いて「父」と「母」の変化表を観察しましょう。最大のポイントは格変化に伴って**語幹が揺れる**ことです。単数・主格の πατήρ が対格になると語幹 πατερ- が現れますが、属格と与格では πατρ- になっていて一貫性がありません。複数になると πατερ- が優勢ですが、与格は πατρα- になっています。これと同じことが μήτηρ にも言えます。ぜひ変化表をよく見て特徴を捉えるようにしてください。単数・主格以外はアクセントも似通っているので、声に出して読みながら練習するとよいでしょう。

練習問題 16-3　上記の説明を踏まえて、以下の2語を格変化させてください。θυγάτηρ は πατήρ と同タイプで θυγατερ- / θυγατρ(α)- のように語幹が揺れ、(単数・対格以下で)アクセントも πατήρ に倣います。

1. ἔρις, -ιδος, ἡ　争い　　　　2. θυγάτηρ, -τρός, ἡ　娘

3 形容詞 πᾶς

ここで「すべての...」や「...全体」を意味する形容詞 πᾶς を学んでおきましょう。以下の変化表を見てください。

	単　　数			複　　数		
	男性	女性	中性	男性	女性	中性
主格	πᾶς	πᾶσα	πᾶν	πάντες	πᾶσαι	πάντα
対格	πάντα	πᾶσαν	πᾶν	πάντας	πάσᾱς [ā]	πάντα
属格	παντός	πάσης [ā]	παντός	πάντων	πᾱσῶν	πάντων
与格	παντί	πάσῃ [ā]	παντί	πᾶσι(ν)	πάσαις [ā]	πᾶσι(ν)

　まずは単数・主格を左から順にパース、パーサ、パーンと読んで、それぞれの格変化を縦に見ていくのがよいでしょう。男性と中性は παντ- を語幹として、第三変化の語尾が付くパターン。ντ 語幹なので複数・与格は παντ-σι(ν) ⇒ πᾶσι(ν) のようになります（85-86ページを参照）。それに対して女性は πᾱσ- を中心とする第一変化のパターン。πᾱσ- の ā は常に長く読みます。

　この形容詞は基本的に以下のような意味を表します。「属性的位置」と「述語的位置」については66ページの囲みを参照してください。

---

1. 属性的位置で……「その島全体が」のように、特定のものの全体性（欠けているところがない感じ）を示す。
2. 述語的位置で……「それらの島はすべて」のように、特定の集団のすべて（例外がない感じ）を示す。
3. 定冠詞なしで……「ある島全体」や「どんな島でも」のように、不特定のものの全体性や例外のなさを示す。

　たとえば「その島全体が」は ἡ πᾶσα νῆσος のように πᾶσα を〈定冠詞 ＋ 名詞〉の枠内に置いて表現し、「それらの島はすべて」なら πᾶσαι αἱ νῆσοι や αἱ νῆσοι πᾶσαι のように πᾶσαι を〈定冠詞 ＋ 名詞〉の枠外に置きます。「ある島全体」や「どんな島でも」は、πᾶσα νῆσος や πᾶσαι νῆσοι（πᾶσα / πᾶσαι を後置しても OK）のように表現します。

第17課 | 疑問代名詞と不定代名詞

1 疑問代名詞と不定代名詞

「誰が…？」や「何を…？」などの意味を表す語（英語の who や what に相当）を疑問代名詞といい、「ある…」のような漠然とした意味を表す語（英語の someone や something に相当）を不定代名詞といいます。まずはその格変化を確認しましょう。以下の変化表を見てください。

		疑問代名詞		不定代名詞	
		男／女性	中性	男／女性	中性
単数	主格	τίς	τί	τις	τι
	対格	τίνα	τί	τινά	τι
	属格	τίνος		τινός	
	与格	τίνι		τινί	
複数	主格	τίνες	τίνα	τινές	τινά
	対格	τίνας	τίνα	τινάς	τινά
	属格	τίνων		τινῶν	
	与格	τίσι(ν)		τισί(ν)	

　左右を大きく見比べれば分かるように、疑問代名詞と不定代名詞はとてもよく似ています。全体的に第三変化の語尾（太字部分）が現れていますね。男性形と女性形の区別はなく、属格と与格では3性が同じ語形になっています。また、複数・与格が τί-σι(ν) であり、語幹末の ν がないことも確認しておきましょう（85-86ページの δαίμων を参照）。

　両者を区別するポイントはアクセントにあります。疑問代名詞はすべての形で語頭にアクセントを持ちますが、それに対して不定代名詞は、1音節の語形（τις / τι）ではアクセントがなく、2音節の語形ではアクセントが単語の後半にきています。詳しくは後ほど学ぶとして、ここではひとまずこのような感じで、両者の違いを確認してください。

2　疑問代名詞の使い方

　疑問代名詞の使い方を理解するには、「どんな...か？」という意味から出発するのがよいと思います。変化表で見たように男／女性（人）と中性（物や事柄）とが区別されるので、男／女性の方は「どんな人か？」という感じで「誰が？」「誰を？」などの意味を表し、中性の方は「どんな物か？」や「どんな事柄か？」といった感じで「何が？」「何を？」などの意味を表すのです。例文で確認しておきましょう。

　（1）τίς τὴν ἐπιστολὴν γράφει;
　　　　誰がその手紙を書いているのか？

　（2）τί ποτε λέγεις;
　　　　君はいったい何を言っているのか？

　例文（1）のティス・テーン・エピストレーン・グラペイは男／女性の主格 τίς が使われているので、これを「誰が？」と解釈して述語動詞 γράφει（3人称・単数）と対応させます。τὴν ἐπιστολήν は対格なので「その手紙を」という目的語ですね。なお、**疑問代名詞はかならず鋭アクセントを持つ**ということも覚えておいてください。つまり、後ろに別の語が続いても重アクセントになりません。

　例文（2）のティ・ポテ・レゲイスには τί があります。これは中性の主格または対格なので「何が？」か「何を？」の意味になるはずです。形からはどちらか判断できませんが、述語動詞 λέγεις（2人称・単数）から主語が「あなた／君」だと分かるので、τί の方は対格、つまり「何を？」の意味だと解釈してください。ποτε は疑問詞に添えられた前接語で、「いったい...か」の意味を表しています。

　疑問代名詞には、τίς ἄνθρωπος（どんな人間が？）や τί βιβλίον（どんな本が？）のように**名詞とセットで使う用法**もあります。この場合はセットになる名詞と性・数・格を一致させて使ってください。τίς ἄνθρωπος なら ἄνθρωπος が男性名詞の単数・主格なので、疑問代名詞は男性・単数・主格の τίς を使い、τί βιβλίον なら βιβλίον が中性名詞の単数・主格または対格なので、疑問代名詞もそれに合わせて τί を使うといった具合です。

練習問題 17-1　各文を発音したうえで訳してください。疑問代名詞が単独で使われているか、名詞とセットで使われているかがポイントです。

1. τίς ποτε ὁ Οἰδίπους ἐστίν;　＊ὁ Οἰδίπους を主語と解する。
2. τίνα ὁ πατὴρ εἰς τὴν χώραν πέμπει;
3. τίνας ἄνδρας εἰς τὴν χώραν πέμπεις;
4. περὶ τίνος βιβλίου λέγεις;

3　不定代名詞の使い方

　この課のはじめに述べたように、不定代名詞は「ある...」の意味を表します。これは someone（ある人）や something（ある物・事柄）、あるいは some book（ある本）のように、具体的にどんなものかを明示しない、曖昧な表現をつくる語です。英語の some はこのように名詞の前に付けて使いますが、ギリシャ語の不定代名詞は**名詞の後ろに添えて（前接語として）使う**ので注意してください。例文を見ておきましょう。

(3) ποιητής τις λέγει ...
　　ある詩人がいうには...

(4) βιβλίον τι νῦν γράφω.
　　私はいま、ある本を書いている。

　例文（3）のポイエーテース・ティス・レゲイ...は、まず述語動詞 λέγει の主語が ποιητής であることを確認してください。定冠詞がないのでこのまま ποιητὴς λέγει ... でも「ある詩人がいうには...」の意味になりますが、不定代名詞を付けて例文のようにすると、「ある...」という曖昧な意味合いが強く表現されます。その際、不定代名詞は ποιητής に性・数・格を一致させて、男性・単数・主格の τις を選択します。また、この語は前接語なので ποιητής τις を1セットで読んでください。それに伴うアクセントの受け渡しについては43ページを参照するとよいでしょう。

　例文（4）のビブリオン・ティ・ニューン・グラポーは述語動詞 γράφω から主語を「私」と判断し、βιβλίον τι を目的語と解釈します。βιβλίον が中性名詞の単数・対格なので、不定代名詞は τι の語形を使います。や

はり τι が前接語であることを意識して、βιβλίον τι をひと息に読んでください。νῦν は英語 now に相当する副詞です。

　これらは不定代名詞を名詞とセットで使った例ですが、疑問代名詞の場合と同じく不定代名詞だけで使い、男性／女性形で「ある人（someone）」の意味を、中性形で「ある物・事柄（something）」の意味を表すこともできます。以下の練習問題17-2の4がその例です。

練習問題 17-2　各文を発音したうえで、不定代名詞の意味合いに注意して訳してください。4の ὅτι ... は英語の that ... に相当する表現です。

1. θεός τις νῦν σε ἀποκτείνει.
2. ἔμπορόν τινα νῦν ἀποκτείνομεν.
3. ἐν οἰκίᾳ τινὶ μῑκρᾷ μετὰ τῆς μητρὸς ἐνοικῶ.
4. λέγει τις ὅτι ὁ Οἰδίπους δεινός ἐστιν.

[疑問詞と「ある...」との対応]

疑問代名詞 τίς は「ある...」を意味する τις と語形が対応していましたが、これと同様の対応関係はほかの疑問詞にも見られます。たとえば「いつ？」を意味する疑問副詞は πότε ですが、これを ποτέ にすると「あるとき（sometime）」を意味する前接語になります。疑問詞は語頭に鋭アクセントを持ち、「ある...」の意味は前接語で示すことが τίς と τις の対応と同じです。また「どこで？」を意味する疑問副詞は ποῦ ですが、これを前接語の που にすると「ある場所で（somewhere）」の意味になります。「どのように？」の πῶς と「ある仕方で」の πως、「どこへ？」の ποῖ と「ある場所へ」の ποι、「どこから？」の πόθεν と「ある場所から」の ποθέν もあわせて覚えておきましょう。πως、ποι、ποθέν は前接語です。

第18課 母音融合タイプの動詞

1 母音の融合

　ギリシャ語では隣り合う母音が融合して、その結果1つの長母音または二重母音になることがよくあります。

　たとえば φιλέω（愛する）という動詞は、辞書などでは普通この語形で示されますが、実際のギリシャ語文中には φιλῶ という形で出てきます。もともとの φιλέω から、隣り合う母音 ε と ω が融合して φιλῶ になっているのです。その際、もとの綴りではアクセントが εω の前半にあります（ピ<u>レ</u>オー）が、融合後の綴りではこの εω が1つの ω になってしまうので、その前半を高く、後半を低く読むことになります。φιλῶ（ピ<u>ロー</u>）の曲アクセントはそのことを示しています。

　このような母音の融合は動詞だけでなく、ギリシャ語文法の様々なところに出てきますから、しっかり練習しておく必要があります。

2 母音融合タイプの動詞（-εω）

　ここで「母音融合タイプの動詞」と呼ぶのは、具体的には**辞書などの見出し語が -εω / -αω / -οω で終わる動詞**のことです。これらの動詞は、現在と未完了過去の時制において、上で見たような母音の融合を起こします。未完了過去は後ほど学ぶとして、今回は現在の語形を学ぶことにしましょう。まずは見出し語が -εω で終わる動詞から。以下に掲げる φιλέω（愛する）の変化表を観察してみてください。

	能動態		中動／受動態	
	単数	複数	単数	複数
1人称	φιλῶ	φιλοῦμεν	φιλοῦμαι	φιλούμεθα
2人称	φιλεῖς	φιλεῖτε	φιλῇ	φιλεῖσθε
3人称	φιλεῖ	φιλοῦσι(ν)	φιλεῖται	φιλοῦνται

　この変化表を理解するには、見出し語 φιλέω から語尾 -ω を変えていくという、原則どおりの活用を考えてみることが有効です。72ページの変化

表が能動態と中動態（受動態も同形）を一覧できて便利なので、それを参考に語尾を変えていきましょう。すると以下のようになるはずです。

	能動態		中動／受動態	
	単数	複数	単数	複数
1人称	φιλέ-ω	φιλέ-ομεν	φιλέ-ομαι	φιλε-όμεθα
2人称	φιλέ-εις	φιλέ-ετε	φιλέ-η	φιλέ-εσθε
3人称	φιλέ-ει	φιλέ-ουσι(ν)	φιλέ-εται	φιλέ-ονται

　一箇所だけ、中動／受動態の1人称・複数でアクセントが移動していますが、これは53–54ページの制限規則（アクセントは語末から3音節以内にしか付くことができない）によるものです。

　まずは能動態から確認しましょう。単数は1人称が φιλέ-ω、2人称が φιλέ-εις、3人称が φιλέ-ει ですが、そこから φιλέ- の ε と語尾の母音（ω または ει）が融合すると、前ページにある語形 φιλῶ、φιλεῖς、φιλεῖ になります。ε ＋ ω が1つの ω になり、ε ＋ ει が ει になっていますね。複数も同様に、母音が融合する前の φιλέ-ομεν、φιλέ-ετε、φιλέ-ουσι(ν) と前ページの φιλοῦμεν、φιλεῖτε、φιλοῦσι(ν) を見比べて、ε ＋ ο が ου に、ε ＋ ε が ει に、ε ＋ ου が ου に融合していることを確認してください。

　このような母音の融合は足し算として覚えてしまうと便利です。たとえば中動／受動態の変化表では1人称・単数が φιλέ-ομαι、3人称・単数が φιλέ-εται ですが、先ほど見た ε ＋ ο が ου に、ε ＋ ε が ει になることを覚えておけば、前ページにある φιλοῦμαι と φιλεῖται を導き出すことができます。他の語形もこれでほとんど大丈夫ですが、2人称・単数 φιλέ-η については、ε ＋ η が η になるという足し算を追加で覚える必要があります。また、1人称・複数の φιλε-όμεθα はアクセントが ε ではなく ο の方にあるので、母音が融合した後のアクセントは φιλούμεθα（ου の全体を高く読む）です。

　なお、古典ギリシャ語では母音が融合した後の語形を使いますが、時代や地域が変わると融合前の語形も見られます。

練習問題 18-1　以下の動詞について、現在形の変化表を書いてください。能動態と中動／受動態に分け、母音が融合した後の語形を練習しましょう。アクセントに気をつけて発音すると効果的です。

1. ποιέω　作る、行なう　　　2. κῑνέω　動かす

3　母音融合タイプの動詞（-αω）

続いて、見出し語が -αω で終わる動詞の現在形を確認します。たとえば τῑμάω（尊重する）の変化表は以下のとおりです。

	能動態		中動／受動態	
	単数	複数	単数	複数
1人称	τῑμῶ	τῑμῶμεν	τῑμῶμαι	τῑμώμεθα
2人称	τῑμᾷς	τῑμᾶτε	τῑμᾷ	τῑμᾶσθε
3人称	τῑμᾷ	τῑμῶσι(ν)	τῑμᾶται	τῑμῶνται

先ほどの φιλέω よりも見慣れない語尾が多いですが、同じように考えます。つまり、まずは原則どおり見出し語 τῑμάω から語尾 -ω を変えていき、それを上の変化表と見比べながら母音の足し算を確認するのです。

能動態からいきましょう。原則どおりの活用は、単数が τῑμά-ω、τῑμά-εις、τῑμά-ει、複数が τῑμά-ομεν、τῑμά-ετε、τῑμά-ουσι(ν) ですが、ここからハイフンの両側にある母音を融合させます。これらの語形を変化表と見比べて、α ＋ ω が ω に、α ＋ ει が ᾳ に、α ＋ o が ω に、α ＋ ε が ᾱ に、α ＋ ου が ω になっていることを確認してください。覚えるべき足し算がたくさんあって大変ですが、重要なものほどよく出てきますから、練習しながら慣れていくのが得策です。

中動／受動態は、原則どおりには単数が τῑμά-ομαι、τῑμά-η、τῑμά-εται、複数が τῑμα-όμεθα、τῑμά-εσθε、τῑμά-ονται です。α ＋ o と α ＋ ε がそれぞれ ω と ᾱ になることは先ほどと同じ。2人称・単数の α ＋ η は ᾳ になります。1人称・複数で τῑμα-όμεθα が τῑμώμεθα（ω 全体を高く読む）になっていることも、しつこいですが確認しておいてください。

練習問題 18-2 以下の動詞について、現在形の変化表を書いてくださ
い。能動態と中動／受動態に分け、母音が融合した後の語形を練習しまし
ょう。アクセントに気をつけて発音すると効果的です。

1. νῑκάω　勝利する　　　2. ἐρωτάω　尋ねる

4　母音融合タイプの動詞 (-oω)

最後に、見出し語が -oω で終わる動詞の現在形を確認しましょう。例と
して挙げるのは δηλόω（明らかにする）です。

	能動態		中動／受動態	
	単数	複数	単数	複数
1人称	δηλῶ	δηλοῦμεν	δηλοῦμαι	δηλούμεθα
2人称	δηλοῖς	δηλοῦτε	δηλοῖ	δηλοῦσθε
3人称	δηλοῖ	δηλοῦσι(ν)	δηλοῦται	δηλοῦνται

原則どおりに活用させると、能動は単数が δηλό-ω、δηλό-εις、δηλό-
ει、複数が δηλό-ομεν、δηλό-ετε、δηλό-ουσι(ν) です。これらの語形を
変化表と見比べて、o＋ω が ω に、o＋ει が οι に、o＋o と o＋ε と o
＋ου がすべて ου になることを確認してください。中動／受動の方は単
数が δηλό-ομαι、δηλό-η、δηλό-εται、複数が δηλό-όμεθα、δηλό-εσθε、
δηλό-ονται で、ここから o＋o と o＋ε がともに ου に、o＋η は οι に
なるため、結果として上の変化表のような語形になります。

なお、不定詞の語形は φιλέω の能動が φιλεῖν、中動／受動が φιλεῖσθαι、
τῑμάω の能動が τῑμᾶν、中動／受動が τῑμᾶσθαι、δηλόω の能動が δηλοῦν、
中動／受動が δηλοῦσθαι のようになります。

練習問題 18-3 以下の動詞について、現在形の変化表を書いてくださ
い。能動態と中動／受動態に分け、母音が融合した後の語形を練習しまし
ょう。アクセントに気をつけて発音すると効果的です。

1. δουλόω　奴隷にする　　　2. ὀρθόω　まっすぐにする

第19課 | 母音融合タイプの名詞と形容詞

1 とくに重要な母音融合

母音の融合パターンをすべて暗記するのは大変ですが、ひとまず以下のものを優先的に覚えておくとよいでしょう。

$\varepsilon + \alpha \Rightarrow \eta$	$\alpha + \varepsilon \Rightarrow \bar{\alpha}$	$o + \varepsilon \Rightarrow o\upsilon$
$\varepsilon + o \Rightarrow o\upsilon$	$\alpha + o \Rightarrow \omega$	$o + o \Rightarrow o\upsilon$

この表を観察すると、母音融合の傾向をつかむことができます。まずは $\varepsilon + \alpha \Rightarrow \eta$（エー）と $\alpha + \varepsilon \Rightarrow \bar{\alpha}$（アー）を見比べて、$\varepsilon$ と α の融合では左側の母音が優勢になることを確認してください。続いてほかの融合を見ますが、そこにはすべて o が関係していて、融合の結果が $o\upsilon$（ウー）または ω（オー）になっていることを確認しましょう。$o\upsilon$ の綴りは古典期には「ウー」と読まれましたが、より古い時代には「オー」（厳密には口内を広く開けない [o:] の音）と読まれていました。つまり o が関係する融合では、o の音が優勢になるのです。

2 母音融合タイプの名詞

名詞や形容詞にも母音が融合するものがあります。まずは名詞の例として、$\nu o\tilde{\upsilon}\varsigma$（心、理性）と $\dot{o}\sigma\tau o\tilde{\upsilon}\nu$（骨）の変化表を見てみましょう。

	理性（男性名詞）		骨（中性名詞）	
	単数	複数	単数	複数
主格	$\nu o\tilde{\upsilon}\varsigma$	$\nu o\tilde{\iota}$	$\dot{o}\sigma\tau o\tilde{\upsilon}\nu$	$\dot{o}\sigma\tau\tilde{\alpha}$
対格	$\nu o\tilde{\upsilon}\nu$	$\nu o\tilde{\upsilon}\varsigma$	$\dot{o}\sigma\tau o\tilde{\upsilon}\nu$	$\dot{o}\sigma\tau\tilde{\alpha}$
属格	$\nu o\tilde{\upsilon}$	$\nu\tilde{\omega}\nu$	$\dot{o}\sigma\tau o\tilde{\upsilon}$	$\dot{o}\sigma\tau\tilde{\omega}\nu$
与格	$\nu\tilde{\omega}$	$\nu o\tilde{\iota}\varsigma$	$\dot{o}\sigma\tau\tilde{\omega}$	$\dot{o}\sigma\tau o\tilde{\iota}\varsigma$

これらの語を辞書で引くと「$\nu\acute{o}o\varsigma$, -$o\upsilon$, $\dot{o}$　心、理性」「$\dot{o}\sigma\tau\acute{e}o\nu$, -$o\upsilon$, $\tau\acute{o}$　骨」のように表示されています。つまりこれらは〈$o\varsigma$ – $o\upsilon$ タイプ〉と〈$o\nu$ – $o\upsilon$ タイプ〉の名詞（第4課）なので、辞書情報から原則どおりに格変化

させていくと、「心」は単数が νό-ος、νό-ον、νό-ου、νό-ῳ、複数が νό-οι、νό-ους、νό-ων、νό-οις になり、一方の「骨」は単数が ὀστέ-ον、ὀστέ-ον、ὀστέ-ου、ὀστέ-ῳ、複数が ὀστέ-α、ὀστέ-α、ὀστέ-ων、ὀστέ-οις になるはずです。

これら原則どおりの語形をもとにして、そこからハイフンの両側の母音を融合させると変化表の語形になります（要領は母音融合タイプの動詞と同様）。古典ギリシャ語ではこれらの語形が使われるのですが、とくに注意すべきなのは単数の主格と対格でしょう。それ以外の語形は見かけ上の語尾（変化表の太字部分）から格を判断することができますが、単数の主格と対格では母音融合の結果、もともとの語尾 -ος と -ον が見えなくなってしまうからです。νό-ος ⇒ νοῦς、νό-ον ⇒ νοῦν、ὀστέ-ον ⇒ ὀστοῦν のように、ο＋ο と ε＋ο が ου に融合していることを確認してください。

なお「骨」の複数・主／対格は、本来ならば ε＋α で η になるはず（前ページの一覧表を参照）ですが、いかにも中性・複数・主／対格らしい α を保存するために、例外的に ὀστᾶ という語形になっています。

練習問題 19-1 各文を発音したうえで、名詞 νοῦς の語形（数と格）に注意して訳してください。3の ἡμῖν は「私たちにとって」の意味です。

1. ὁ οἶνος νοῦ κάτοπτρόν ἐστιν.
2. πρὸς τὰ θαύματα νοῦς ἔχουσιν.
3. ὁ νοῦς ἡμῖν ἐστιν ἐν ἑκάστῳ θεός.

3 母音融合タイプの形容詞

続いて母音融合タイプの形容詞について学びましょう。例として示すのは「χρύσεος [ῡ], -ᾱ, -ον　黄金の」で、この辞書情報から〈ος－ᾱ－ον タイプ〉の形容詞（第11課）だと分かりますが、変化表を観察すると、いくつかおかしな点があります。まずは次ページの表を見てください。

		男性	女性	中性
単数	主格	χρῡσοῦς	χρῡσῆ	χρῡσοῦν
	対格	χρῡσοῦν	χρῡσῆν	χρῡσοῦν
	属格	χρῡσοῦ	χρῡσῆς	χρῡσοῦ
	与格	χρῡσῷ	χρῡσῇ	χρῡσῷ
複数	主格	χρῡσοῖ	χρῡσαῖ	χρῡσᾶ
	対格	χρῡσοῦς	χρῡσᾶς	χρῡσᾶ
	属格	χρῡσῶν	χρῡσῶν	χρῡσῶν
	与格	χρῡσοῖς	χρῡσαῖς	χρῡσοῖς

　男性と中性の各語形は、見かけの語尾（太字部分）が先ほどの νοῦς / ὀστοῦν と同じです。厳密には「黄金の」は χρύσε-ος [ῡ] ⇒ χρῡσοῦς（ε ＋ ο ⇒ ου）で、それに対して「心」は νόος ⇒ νοῦς（ο ＋ ο ⇒ ου）なので融合の仕組みが違いますが、結果的に同じ語尾になるので、並べて覚えてしまうのがよいでしょう。また、母音の融合に伴ってアクセントが χρύσε-ος から χρῡσοῦς に変わっています。これは属格と与格の語形（語尾が長母音なので χρῡσέ-ου / χρῡσέ-ῳ のようにアクセントが変わり、そこから母音が融合して χρῡσοῦ / χρῡσῷ になる）に合わせたためと説明されます。その結果、すべての語形で語末音節に曲アクセントを持つことになるので、そこを意識して覚えるようにしてください。

　女性形については原則どおりの語形から確認しておきましょう。単数が χρῡσέ-ᾱ、χρῡσέ-ᾱν、χρῡσέ-ᾱς、χρῡσέ-ᾳ で、複数が χρῡσέ-αι、χρῡσέ-ᾱς、χρῡσέ-ων、χρῡσέ-αις ですね。単数はここに ε ＋ α ⇒ η（この課のはじめに見た融合）を適用すると、変化表の語形になります。複数の方はやや特殊で、なるべく α の音（形容詞の女性・複数に特徴的な音）を保つように融合をしていきます。60ページにある σοφός の変化表（女性形に注目）とも、見比べておくとよいかもしれません。

練習問題 19-2　形容詞 χαλκοῦς は辞書などで「χάλκεος, -ᾱ, -ον　青銅の」と記され、先ほどの χρύσεος [ῡ] と同じく母音融合タイプの格変化をします。この形容詞の変化表を書いてください。語尾もアクセントも上の変化表（太字部分）と同じになります。

練習問題 19-3 形容詞 ἁπλοῦς は辞書などで「ἁπλόος, -η, -ον　単純な」と記されます。先ほどの χρύσεος が ε + o ⇒ ου のような母音融合をするのに対して、ἁπλόος は o + o ⇒ ου なので厳密には母音の足し算が違いますが、この単語も結果的に、語尾とアクセントが前ページの変化表（太字部分）とまったく同じになります。その変化表を書いてください。

練習問題 19-4 各文を発音したうえで、形容詞の語形（いずれも母音融合タイプ）に注意して訳してください。ἀργυρᾶ については巻末にある「語彙のリスト」のほか、下の囲みも参照してください。

1. ἁπλοῦς ἐστιν ὁ τῆς ἀληθείᾱς λόγος.
2. ἆρα κρύπτεις τὸν χρῡσοῦν ἵππον;
3. ἡ μὲν φωνή ἐστιν ἀργυρᾶ, ἡ δὲ σῑγὴ χρῡσῆ.

［女性・単数の語形について］

第一変化名詞（基本的に女性名詞）や形容詞の女性形では、単数に η が強く現われるもの（-η、-ην、-ης、-η など）と、ᾱ が強く現われるもの（-ᾱ、-ᾱν、-ᾱς、-ᾱ など）があります。これまでは変化表を提示するだけでしたが、じつは χώρᾱ（44ページ）や δίκαιος（61ページ）のように太字部分の直前が ε / ι / ρ のいずれかであるものは ᾱ 系統、それ以外のものは η 系統になるという特徴があります。この特徴は母音融合タイプの形容詞にも引き継がれ、たとえば「銀の」を意味する形容詞 ἀργυροῦς（辞書形は ἀργύρεος）の女性形は、単数が ἀργυρᾶ、ἀργυρᾶν、ἀργυρᾶς、ἀργυρᾷ になります。太字部分の直前が ρ であることと、それに伴い ᾱ 系統の語尾になっていることを確認して、前ページの変化表と見比べてください。

第20課 | 再帰代名詞と相互代名詞

1　再帰代名詞（1人称と2人称）

「彼は自分自身を褒めている」や「私は自分自身に褒美を与える」のように、「…自身（oneself）」を意味する代名詞のことを再帰代名詞といいます。ひとつめは「彼自身」で、ふたつめは「私自身」のことなので、これらは主語と同一のものを指し示す代名詞と捉えておくとよいでしょう。まずは以下の変化表を見てください。

	私自身		あなた自身	
	男性	女性	男性	女性
主格	―	―	―	―
対格	ἐμαυτόν	ἐμαυτήν	σεαυτόν	σεαυτήν
属格	ἐμαυτοῦ	ἐμαυτῆς	σεαυτοῦ	σεαυτῆς
与格	ἐμαυτῷ	ἐμαυτῇ	σεαυτῷ	σεαυτῇ

　この表には主格がありません。それは再帰代名詞が、「…自身」の意味を主語以外のところで表現するときに使う語だからです。もし「私自身が…する」のように、主語に「…自身」という意味合いを付けたい場合には、第14課で学んだ強意代名詞の αὐτός を使って表現します。

　ただ、上の変化表を眺めていると、再帰代名詞にも αὐτός が隠れていることが分かるでしょう。表の太字部分は αὐτός の対格以下の語形と同じであり（78ページを参照）、そこに「私自身」ならば ἐμ- を付け、「あなた自身」なら σε- を付けることで、再帰代名詞という特別な語になっているのです。その仕組みを確認したうえで、変化表を音読しながら覚えるようにしてください。「私自身」や「あなた自身」に中性形はありません。

　なお「あなた自身」の方は、σᾱυτόν（サーウトン）や σᾱυτοῦ（サーウトゥー）のように、母音融合を起こした語形もあります。ε＋α が ᾱ になるのは母音融合の原則（97ページ）に反しますが、αὐτόν など「自身」を表す部分の音を残すためにこのような融合になります。

　続いて上記の複数形、すなわち「私たち自身」と「あなたたち自身」の

101

変化表を見ておきましょう。下表では注記を省略しましたが、「あなたたち自身」の ὑ- はすべて長く伸ばして [hy:] と読んでください。

	私たち自身		あなたたち自身	
	男性	女性	男性	女性
主格	——	——	——	——
対格	ἡμᾶς **αὐτούς**	ἡμᾶς **αὐτάς** [ᾱ]	ὑμᾶς **αὐτούς**	ὑμᾶς **αὐτάς** [ᾱ]
属格	ἡμῶν **αὐτῶν**	ἡμῶν **αὐτῶν**	ὑμῶν **αὐτῶν**	ὑμῶν **αὐτῶν**
与格	ἡμῖν **αὐτοῖς**	ἡμῖν **αὐταῖς**	ὑμῖν **αὐτοῖς**	ὑμῖν **αὐταῖς**

　78ページの変化表と見比べて、上の太字部分が αὐτός の複数形であることを確認してください。やはり αὐτός を使って表現するのですね。太字以外の部分（ἡμᾶς や ὑμᾶς [ῡ] など）は人称代名詞であり、先ほどの単数形とは異なり、それが αὐτούς などと繋がって1語にはなっていません。「私たち自身」の対格で説明すれば、「私たちを」の意味を ἡμᾶς で、「自身」の意味を αὐτούς（女性なら αὐτάς [ᾱ]）で表現することになります。

練習問題20-1　各文を発音したうえで、再帰代名詞に注意して訳してください。1の γνῶθι は「知れ」を意味する命令法（第48課）です。

1. γνῶθι σεαυτόν.
2. περὶ ἐμαυτοῦ λέγειν οὐκ ἐθέλω.
3. ἆρα ὑμᾶς αὐτοὺς ἐπαινεῖτε;　＊ὑμᾶς [ῡ]

2　再帰代名詞（3人称）

　続いて次ページの変化表で、「彼自身」「彼女自身」「それ自体」などの意味を表す再帰代名詞を確認しましょう。主語が3人称のとき、主語以外のところで「…自身」の意味を表したいときに使います（なので主格はありません）。その際、再帰代名詞の性と数は、主語の性・数に合わせて決まります。たとえば「彼は彼自身を褒めている」なら、主語の「彼」が男性・単数なので、再帰代名詞も男性・単数の語形（さらに「…を」なので対格）の ἑαυτόν を使って、ἑαυτὸν ἐπαινεῖ. と表現します。

　単語の構成は先ほどの「私自身」「あなた自身」と同様で、「彼」などを

		男性	女性	中性
単数	主格	——	——	——
	対格	ἑαυτόν	ἑαυτήν	ἑαυτό
	属格	ἑαυτοῦ	ἑαυτῆς	ἑαυτοῦ
	与格	ἑαυτῷ	ἑαυτῇ	ἑαυτῷ
複数	主格	——	——	——
	対格	ἑαυτούς	ἑαυτάς [ᾱ]	ἑαυτά
	属格	ἑαυτῶν	ἑαυτῶν	ἑαυτῶν
	与格	ἑαυτοῖς	ἑαυταῖς	ἑαυτοῖς

意味する ἑ- に、αὐτόν など（太字部分）を付けて1語で表現します。また
これらには ᾱὑτόν（ハーウトン）や ᾱὑτήν（ハーウテーン）のように、母
音融合を起こした語形もあります。

練習問題20-2 各文を発音したうえで、再帰代名詞に注意して訳して
ください。3の δ’ は δέ から母音が落ちた形です。

1. ὁ σοφὸς ἐν ἑαυτῷ περιφέρει τὴν οὐσίᾱν.
2. ἡ θυγάτηρ ἑαυτὴν ὁρᾷ ἐν τῷ κατόπτρῳ.
3. ἑαυτοὺς μὲν φιλοῦσιν οἱ κακοί, τοὺς δ’ ἄλλους οἱ ἀγαθοί.

3 相互代名詞

この課ではもうひとつ、「お互い（each other）」を意味する代名詞（相
互代名詞）を学んでおきましょう。下の変化表を見てください。先ほどの
再帰代名詞と同じく主格を持たず、また「お互いに…する」という行為は
一人ではできないので単数形がありません。

	男性	女性	中性
主格	——	——	——
対格	ἀλλήλους	ἀλλήλᾱς	ἄλληλα
属格	ἀλλήλων	ἀλλήλων	ἀλλήλων
与格	ἀλλήλοις	ἀλλήλαις	ἀλλήλοις

この語はしばしば、形容詞 ἄλλος（ほかの…）の語幹を ἀλλ-αλλο- と

重ねたものだと説明されます。「自分にとっての他者（相手）」と「相手に
とっての他者（自分）」とを重ねて、「お互い」の意味を表すと捉えておく
とよいでしょう。いつものように語尾の変化（太字部分）を確認しながら
練習してください。中性・対格のみアクセントが語頭にきます。

[練習問題20-3] 各文を発音したうえで、相互代名詞に注意して訳して
ください。2の τρεῖς は「3」を意味する数詞。第25課で学びます。

1. οἱ στρατιῶται ἀλλήλους βλάπτουσιν.
2. αἱ τρεῖς θεοὶ ἀλλήλαις ἐρίζουσιν.
3. κάλλιστα δῶρα παρέχομεν ἀλλήλοις.

[αὐτο- と ἀλλο- の関連語]
単語を覚えるうえで、関連する単語を並べてみることは有効です。たとえば αὐτο-
の場合、αὐτόματος（自発的な）、αὐτόνομος（自身の法を持つ／独立した）、
αὐτόθεν（まさにその場所から）といった語を並べれば、αὐτο- が「自分」とか「ま
さにその」という意味を表す感じをつかむことができます。ἀλλο- なら ἀλλότριος
（他人の）や ἀλλόθεν（ほかの場所から）を並べてみましょう。ὁ φίλος ἐστὶν
ἄλλος αὐτός.（友達というものはもう一人の自分である）のような文を覚えてお
くのもよいでしょう。あれこれ工夫して勉強するようにしてください。

第21課 | 第三変化名詞（その3）

1 音韻変化を伴う第三変化名詞①

この課では第三変化名詞のうち、やや変化の捉えにくいものを解説します。第三変化の基本的な考え方は第15-16課で学びましたが、以下の語はいずれもその基本を踏まえつつ、それだけでは捉えることのできない特徴を持ちます。順番に確認していきましょう。

		髪（女性）	都市（女性）	町（中性）
単数	主格	θρίξ	πόλις	ἄστυ
	対格	τρίχα	πόλιν	ἄστυ
	属格	τριχός	πόλεως	ἄστεως
	与格	τριχί	πόλει	ἄστει
複数	主格	τρίχες	πόλεις	ἄστη
	対格	τρίχας	πόλεις	ἄστη
	属格	τριχῶν	πόλεων	ἄστεων
	与格	θριξί(ν)	πόλεσι(ν)	ἄστεσι(ν)

まず「髪」は、全体として τριχ- に第三変化の基本語尾（81ページ）が付いた変化をしていますが、単数・主格の θρίξ と複数・与格の θριξί(ν) では語頭が θ になります。その結果、たとえば τρίχες の意味を辞書で調べようと思ったら、τ ではなく θ で始まる見出し語を検索しなくてはならなくなるので要注意です。でもなぜこのようなことが起きるのでしょうか？それにはこの語が本来 θριχ- を語幹とすることと、**「グラスマンの法則」**と呼ばれる音韻規則とが関係します。

第1課で学んだように [p] [t] [k] に [h] の音を被せるようにして発音するものを帯気音といい、具体的には φ [pʰ]、θ [tʰ]、χ [kʰ] の3つがあります。これらの音は強い息を伴って発音され、連続して発音することが難しいので、**帯気音を含む音節が連続する場合には、一方の帯気音を無気音に変える**ことで発音しやすくします。これが「グラスマンの法則」です。今回の「髪」の場合には、本来の語幹 θριχ- では帯気音 θ と χ を含む音節

が連続するので、θ を無気音の τ に変えて τρίχα などの語形をつくります。しかし、単数・主格と複数・与格では θριχ- の χ が ξ に変わり（複数・与格なら θριχ-σί(ν) ⇒ θριξί(ν) となり）帯気音ではなくなるため、本来の語幹にある θ が保たれて、その結果、格によって語頭の綴りが異なる変化表になってしまうのです。辞書での表記「θρίξ, τριχός, ἡ　髪」とも見比べておくとよいでしょう。なお、この語は見出し語が 1 音節なので、属格と与格でアクセントが語末音節にきます（82 ページの囲み）。

　続いて「都市」の変化を確認しましょう。単数の主格と対格が πόλις − πόλιν の対応になるのは 87 ページの χάρις と同様ですが、ちょっと変わった特徴がいくつかあります。まず第三変化の単数・属格は -ος が基本でしたが、この名詞では πόλεως になっています。これはホメーロスなどに見られる古い語形 πόλη-ος をもとにして、長母音 η と短母音 ο とが**母音の長短を交換した**結果です。もとの語形の πόλη ος（ポレーオス）が πόλεως（ポレオース）になっていることを確認してください。

　そのほかの語形は πολε- に第三変化の語尾を付けてつくります。ただしその際、単数・与格では πόλε-ι の ε と ι が合わさって二重母音 ει になり、複数・主格でも πόλε-ες が πόλεις になるという**母音融合**（ε + ε ⇒ ει）が起きます。複数・対格は要注意で、原則どおりには πόλε-ας ⇒ πόλης になる（ε + α ⇒ η）はずですが、そうではなく πόλεις になっています。これは複数・主格の語形を**借用**していると説明されます。

　「町」の変化は πόλις と見比べて捉えてください。中性名詞なので主格と対格が同形ですが、複数では ἄστε-α が母音融合（ε + α ⇒ η）を起こして ἄστη になっています。97 ページの ὀστοῦν と見比べて、複数・主／対格での融合パターンが違うことも確認しておくとよいでしょう。

　辞書での表記はそれぞれ「πόλις, -εως, ἡ　都市」と「ἄστυ, -εως, τό　町」です。類似のパターンとしてもうひとつ「πῆχυς, -εως, ὁ　前腕」も確認しておきましょう。主格から順に単数が πῆχυς、πῆχυν、πήχεως、πήχει、複数が πήχεις、πήχεις、πήχεων、πήχεσι(ν) です。πόλις を〈ις − εως タイプ〉とすれば、こちらは〈υς − εως タイプ〉ということになります。なお、これらの語では単数でも複数でも、属格のアクセントが制限規則（53−54 ページ）に反します。語末音節の母音が ω なのに、鋭アクセントが語末から 3 音節めにきていることに気をつけてください。

106

練習問題21-1　以下の語はともに〈ις − εως タイプ〉の名詞です。先ほどの πόλις の変化表を参考にして、それぞれを格変化させてください。なお、μάντις のアクセントはすべての語形で μάντ- ですが、δύναμις の方は単数の主／対格以外で δυνάμ- になります。

　1. μάντις, -εως, ὁ　予言者　　　　2. δύναμις, -εως, ἡ　力

2　音韻変化を伴う第三変化名詞②

　第三変化名詞には、変化表の全体にわたって母音融合が起きるタイプもあります。以下の変化表を見てください。

		三段櫂船（女性）		種族（中性）	
単数	主格	τριήρης		γένος	
	対格	τριήρη	[τριήρε-α]	γένος	
	属格	τριήρους	[τριήρε-ος]	γένους	[γένε-ος]
	与格	τριήρει	[τριήρε-ι]	γένει	[γένε-ι]
複数	主格	τριήρεις	[τριήρε-ες]	γένη	[γένε-α]
	対格	τριήρεις		γένη	[γένε-α]
	属格	τριήρων	[τριηρέ-ων]	γενῶν	[γενέ-ων]
	与格	τριήρεσι(ν)	[τριήρε-σι(ν)]	γένεσι(ν)	[γένε-σι(ν)]

　規則性を捉えやすいように、τριηρε- / γενε- に第三変化の基本語尾を付けたものを［　］内に示してあります。そこから「三段櫂船」は単数の対格以下すべて、複数では主格と属格で母音融合が起きて、変化表が構成されます。97ページで確認した融合のほかに、ε＋ι ⇒ ει と ε＋ω ⇒ ω を確認するとよいでしょう。複数・対格の τριήρεις が πόλις と同じく主格からの借用形であること、また複数・属格のアクセントが融合前と融合後で変わっていることも確認してください。

　「種族」も同じような感じで理解できるのではないかと思います。母音の融合に注目して、変化表の全体を観察してください（ただしこちらでは複数・属格のアクセントが規則どおり）。辞書での表記は「τριήρης, -ους, ἡ　三段櫂船」と「γένος, -ους, τό　種族」です。

　続いて「ソークラテース」と「ペリクレース」の格変化を確認しましょう。

	ソークラテース（男性）		ペリクレース（男性）	
主格	Σωκρά**της**		Περικλ**ῆς**	[Περικλέ-ης]
対格	Σωκρά**τη**	[Σωκράτε-α]	Περικλ**έᾱ**	[Περικλέ-ᾱ]*
属格	Σωκρά**τους**	[Σωκράτε-ος]	Περικλ**έους**	[Περικλέ-ους]
与格	Σωκρά**τει**	[Σωκράτε-ι]	Περικλ**εῖ**	[Περικλέ-ει]

ともに人名なので単数形でのみ使います。

基本となるのは「ソークラテース」の変化表です。先ほど見た「三段櫂船」と同様の変化で、辞書の表記は「Σωκράτης, -ους, ὁ」になります。このタイプの人名には、ほかに Διογένης（ディオゲネース）や Ἱπποκράτης（ヒッポクラテース）などがあります。対格には -ην という別形もあるので注意してください。

次に「ペリクレース」の変化を見ます。先ほどの語尾（Σωκράτης の太字部分）の前に ε が来ることが特徴ですが、対格は特別に -ᾱ になります。[　] 内の語形をもとに、主格と与格で ε + η ⇒ η、ε + ει ⇒ ει の母音融合が起きることを確認してください。このタイプは辞書で「Περικλῆς, -έους, ὁ」と表記され、ほかに Ἡρακλῆς（ヘーラクレース）や Σοφοκλῆς（ソポクレース）などがあります。いずれも見出し語が -κλῆς の名詞ですね。

これらの名詞については呼格の語形 Σώκρατες / Περίκλεις も覚えておくとよいでしょう。τί ποτε λέγεις, ὦ Σώκρατες;（ソークラテースよ、いったいあなたは何を言っているのか？）のように使いますが、見出し語に比べてアクセントが前倒しになる点が特徴的です。

練習問題21-2　上記の説明を参考に、Διογένης と Ἡρακλῆς を格変化させてください。Διογένης のアクセントはすべての語形で Διογέν- になり、Ἡρακλῆς のアクセントは Περικλῆς と同様です。

3　ディガンマ（ϝ）が関わる名詞

アルファベットについては第1課で学びましたが、そこで確認した文字のほかに、古典期には失われてしまった文字がいくつかあります。とくに重要なのが ϝ（大文字は Ϝ）で、古い時代のギリシャ語にはあった [w] の

音を表しました。この音は古典期にはすでに失われ、それに伴いこの文字（ディガンマといいます）も使われなくなりました。

　この文字は、たとえば以下の名詞の格変化に痕跡を留めています。この課のテーマにふさわしく捉えにくい変化をしますが、その仕組みを確認していくことにしましょう。

		王（男性）	牛（男／女性）	船（女性）
単数	主格	βασιλεύς	**βοῦς**	**ναῦς**
	対格	βασιλέᾱ	**βοῦν**	**ναῦν**
	属格	βασιλέως	βοός	νεώς
	与格	βασιλεῖ	βοί　[ï]	νηί　[ï]
複数	主格	βασιλῆς	βόες	νῆες
	対格	βασιλέᾱς	**βοῦς**＊	**ναῦς**＊
	属格	βασιλέων	βοῶν	νεῶν
	与格	βασιλεῦσι(ν)	**βουσί(ν)**	**ναυσί(ν)**

　まずは「王」の変化を見ます。この語はもともと βασιληϝ- を語幹としますが、単数・主格では βασιληϝ-ς が βασιλεύς になり、複数・与格では βασιληϝ-σι(ν) が βασιλεῦσι(ν) になるという音韻変化が起こります。いずれの場合でも、語幹末の ηϝ（発音は [ε:w]）が σ の前で ευ（発音は [eu]）に変わっていることを確認してください。そのほかの多くの語形では、語尾が付く際に ϝ が母音に挟まれて消失し、そこからさらに母音が長短を交替したり、融合したりします。たとえば以下のような感じです。

単数・対格　βασιλήϝ-α　⇒　βασιλή-α　⇒　βασιλέᾱ　（長短の交替）

単数・属格　βασιλήϝ-ος　⇒　βασιλή-ος　⇒　βασιλέως　（長短の交替）

複数・主格　βασιλήϝ-ες　⇒　βασιλή-ες　⇒　βασιλῆς　（母音融合）

　これらの音韻変化を押さえたうえで、変化表の太字部分を実質的な語尾として捉えておくとよいでしょう。なお、複数・主格は古典期の終わり頃（前4世紀後半）から βασιλεῖς の語形になっていきました。

　続いて「牛」の変化を見ましょう。βου- の綴りになる語形については、先ほどの βασιληϝ-ς ⇒ βασιλεύς などと同様に、語幹 βοϝ- が βου- にな

ったと考えてください。ただし、複数・対格は原則どおりの変化ではなく、単数・主格の語形を借用したものを使います。βου- 以外の語形では、βοϝ- の ϝ を落として語尾が付きます。なお、単数・与格にある [ῐ] という注記は、βοί の οι が二重母音ではないことを示します。二重母音であれば「ボイ」を分けて発音することはできませんが、βοΐ なら「ボ」と「イ」を別々に発音できるという違いがあります。この記号（¨）を**分音記号**（diaeresis）ということも覚えておきましょう。

　「船」の変化はさらに複雑ですが、太字で示した部分には「牛」と共通の特徴が認められます。まずは両者を並べて傾向を捉え、残りの語形は個々に覚えていくとよいでしょう。詳細な説明はあえて省略することにします。

練習問題21-3　以下の語はともに βασιλεύς と同様のパターンをとります（アクセントも同様）。それぞれの名詞を格変化させてください。

　1. ἱερεύς, -έως, ὁ　神官　　　　2. φονεύς, -έως, ὁ　殺害者

　この課では厄介なことをいろいろ確認しましたが、すべてを覚えるのは大変かもしれません。その場合には、とくに重要な πόλις、τριήρης、γένος の変化をまず学んで、あとは必要に応じて確認しながら慣れていくのでも大丈夫です。ギリシャ語の勉強にとって変化表の暗記は何よりも大切ですが、だからこそ時間をかけて馴染むようにするのがよいと思います。必ずしも最初から完璧を求める必要はありませんから、ぜひ気長に学習を進めるようにしてください。

第22課　第三変化の形容詞

1　〈ων – ον タイプ〉と〈ης – ες タイプ〉の形容詞

第11課で確認したように、形容詞は名詞と同様の格変化をします。そこでは語尾が第一変化と第二変化のパターンになる〈ος – η – ον タイプ〉と〈ος – ā – ον タイプ〉の形容詞を見ましたが、今回は第三変化のパターンになる形容詞を学びます。以下の変化表を見てください。

		男／女性	中性
単数	主格	εὐδαίμων	εὔδαιμον
	対格	εὐδαίμον-α	εὔδαιμον
	属格	εὐδαίμον-ος	
	与格	εὐδαίμον-ι	
複数	主格	εὐδαίμον-ες	εὐδαίμον-α
	対格	εὐδαίμον-ας	εὐδαίμον-α
	属格	εὐδαιμόν-ων	
	与格	εὐδαίμο-σι(ν)	

男／女性	中性
ἀληθής	ἀληθές
ἀληθῆ	ἀληθές
ἀληθοῦς	
ἀληθεῖ	
ἀληθεῖς	ἀληθῆ
ἀληθεῖς	ἀληθῆ
ἀληθῶν	
ἀληθέσι(ν)	

　まずは εὐδαίμων（幸福な）の変化を確認します。全体的に εὐδαιμον- を語幹として、それに第三変化の基本語尾（81ページ）が付いた変化になっていることが分かるでしょうか？　男性と女性を区別しないこと、複数・与格が εὐδαίμο-σι(ν) で語幹末の ν がないこと（86ページを参照）、中性・単数・主／対格でアクセントが前倒しになることがポイントです。最後の点については、男／女性・単数・主格（見出し語）と並べて εὐδαίμων – εὔδαιμον のように覚えておくとよいでしょう。このタイプの形容詞を本書では〈ων – ον タイプ〉と呼びます。

　続いて ἀληθής（真実の）の変化を見ましょう。これも男性と女性を区別しませんが、男／女性は τριήρης（三段櫂船）に、中性は γένος（種族）にならって格変化します。107ページの変化表と見比べて、語尾の現れ方が同じであることを確認してください。これを〈ης – ες タイプ〉の形容詞と呼ぶことにします。

練習問題22-1　前ページの変化表を参照して、以下の形容詞を格変化させてください。なお、σώφρων の中性・単数・主／対格は σῶφρον です。

1．σώφρων, -ον　思慮深い　　　2．σαφής, -ές　明らかな

［「後退的」なアクセント］

形容詞は見出し語のアクセントを可能なかぎり保持するのが基本ですが、先ほどの εὐδαίμων では中性・単数・主／対格が εὔδαιμον になっていました。これは〈ων – ον タイプ〉の形容詞の多くに、**なるべく語頭の方向にアクセントを持ちたい**という特別な性質があるからです。このような性質を「後退的」なアクセントと呼ぶことは、覚えておくとよいでしょう。可能な範囲で（53-54ページの制限規則が許す範囲で）語末から離れようとするという発想での呼び方です。この性質は、後ほど動詞の活用を本格的に学ぶときに、とくに意識する必要があります。

［中性・単数・主／対格の語形について］

第三変化の形容詞には、中性・単数・主／対格が語幹そのものになるという特徴があります。先ほどの εὐδαίμων の変化表で、中性・単数・主／対格 εὔδαιμον と、ほかの語形でハイフン以前にある εὐδαιμον- とを見比べて確認してください。ἀληθής ではこの対応が明らかではありませんが、それは語幹 ἀληθεσ- の末尾のシーグマ（σ）が語尾との接触によって消失して、そこからさらに母音融合を起こすためです（たとえば単数・属格なら ἀληθεσ-ος ⇒ ἀληθε-ος ⇒ ἀληθοῦς）。このような母音間での σ の消失は、じつは第21課で見た τριήρης や γένος などでも起きています（語幹はそれぞれ τριηρεσ- と γενεσ-）。

2　〈υς – εια – υ タイプ〉と〈ων – ουσα – ον タイプ〉

　ここで確認するのは、男性と中性が第三変化で、女性が第一変化になる形容詞です。まずは次ページの変化表で、ἡδύς（快い）のパターンを確認しましょう。表全体を大きく眺めて、見出し語（男性・単数・主格）の太字部分がどのように変化するかを観察してください。

　男性と中性は単数・主／対格が ἡδυ- になるほかは、ἡδε- を語幹として第三変化の語尾になっています。その際、アスタリスク（*）を付した語形で母音融合が起こらない点に注意してください。反対に、単数・与格の ἡδεῖ（< ἡδέ-ι）や男性・複数・主格の ἡδεῖς（< ἡδέ-ες）では母音が融合

します。男性・複数・対格が主格と同形になるのも特徴的です。

	単　　数			複　　数		
	男性	女性	中性	男性	女性	中性
主格	ἡδύς	ἡδεῖα	ἡδύ	ἡδεῖς	ἡδεῖαι	ἡδέα*
対格	ἡδύν	ἡδεῖαν	ἡδύ	ἡδεῖς	ἡδείᾱς	ἡδέα*
属格	ἡδέος*	ἡδείᾱς	ἡδέος*	ἡδέων	ἡδειῶν	ἡδέων
与格	ἡδεῖ	ἡδείᾳ	ἡδεῖ	ἡδέσι(ν)	ἡδείαις	ἡδέσι(ν)

　女性形はすべて ἡδει- に第一変化の語尾を付けてつくります。アクセントは語末音節の母音の長短によって変化しますが（53–54ページ）、複数・属格は -ῶν という名詞のようなアクセントになります。

　続いて ἑκών（自発的な）の変化を確認します。やはり見出し語 ἑκών の太字部分がどのように変わるかに注目してください。

	単　　数			複　　数		
	男性	女性	中性	男性	女性	中性
主格	ἑκών	ἑκοῦσα	ἑκόν	ἑκόντες	ἑκοῦσαι	ἑκόντα
対格	ἑκόντα	ἑκοῦσαν	ἑκόν	ἑκόντας	ἑκούσᾱς	ἑκόντα
属格	ἑκόντος	ἑκούσης	ἑκόντος	ἑκόντων	ἑκουσῶν	ἑκόντων
与格	ἑκόντι	ἑκούσῃ	ἑκόντι	ἑκοῦσι(ν)	ἑκούσαις	ἑκοῦσι(ν)

　男性と中性は全体的に、語幹 ἑκοντ- に第三変化の語尾が付いています。これは ντ 語幹なので、名詞 γέρων の変化表（85ページ）と見比べておくとよいでしょう。なお、中性・単数・主／対格の ἑκόν は、語幹から末尾の τ が落ちた語形です。そこから o を延長させたのが男性・単数・主格の ἑκών であることも、知っておくとよいかもしれません。

　女性は ἑκουσ- に第一変化の語尾を付けてつくります。ἡδύς の場合と同じく語末音節の母音の長短によってアクセントが変化して、複数・属格は -ῶν になります。ἡδύς や ἑκών のように女性形の見ためが男性や中性と異なる形容詞では、このように複数・属格が -ῶν になる（第一変化名詞と同じ特徴）と覚えておいてください。

　本書ではこれらを、それぞれ〈υς – εια – υ タイプ〉、〈ων – ουσα – ον タイプ〉の形容詞と呼ぶことにします。

練習問題 22-2　前ページの変化表を参照して、以下の形容詞を格変化させてください。2の γράφων は γράφω の現在分詞（第32課）で、「まさに書いている状態の（writing）」という形容詞的な意味を表します。

1．ὀξύς, -εῖα, -ύ　鋭い　　　　2．γράφων, -ουσα, -ον

3　μέλᾱς と τάλᾱς

最後に μέλᾱς（黒い）の変化を確認しましょう。男性と中性は μελαν- を語幹として第三変化の語尾を付ける構成（85ページの δαίμων と見比べておくとよい）で、女性は μελαιν- に第一変化の語尾を付けます。男性と中性の複数・与格に、語幹末の ν がないことに注意してください。

	単　数			複　数		
	男性	女性	中性	男性	女性	中性
主格	μέλᾱς	μέλαινα	μέλαν	μέλανες	μέλαιναι	μέλανα
対格	μέλανα	μέλαιναν	μέλαν	μέλανας	μελαίνᾱς	μέλανα
属格	μέλανος	μελαίνης	μέλανος	μελάνων	μελαινῶν	μελάνων
与格	μέλανι	μελαίνῃ	μέλανι	μέλασι(ν)	μελαίναις	μέλασι(ν)

練習問題 22-3　上の変化表を参照して「τάλᾱς, τάλαινα, τάλαν　哀れな」を格変化させてください。なお、これは μέλᾱς と同様の格変化をする唯一の形容詞です。

練習問題 22-4　各文を発音したうえで、名詞や形容詞の語形に注意して訳してください。1の δέ は次の囲みを参照、3の νόμιζε は「考えよ」という命令法（第48課）、4の ἀνδράσιν は ἀνήρ の複数・与格です。

1．ὁ βίος βραχύς, ἡ δὲ τέχνη μακρά.　＊μακρά [ᾱ]
2．μῑσῶ μνήμονα συμπότην.
3．νόμιζε δυσμενῆ τὸν τῶν γειτόνων ὀφθαλμόν.
4．ἆρα ἐν τοῖς μέλασιν ἀνδράσιν τὸν Ἀχιλλέᾱ ὁρᾷς;
5．οἱ ἀμαθεῖς ὥσπερ ἐν πελάγει καὶ νυκτὶ φέρονται ἐν τῷ βίῳ.

[小辞の働きと位置について]

練習問題22-4の1にある δέ は前文との軽い接続を示し、必要に応じて「そして」や「しかし」などと訳すことができます（どちらの意味かは文脈から判断する）。このような小さな語を**小辞**（particle）といい、文中で様々なニュアンスを表すのですが、ここで代表的なものを簡単に紹介しておくことにします。

ἀλλά　　前文との断絶を示す小辞。「しかし」などと訳す。

οὖν　　　前文からの推移を示す。「それから」「それゆえ」など。

γάρ　　　前文への説明を示す。「すなわち」「なぜなら」など。

δή　　　　直前の表現を強調する小辞。日本語には訳しにくい。

上記のうち ἀλλά 以外は文頭ではなく、必ず「文の2番目の位置」で使われます。76ページで見た μέν や疑問文であることを示す ἆρα、接続詞や副詞の καί なども小辞に分類されます。小辞にはこれ以外にも多くの語があり、そのニュアンスも本当に多様なので、今後の読解練習のなかで少しずつ慣れていくようにしてください。

第23課 様々な副詞表現

1 形容詞と副詞の対応

第11課で見たように形容詞は名詞を説明しますが、それに対して名詞以外の語句（動詞や形容詞など）を説明する語のことを副詞といいます。この課では副詞について基本的なことを学びます。

英語では形容詞に -ly を付けて副詞をつくることがありますが、それと似たことがギリシャ語でも起こります。以下の対照表で、形容詞と副詞との対応関係を確認してください。

形容詞		副　詞	
σοφός, -ή, -όν	賢い	σοφῶς	賢く、賢明に
δίκαιος, -ᾱ, -ον	正しい	δικαίως	正しく、公正に
ἁπλοῦς, -ῆ, -οῦν	単純な	ἁπλῶς	単純に
εὐδαίμων, -ον	幸福な	εὐδαιμόνως	幸福に
ἀληθής, -ές	真実の	ἀληθῶς	本当に
ἡδύς, -εῖα, -ύ	快い	ἡδέως	愉快に

副詞は語尾の -ως が特徴的ですね。これが英語の -ly に相当する、副詞語尾だと考えてください。基本的には形容詞の語尾を -ως にすれば副詞になるのですが、εὐδαιμόνως や ἡδέως は下線部がちょっと不思議です。これを含めて正確に捉えるには、**形容詞の男性・複数・属格**の語形を確認するとよいでしょう。その語形は σοφῶν、δικαίων、ἁπλῶν、εὐδαιμόνων、ἀληθῶν、ἡδέων で、そこから語尾の -ων を -ως に変えれば、副詞の語形をアクセントも含めて正確に得ることができます。

副詞には上記のような規則的なものだけでなく、εὖ（よく、上手に）や σφόδρα（おおいに、激しく）のように、特殊な語形になるものもあります。それらについてはひとつずつ覚えるようにしてください。

なお、**副詞は格変化をしない**ので、名詞や形容詞のような変化表を覚える必要がありません。上記のような規則的な語形や、辞書にある形がそのまま使われます。

116

練習問題23-1　次の形容詞の男性・複数・属格の語形を確認したうえで、それに対応する副詞形を答えてください。

1. καλός, -ή, -όν　美しい、立派な
2. σαφής, -ές　明らかな
3. εὔφρων, -ον　陽気な、楽しい
4. ταχύς, -εῖα, -ύ　速い

2　特定の格形による副詞表現

　名詞や代名詞の特定の格形（たとえば対格の語形など）が、副詞として使われることがあります。まずは時を表す名詞を使った表現として、以下のものを確認しましょう。

---

1. **対格**……「その夜のあいだ（ずっと）」のように、**時間的な広がりをイメージした持続**を表す時表現。
2. **属格**……「その夜のうちに」のように**ある範囲を指定して、その中のいつかを**表す時表現。
3. **与格**……「その夜に」のように、**いつのことかを指定する**端的な時表現。

　これらはすべて時に関係する副詞表現です。24ページで示した基本的な意味に加えて、やや特殊な用法として覚えておいてください。対格は上記のような時間的な広がりのほか、「3スタディオンにわたって」など空間的な広がり（スタディオンは距離の単位）を示すこともあります。両者をまとめて**広がりの対格**と呼びます。

　ほかに固定した副詞表現も多くあります。対格であれば τίνα τρόπον（どんな方法で？）、τί（なぜ？）、τέλος（最終的に）、τὸ νῦν（いまは）、μέγα / μεγάλα（おおいに）など。最後の例は、**形容詞の中性・対格はしばしば副詞として用いられる**と捉えておくとよいでしょう（それぞれ μέγας の中性・対格の単数形と複数形）。同様の表現として πολλά（しばしば）、οὐδέν（まったく…ない）、πρότερον（先に）などがあります。

　属格の語形を持つものとしては ποῦ（どこで／に？）、αὐτοῦ（まさにその場所で／に）、οὐδαμοῦ（どこにも…ない）などが、与格の例としては κοινῇ（共通に）、λάθρα（密かに）、κόσμῳ（整然と）、ἄλλῃ（他の方法で）などがあります。

　ほかにも οἴκοι（家で／に）、Ἀθήνησι（アテーナイで／に）など**地格**（ま

たは所格）という古い格形に由来するものや、ἄνω（上方へ／に）、κάτω（下方へ／に）といった**具格**由来のものもあります。いずれも古典ギリシャ語の時代には失われていた格なので、固定した副詞として覚えるのがよいでしょう。出てきたものを少しずつ覚えていけば大丈夫です。

（練習問題23-2） 各文を発音したうえで、副詞的な表現に注意して訳してください。1のτρεῖςと2のτρίαは「3（three）」を表す数詞（第25課）で、ἡμέρᾱς／νύκταςとστάδιαに関係します。

1. νῦν δὲ πλανώμεθα τρεῖς ἡμέρᾱς καὶ τρεῖς νύκτας.
2. αἱ γὰρ Ἀθῆναι ἀπὸ τοῦ ἄστεως τρία στάδια ἀπέχουσιν.
3. τί ποτε σήμερον ἥκεις; —— διότι σοι διαλέγεσθαι ἐθέλω.

3　接尾辞による副詞

副詞をつくる接尾辞（単語の末尾に付く要素）についても簡単に確認しておきましょう。代表的なものを覚えておくと、意味の把握が楽になるはずです。ここではその例として、場所を意味する副詞について学びます。以下の表を見てください。

	...で（場所）	...へ（方向）	...から（起点）
家	οἴκοι	οἴκαδε	οἴκοθεν
アテーナイ	Ἀθήνησι	Ἀθήνᾱζε	Ἀθήνηθεν
その場所	ἐκεῖ	ἐκεῖσε	ἐκεῖθεν
ほかの場所	ἄλλοθι	ἄλλοσε	ἄλλοθεν
同じ場所	ὁμοῦ	ὁμόσε	ὁμόθεν

まず「...で」を意味する副詞（οἴκοιとἈθήνησιは既出）から確認します。これらは接尾辞 -ι、-σι、-θι、-ου を特徴としますが、接尾辞の種類が多いので、変化表を観察するための基準形として、覚えてしまうのがよいかもしれません。οἴκοιとἐκεῖでは、接尾辞 -ι が付く際に ο ＋ ι ⇒ οι、ε ＋ ι ⇒ ει という母音融合（二重母音化）が起きています。

これらの語形を覚えてしまうと、「...へ」と「...から」の把握が楽になります。「家で」を意味する οἴκοι の接尾辞を -δε にすると「家へ」の意

118

味になり（ただし οἴκαδε と母音が変わることに注意）、接尾辞を -θεν にすれば「家から」の意味になります。「アテーナイで」の場合もほぼ同じく、Ἀθήνησι を Ἀθήνᾱζε（これは Ἀθήνᾱσδε の下線部を ζ [zd] と表記した語形なので接尾辞は -δε）にすると「アテーナイへ」の意味に、接尾辞を -θεν にすれば「アテーナイから」の意味になります。ほかの語についても、同じような感じで見比べておくとよいでしょう。

　副詞をつくる接尾辞はほかにもいろいろありますが、本書では回数を示す -κις だけを確認しておくことにします。τετράκις で「4回」、πεντάκις で「5回」、πολλάκις で「何回も、しばしば」、ὀλιγάκις で「めったに...ない」の意味になります。τετράκις と πεντάκις は130ページを参照。πολλάκις と ὀλιγάκις は形容詞「πολύς, πολλή, πολύ　多くの」と「ὀλίγος, -η, -ον 少しの、わずかの」と見比べてみてください。

練習問題23-3　接尾辞に注目して、以下の副詞の意味を答えてください。なお Ὀλυμπίᾱ は地名（オリュンピアー）、αὐτός は「まさにその...」の意味であること（第14課）がヒントになるはずです。

1. Ὀλυμπίᾱσι　　2. Ὀλυμπίᾱζε　　3. Ὀλυμπίᾱθεν
4. αὐτόσε　　　5. αὐτόθεν　　　6. αὐτόθι

練習問題23-4　各文を発音したうえで、副詞（太字）に注意して訳してください。1は次ページの囲み（2つめ）を参照、4の οὐδείς は「誰も...ない（nobody）」の単数・主格です。

1. **πῶς** ἔχεις; —— **καλῶς** ἔχω.
2. **τάχα** γάρ σε παρέρχεται ὡς ὄναρ ἥβη.
3. παρὰ τὸν ἄνδρα **πολλάκις** φοιτῶμεν.
4. κατὰ τὸν Σωκράτη οὐδεὶς **ἑκουσίως** ἁμαρτάνει.

[述語的同格]

名詞に対して形容詞を述語的に使って、副詞のような意味を表すことがあります。たとえば次の文を見てください。

　　ὁ κάλλιστος πολλάκις ἀποθνήσκει νέος.
　　きわめて美しい者はしばしば若くして死ぬ。

この文は ὁ κάλλιστος πολλάκις ἀποθνήσκει の部分に注目すると「きわめて美しい男はしばしば死ぬ」ですが、その主語 ὁ κάλλιστος（定冠詞 ὁ は総称の用法）に対して同格に置かれた形容詞 νέος（男性・単数・主格）が述語的に関係して「その男が死ぬ」ときの状態が「若い」ということを表現しています（述語用法については65ページを参照）。構文の中心をなす ὁ κάλλιστος πολλάκις ἀποθνήσκει に「その男」＝「若い」という状況説明を重ねるようにして解釈してください。そうすると「きわめて美しい男はしばしば若い状態で死ぬ」⇒「若くして／若いときに死ぬ」となるはずです。最終的にまるで副詞（動詞などを説明する）のように訳しますが、文法的にはあくまでも形容詞（名詞を説明する）であることがポイントです。英語の He came home **very tired**.（形容詞句の very tired が He came home. の He と同格関係で「帰宅」の際の状況説明をする）に相当する用法として理解しておくとよいでしょう。このような関係の仕方を**述語的同格**の関係といいます。

[〈ἔχω ＋ 副詞〉の表現]

すでに例文にも出ているように、動詞 ἔχω は名詞の対格を目的語にして「...を持つ」の意味を表すのが基本ですが、副詞とセットになると「...な状態である」の意味になります。たとえば「よく、十分に」を意味する副詞 εὖ を使った εὖ ἔχω. は「私はよい／十分な状態である」の意味に、κακός の副詞形を使った κακῶς ἔχω. は「私は悪い状態である」の意味になるといった具合です。前置詞句を使って ἐπὶ τὸν ποταμὸν ἔχει.「（道などが）その川に通じている」のような表現をすることもできます。ἐπὶ τὸν ποταμόν だけを取り出せば「その川まで」という副詞的な表現（前置詞句）になることを確認してください。

第24課 ｜ 比較級と最上級

1 比較級と最上級の語形（単数・主格）

　形容詞は「賢い」や「新しい」のように名詞の性質や状態を表しますが、ほかのものと比べて「より...」と言うときには**比較級**という語形（英語なら -er）を、ある範囲のなかで「もっとも...」と言うときには**最上級**という語形（英語なら -est）を使います。これらも形容詞なのでギリシャ語では格変化をしますが、まずはその出発点となる、単数・主格の語形を確認することにしましょう。

　基本的に**比較級は -τερος、-τέρᾱ、-τερον、最上級は -τατος、-τάτη、-τατον** の形になります。以下の表で原級（形容詞のもとの形）との対応を確認してください。それぞれ〈ος－ᾱ－ον タイプ〉と〈ος－η－ον タイプ〉というお馴染みの形なので、比較級と最上級は男性形のみ示すことにします。

原級		比較級	最上級
δεινός, -ή, -όν	恐ろしい	δεινότερος	δεινότατος
σοφός, -ή, -όν	賢い	σοφώτερος	σοφώτατος
φίλος, -η, -ον	親しい	φίλτερος	φίλτατος
ἀληθής, -ές	真実の	ἀληθέστερος	ἀληθέστατος
σώφρων, -ον	思慮深い	σωφρον-έσ-**τερος**	σωφρον-έσ-**τατος**

　まず δεινός は語尾の -ς を外した δεινο- に、そのまま -τερος を付けて比較級を、-τατος を付けて最上級をつくります。次の σοφός は少し違って、σοφο- の母音を σοφω- と伸ばしてから -τερος / -τατος を付けます。これは短い音が連続するのを避けるための措置（仮に σοφότερος とすると短音節が4つ連続してしまう）ですが、はじめのうちは「こんなタイプもある」と捉えておいて構いません。次の φίλος は反対に、φιλο- の末尾の母音を落としてから -τερος / -τατος を付けています。

　112ページの囲みで見たように ἀληθής の語幹は ἀληθεσ- ですが、比較級と最上級はそこに -τερος / -τατος を付けて構成します。それに対して最後の σώφρων は、語幹の σωφρον- に -εσ- を挟んでから -τερος / -τατος

121

を付けます。このように細かく見れば様々なタイプがありますが、小さな違いはひとまず脇に置いておき、-τερος は比較級で -τατος は最上級だと覚えておいてください。正確な語形については学習の過程で、辞書などで確認しながら学んでいけば大丈夫だと思います。

　形容詞によっては上記と異なり、**比較級が -ίων** [ῑ]、**-ῑον**（男／女性と中性の2系統の格変化をする）、**最上級が -ιστος、-ίστη、-ιστον** になるものもあります。最上級の方は〈ος – η – ον タイプ〉なので、以下の表では男性形のみを示すことにします。

原級		比較級	最上級
κακός, -ή, -όν	悪い	κακίων [ῑ], κάκῑον	κάκιστος
ἡδύς, -εῖα, -ύ	快い	ἡδίων [ῑ], ἥδῑον	ἥδιστος
καλός, -ή, -όν	美しい	καλλίων [ῑ], κάλλῑον	κάλλιστος

　まずは κακίων [ῑ] – κάκῑον や ἡδίων [ῑ] – ἥδῑον のように、比較級の男／女性と中性を発音して、アクセントの違いを確認することからはじめてください。そのうえで最上級の κάκιστος や ἥδιστος と対応させておくとよいでしょう。最後の καλός は少し注意が必要です。原級の καλός に対して、比較級と最上級は καλλίων [ῑ] や κάλλιστος になっています（λ が増えていることに注目）。-ίων [ῑ], -ῑον タイプでは、このように語幹部分が変化することがあります。もう少し例を見ておきましょう。

原級		比較級	最上級
αἰσχρός, -ά, -όν	恥ずべき	αἰσχίων [ῑ], αἴσχῑον	αἴσχιστος
ῥάδιος, -ᾱ, -ον	容易な	ῥάων, ῥᾷον	ῥᾷστος
ἀγαθός, -ή, -όν	優れた	ἀμείνων, ἄμεινον	ἄριστος

　このように原級と比較級・最上級で語幹が変わるものは、ひとまず男性形を並べて αἰσχρός – αἰσχίων [ῑ] – αἴσχιστος や ῥάδιος – ῥάων – ῥᾷστος のように、発音しながら覚えてしまうのが近道です。最後の ἀγαθός は比較級も最上級も大きく語幹が変わって大変ですが、やはり ἀγαθός – ἀμείνων – ἄριστος と並べて覚えてしまいましょう。このように不規則性の高いものは、ἀμείνων や ἄριστος などの語形からでも辞書を引ける（これらが見出し語になっている）ので、あまり心配する必要はありません。

練習問題24-1　以下の各語について、原級 – 比較級 – 最上級の男性・単数・主格の語形を、先ほどの ἀγαθός – ἀμείνων – ἄριστος のように並べて答えてください。すべて先ほどの対照表にある単語です。

1. δεινός（恐ろしい）　　2. σοφός（賢い）　　3. φίλος（親しい）

4. κακός（悪い）　　　5. ἡδύς（快い）　　6. καλός（美しい）

7. αἰσχρός（醜い）　　8. ῥᾴδιος（容易な）

[μᾶλλον / μάλιστα による比較級と最上級]

英語では原級に more や most を付けて比較級・最上級をつくることがありますが、ギリシャ語でもこれらの語に対応する μᾶλλον（more）や μάλιστα（most）による表現があります。たとえば「より親しい」は先ほど見たように φίλτερος としてもよいですが、こちらの方式で μᾶλλον φίλος としても表現できます。同様に「もっとも親しい」には φίλτατος と μάλιστα φίλος との2つの表現がありえます。

2　比較級と最上級の格変化

　ここまで見てきた単数・主格の語形のうち、比較級の -τερος と最上級の -τατος / -ιστος は〈ος – η – ον タイプ〉や〈ος – ᾱ – ον タイプ〉と同様の格変化をします。たとえば単数・主格を δεινότερος – δεινοτέρᾱ – δεινότερον と確認してから（女性形のアクセントは53-54ページを参照）、第11課の変化表にしたがって格変化させてください。それに対して -ίων [ῑ], -ῑον 型の比較級は、第22課で学んだ εὐδαίμων のパターンをとります。下の変化表は κακίων [ῑ] のものです。ここでは注記を省略しましたが、この表の κι はすべて長く伸ばして読んでください。

	単　　数		複　　数	
	男／女性	中性	男／女性	中性
主格	κακίων	κάκῑον	κακίον-ες	κακίον-α
対格	κακίον-α	κάκῑον	κακίον-ας	κακίον-α
属格	κακίον-ος		κακῑόν-ων	
与格	κακίον-ι		κακίο-σι(ν)	

　なお、この変化表のうち κακίονα [ῑ] の語形（3箇所）には κακίω [ῑ]

123

という別形があり、κακίονες [ῑ] と κακίονας [ῑ] も κακίους [ῑ] となることがあります。少なくとも実用的には、ν が消失して左右の母音が融合した語形（たとえば κακίονα ⇒ κακίω）として捉えておけばよいと思います。

練習問題24-2 ここまでの説明を踏まえて、καλός（美しい）の比較級 καλλίων [ῑ] と、最上級 κάλλιστος の格変化を書いてください。

練習問題24-3 μέγας（大きな）の比較級は単数・主格が μείζων, μεῖζον です。ῑ が入らないことを確認したうえで、その格変化を書いてください。

3　比較級と最上級を使った文

　ここでは比較級と最上級を使った文を見ていきます。比較級は何かと比べて「より...」の意味を表しますが、その比較対象（比べる相手）は**接続詞 ἤ** を使って次のように示すことができます。

（1）ὁ Ζεὺς δεινότερός ἐστιν **ἢ ἄλλοι θεοί**.
　　ゼウスはほかの神々よりも恐ろしい。

　まず ὁ Ζεὺς δεινότερός ἐστιν を「ゼウスはより恐ろしい」と読み、それから太字部分を「ほかの神々よりも」と読んで繋げます。この ἤ はひとまず英語の than に相当すると考えて構いませんが、この構文は**比べているもの同士の格を揃える**ことに注意してください。ὁ Ζεύς と ἄλλοι θεοί がともに主格であることがポイントです。

（2）ἐμοί ἐστι μείζων οἶκος **ἢ σοί**.
　　私には君よりも大きな家がある。

　この文は ἐμοί ἐστι μείζων οἶκος を「私にはより大きな家がある」と読み、それから太字部分を「君に（ある）よりも」と読んで繋げます。先ほどの例文（1）では ὁ Ζεύς と ἄλλοι θεοί という主格を比べていましたが、今回は「私」と「君」を比べているので、前半で「私」が与格 ἐμοί になっているのに格を揃えて、「君」の方も与格で表現します。

　比較対象の示し方には、このように ἤ を使うほかに、属格を使う方法も

124

あります。その方法で表現すれば、例文（1）は次のように書き換えることができます。

(3) ὁ Ζεὺς δεινότερός ἐστιν **ἄλλων θεῶν**.
　　ゼウスはほかの神々よりも恐ろしい。

この方法をとる場合、**接続詞の ἤ を使わずに属格だけを使う**のがポイントです。例文（1）と見比べて、違いを捉えてください。

続いて最上級を使った文を見てみましょう。次の例文のように最上級と一緒に属格を使うと、「…のなかで」の意味を表すことができます。

(4) ὁ Ζεὺς δεινότατός ἐστιν **τῶν θεῶν**.
　　ゼウスは神々のなかでもっとも恐ろしい。

この属格の用法は、たとえば英語の He runs fastest of us.（彼は私たちのなかでもっとも速く走る）の of us に相当します。24ページで学んだように属格には「…の」意味がありますが、それを of … と繋げて覚えておいてもよいかもしれません。属格が「…のなかで」の意味になるのは、本文のように最上級と一緒に使うときや、「…のなかの1人が／多くが」など数量表現と結びつくときなどです。

比較級や最上級と一緒に与格を使うと、比較対象との差（どれくらいの差があるか）を示すことができます。

(5) ὁ ἀνὴρ **πολλῷ** μείζων ἐστὶν ἐμοῦ.
　　その男は私よりもずっと大きい。

この πολλῷ は「大きな量」を意味する πολύ（69ページ）の与格で、「その男」と「私」との差の大きさを示しています。これを ὀλίγῳ に変えれば「少しだけ大きい」の意味に、τῇ κεφαλῇ にすれば「頭1つ分だけ大きい」の意味になります。

なお、比較級には上記のような比較対象を想定した用法（ほかの何かと比べる用法）のほかに、「あまりにも…」や「思ったよりも…」の意味を表すこともあります。最上級も同様に「非常に」や「この上なく」といった意味になることがあります。文脈や状況から比較対象がなさそうな場合には、これらの意味ではないかと考えるようにしてください。

練習問題24-4　各文を発音したうえで、比較級と最上級（太字）に注意して訳してください。4の εὑρεῖν は「見つけること」を意味する不定詞です。

1. οὐδεὶς **σοφώτερός** ἐστιν ἢ ὁ Σωκράτης.
2. τέχνη δ' ἀνάγκης **ἀσθενεστέρᾱ** ἐστίν.
3. ἡ ἀνάγκη **κρατίστη** ἐστὶν ἐν τῇ γῇ.
4. **χαλεπώτατόν** ἐστι τὰ ἴδια ἁμαρτήματα εὑρεῖν.

[比較級と最上級の副詞]

「より恐ろしく」や「もっとも恐ろしく」など副詞の比較級・最上級は、前の課で学んだ特別な副詞形ではなく、形容詞の語形によって表現します。その際、比較級であれば**中性・単数・対格**（-τερον / -(ῑ)ον の語形）を使い、最上級なら**中性・複数・対格**（-τατα / -ιστα の語形）を使うのですが、これについては117ページで説明した、形容詞の中性・対格がしばしば副詞として使われることをあわせて覚えておくとよいでしょう。「より恐ろしく」は δεινότερον で、「もっとも恐ろしく」は δεινότατα で表現します。

第25課 | 数詞

1 基数詞

この課では数詞（数を表す語）の基本を学びます。まずは**基数詞**を確認しましょう。これは「1つの…」「2つの…」や「1人の…」「2人の…」のように、ものの個数や人数などを表す数詞です。ほかの数詞を捉えるうえで基礎になる数詞なので、ここでしっかり練習して慣れておくのがよいと思います。

εἷς	1	δύο	2	τρεῖς	3	τέτταρες	4
πέντε	5	ἕξ	6	ἑπτά	7	ὀκτώ	8
ἐννέα	9	δέκα	10	ἕνδεκα	11	δώδεκα	12

いつものように、ヘイス、デュオ、トレイス、テッタレス…と音読しながら全体を確認してみてください。ἕνδεκα（11）と δώδεκα（12）は 10 を表す δέκα の前に、それぞれ1を表す ἕν-（下表を参照）と2を表す δώ- が付いた形です。

これらは基本的に名詞とセットで、たとえば τρεῖς ἄνδρες（3人の男が）のように使いますが、その際、**1から4までは名詞に性・数・格を合わせて使う**必要があります。それに対して5以降はこのような格変化をせず、いつでも上記の語形で使います。

	1つの／1人の…			2つの／2人の…
	男性	女性	中性	男／女／中性
主格	εἷς	μία	ἕν	δύο
対格	ἕνα	μίαν	ἕν	δύο
属格	ἑνός	μιᾶς	ἑνός	δυοῖν
与格	ἑνί	μιᾷ	ἑνί	δυοῖν

	3つの／3人の…		4つの／4人の…	
	男／女性	中性	男／女性	中性
主格	τρεῖς	τρία	τέτταρες	τέτταρα
対格	τρεῖς	τρία	τέτταρας	τέτταρα
属格	τριῶν		τεττάρων	
与格	τρισί(ν)		τέτταρσι(ν)	

　全体的に第三変化の語尾が確認できます（1の男性と中性、3と4）が、1の女性形は第一変化の語尾、2は双数の語尾（261ページを参照）になっています。また、英語の no ...（1つも／1人も...ない）の意味は、上記の1に否定語 οὐδέ を付けて表します。男性形は nobody（誰も...ない）、中性形は nothing（何も...ない）を意味する名詞としても使われます。

	男性	女性	中性
主格	οὐδείς	οὐδεμία	οὐδέν
対格	οὐδένα	οὐδεμίαν	οὐδέν
属格	οὐδενός	οὐδεμιᾶς	οὐδενός
与格	οὐδενί	οὐδεμιᾷ	οὐδενί

　13と14は **τρεῖς** καὶ δέκα、**τέτταρες** καὶ δέκα と表現し、太字部分だけが上記のように格変化します。これらは τρεισκαίδεκα、τετταρεσκαίδεκα と1語で表現されることもありますが、こちらの語形は格変化をしません。15以降は πεντεκαίδεκα（15）、ἑκκαίδεκα（16）、ἑπτακαίδεκα（17）のように表します。いずれも格変化をせずにいつもこの語形で使われるので、辞書などを引きながら対応すれば大丈夫だと思います。

　基数詞について、ひとまず覚えておくべきなのはこれくらいでしょう。δύο という語形が属格や与格に使われることがあるとか、οὐδείς がときに複数形で使われるとかいった細かな注意点もいろいろあるのですが、それらは今後の学習のなかで少しずつ経験していってください。

練習問題25-1 各文を発音したうえで、基数詞に注意して訳してください。2の δυοῖν と τρία は名詞用法（67–68ページ）、4の ἡμῶν は「私たちのなかで」を意味する用法（部分の属格）です。

1. μία χελῑδὼν οὐκ ἔαρ ποιεῖ.
2. ἐν δυοῖν τρία βλέπεις.
3. αἱ Μοῦσαι ἐννέα εἰσίν.
4. οὐδεὶς ἡμῶν τοὺς πολεμίους φοβεῖται.

2　序数詞と数副詞

「...番目」のように順番を表す語（英語なら first や second など）を**序数詞**といいます。下表のようにこれらは形容詞なので、名詞に性・数・格を一致させて使います。全体的に〈ος – η – ον 型〉ですが、「2番目（2nd.）」のみ〈ος – ā – ον 型〉になっています。これについては100ページの囲みを参照してください。

πρῶτος, -η, -ον	1st	δεύτερος, -ā, -ον	2nd	τρίτος, -η, -ον	3rd
τέταρτος, -η, -ον	4th	πέμπτος, -η, -ον	5th	ἕκτος, -η, -ον	6th
ἕβδομος, -η, -ον	7th	ὄγδοος, -η, -ον	8th	ἔνατος, -η, -ον	9th
δέκατος, -η, -ον	10th	ἑνδέκατος, -η, -ον	11th	δωδέκατος, -η, -ον	12th

1 st. と 2 nd. は特別な形をしていますが、3 rd. 以下の τρι-、τεταρ-、πεμπ-、ἑκ- などは、先ほどの基数詞と見比べておくとよいでしょう。綴りが完全に一致するわけではないものの、相互に関係があることは感じられると思います。音読しながら見比べると関係を捉えやすいかもしれません。

「13番目」以降は τρίτος καὶ δέκατος（13th.）、τέταρτος καὶ δέκατος（14th.）、πέμπτος καὶ δέκατος（15th.）のように表現します。καί の両側にある2語を名詞に合わせて格変化させ、τῇ τρίτῃ καὶ δεκάτῃ νυκτί（13番目の夜に）のように使います。117ページで学んだ与格による時表現ですね。

続いて**数副詞**を見ておきましょう。「...回」や「...倍」の意味を表す語（英語なら twice や three times など）で、副詞なので格変化はしません。

ἅπαξ	× 1	δίς	× 2	τρίς	× 3
τετράκις	× 4	πεντάκις	× 5	ἑξάκις	× 6
ἑπτάκις	× 7	ὀκτάκις	× 8	ἐνάκις	× 9
δεκάκις	× 10	ἑνδεκάκις	× 11	δωδεκάκις	× 12

「1回」を表す ἅπαξ は特殊ですが、δίς 以降には基数詞との関係が認められます。特に τετράκις 以降は、基数詞をもとにしながら -άκις を付けるような感じで、全体的な傾向を捉えておくのがよいでしょう。基数詞と並べて書き出してみてください。

「13回／倍」以降は τρεισκαιδεκάκις（× 13）、τετταρεσκαιδεκάκις（× 14）のように表現します。辞書を引けばそのままの形で出てきますから、必要なときに確認しながら、少しずつ慣れていってください。

【練習問題25-2】　各文を発音したうえで、序数詞と数副詞に注意して訳してください。1の τῇ ἑβδόμῃ ἡμέρᾳ は117ページの囲みを参照、ἀφιξόμεθα は ἀφ|ικνέομαι の未来形（第26課）、3の δίς は「2回目」の意味です。

1．τῇ ἑβδόμῃ ἡμέρᾳ ἐς τὴν Ἑλλάδα ἀφιξόμεθα.
2．ἡ Σαπφὼ μάλα καλῶς ᾄδει καὶ φαίνεται δεκάτη Μοῦσα.
3．δὶς παῖδές εἰσιν οἱ γέροντες.

［二重否定の考え方］
οὐδεὶς ἡμῶν ψεύδεται. は「私たちの誰も嘘をついていない」の意味ですが、これに否定語 οὐ を加えた οὐδεὶς ἡμῶν οὐ ψεύδεται. とすれば「嘘をついていない者は誰もいない」⇒「全員が嘘をついている」という二重否定になります。οὐ ψεύδεται（嘘をついていない）の主語が οὐδείς（誰もいない nobody）であると考えてください。しかし複合語 οὐδείς を後ろに回して οὐ ψεύδεται οὐδείς. とすると「けっして誰も嘘をついていない」という強い否定の意味になります。こちらは οὐ ψεύδεται にある否定の意味が、οὐδείς で繰り返されていると捉えてください。οὐδείς をどこに置くかによって意味が変わるので要注意です。

第26課 | 動詞の未来形

1　未来形の特徴

　英語には未来のことを示す特別な語形（未来形）がないので、これから起こる出来事（未来のこと）を表すのに will などの助動詞を使ったり、be going to ... などの現在進行形を使ったりします。それに対してギリシャ語には未来形があり、それによって未来のことを表現することができます。まずはその語形を見ておきましょう。

	能動態		中動態	
	単数	複数	単数	複数
1人称	παύσω	παύσομεν	παύσομαι	παυσόμεθα
2人称	παύσεις	παύσετε	παύσῃ	παύσεσθε
3人称	παύσει	παύσουσι(ν)	παύσεται	παύσονται

　この変化表を72ページの表（現在形の変化表）と見比べると、とてもよく似ていることに気づくと思います。まずは能動態で比較すると、現在形が παύω、παύεις、παύει ... であるのに対して、未来形は παύσω、παύσεις、παύσει ... で、現在形に σ が挿入されているだけです。そこに注目して、まずは上の変化表を音読してみるとよいでしょう。-σω、-σεις、-σει ... の部分が未来形の特徴です。

　次に中動態を見てみましょう。現在形は παύομαι、παύῃ、παύεται ... でしたが、それに対して上の変化表は παύσομαι、παύσῃ、παύσεται ... ですから、やはり σ が加わっているだけです。2人称・単数に παύσει という別形（現在形の παύει に対応）があることも確認しておいてください。

　なお、現在時制では中動態と受動態が同じ語形で示されますが（73ページ）、未来時制では語形の区別があるので注意が必要です。未来・受動態については後ほど、第29課で学びます。

　以上が未来形の基本なので、まずは上の変化表をしっかり練習するようにしてください。ただし、語幹が閉鎖音（κ, γ, χ / π, β, φ / τ, δ, θ）で終わる動詞の場合には、以下のような綴り・音韻の変化が起こります。

> **1. 語幹が軟口蓋音（κ, γ, χ）で終わる動詞**
>
> πλέκω（編む）　　⇒　πλέκ-σω　⇒　πλέξω
>
> ἄγω（導く）　　　⇒　ἄγ-σω　　⇒　ἄξω
>
> **2. 語幹が唇音（π, β, φ）で終わる動詞**
>
> πέμπω（送る）　　⇒　πέμπ-σω　⇒　πέμψω
>
> γράφω（書く）　　⇒　γράφ-σω　⇒　γράψω
>
> **3. 語幹が歯音（τ, δ, θ）で終わる動詞**
>
> πείθω（説得する）⇒　πείθ-σω　⇒　πείσω
>
> ψεύδω（騙す）　　⇒　ψεύδ-σω　⇒　ψεύσω

　いずれも見出し語の語尾 -ω を未来形の -σω に変える際に、語幹末の子音と σ との接触によって、84ページの囲みと同様の変化が起きています。口蓋音（κ, γ, χ）と唇音（π, β, φ）は σ と合わさって ξ や ψ になり、歯音（τ, δ, θ）は σ の前で脱落することを確認してください。

　このようにして1人称・単数の語形（-ξω、-ψω、-σω）を手に入れたら、あとは前ページの変化表にならって活用します。たとえば πλέκω は、能動態が πλέξω、πλέξεις、πλέξει ... で、中動態が πλέξομαι、πλέξῃ、πλέξεται ... という感じです。綴りは変わっていますが、発音してみると [s] の音（未来形の特徴）が実感できるはずです。それを頼りに未来形だと判別するようにしてください。

練習問題26-1　上記の説明を頼りに λούω（洗う）と πέμπω（送る）の未来形の活用（能動態と中動態）を書いてください。

練習問題26-2　同じく ἄγω（導く）と πείθω（説得する）の未来形の活用（能動態と中動態）を書いてください。

［母音融合動詞の未来形］

見出し語が -εω / -αω / -οω で終わる動詞（母音融合タイプの動詞）の未来形は、語尾 -σω / -σομαι を付ける際、短母音 ε / α / o が以下のように長母音 η / ω に変わります。ε と o がそれぞれ η と ω になるのは了解しやすいですが、α が η になることに注意してください。

φιλέω（愛する）	⇒ φιλήσω	/ φιλήσομαι
τīμάω（尊重する）	⇒ τīμήσω	/ τīμήσομαι
δηλόω（明らかにする）	⇒ δηλώσω	/ δηλώσομαι

ただし ἐπ|αινέω（称賛する）の未来形が ἐπαινέσω だったり、δοκέω（…と思う／思われる）の未来形が δόξω だったりという例外もあるので、辞書などで確認しながら学んでいく必要があります。

2　不規則な未来形

　ここまでに学んだものを本書では「規則的な未来形」と呼ぶことにします。これらの未来形は、一定の約束事さえ覚えておけば、現在形（辞書などの見出し語）から規則的につくることができます。

　しかし動詞によっては、現在形と未来形との対応が不規則に見えるものもあります。まずは以下の対照表を見てください。左側に現在形、右側に未来形（いずれも能動態・1人称・単数）を並べます。

εὑρίσκω（見つける）	vs.	εὑρήσω
φυλάττω（見張る）	vs.	φυλάξω
βλάπτω（害する）	vs.	βλάψω

　右側の εὑρήσω / φυλάξω / βλάψω は、語尾の -σω / -ξω / -ψω から未来形だろうと推測できます（いずれも ［sɔ:］の音で終わることを確認）。しかしこれらは「規則的な未来形」ではありません。たとえば εὑρίσκω から「規則的」に未来形をつくれば εὑρίσκω の -ω を -σω に変えるはずですが、それでは εὑρήσω になりません。φυλάξω と βλάψω も同様ですね。現在形の φυλάττω と βλάπτω の -ω を -σω に変えても、これらの語形にはならないことを確認してください。

　このようなものを本書では「不規則な未来形」と呼ぶことにします。た

とえば εὑρίσκω – εὑρήσω のように並べて、発音しながら覚えていくとよいでしょう。理屈的なことは後ほど137ページの囲みで説明しますが、はじめのうちは語形を覚えることの方が大切です。

「不規則な未来形」について、もう少し例を見ておきましょう。先ほどと同じような感じで、左右の語形を見比べてください。

φέρω（運ぶ／耐える）　　vs.　οἴσω
ἔχω（持つ／保つ）　　　vs.　ἕξω
ἀκούω（聞く）　　　　　vs.　ἀκούσομαι

まず οἴσω は現在形の φέρω とまったく関係のない語形です。いわば真の意味での不規則動詞なので、理屈抜きで覚えるしかありません。

次の ἕξω は現在形と見比べて、気息記号の向きが逆になっているのがポイントです。ἔχω はエコーで、ἕξω はヘクソーですね。これも不規則な対応として覚えてしまいましょう。この動詞には σχήσω という未来形もあり、「手に入れる」の意味を表すときに使います。

最後の ἀκούσομαι は**能動態の未来形を持たない動詞**です。「聞く」の意味を表すとき、現在時制では ἀκούω という能動態の語形を使いますが、それが未来時制になると中動態の ἀκού**σομαι** という語形になります。意味は「聞く」のまま変わらないのに、語形だけ変わると捉えておいてください。同様の例として γιγνώσκω（知る）の未来形 γνώ**σομαι** や、ὁράω（見る）の未来形 **ὄψομαι**、ἐσθίω（食べる）の未来形 ἔ**δομαι** などがあります。γνώσομαι で現在形にある γι- がなくなっていたり、ὄψομαι と ἔδομαι は現在形との違いが大きいなどの特徴もありますが、それらも含めて「不規則な未来形」として覚えていくのがよいでしょう。

なお、これらの未来形はすべて131ページの変化表にならって活用します。ただし ἔδομαι は未来形の特徴の -σ- を持たず、-ομαι、-ῃ、-εται ... と活用するので注意してください。

練習問題26-3　上記の説明を頼りに εὑρίσκω（見つける）と φυλάττω（見張る）の未来形の活用（能動態と中動態）を書いてください。

3　1人称・単数が -ῶ / -οῦμαι の未来形

　ここまで見てきたように、未来形は語尾の前に［s］の音が現れるのが特徴的ですが（ただし ἔδομαι など例外もある）、動詞によってはそれと異なるタイプの未来形を持つものがあります。たとえば βάλλω（投げる）の未来形（1人称・単数）は能動態が βαλῶ、中動態が βαλοῦμαι です。

	能動態		中動態	
	単数	複数	単数	複数
1人称	βαλῶ	βαλοῦμεν	βαλοῦμαι	βαλούμεθα
2人称	βαλεῖς	βαλεῖτε	βαλῇ	βαλεῖσθε
3人称	βαλεῖ	βαλοῦσι(ν)	βαλεῖται	βαλοῦνται

　まず語尾（太字部分）に σ がないことと、その変化のパターンが93ページで見た φιλῶ（< φιλέω）の変化表と同じであることを確認してください。このタイプの未来形は **-έω で終わる動詞の現在形と同様の活用**をするのです。もうひとつのポイントは、活用のベースになる βαλ- が、現在形の βαλλ- とは異なる点です。とても小さな違いですが、未来形で λ がひとつ減っていることに注目してください。

　これと同様の未来形を持つ動詞をいくつか見ておきましょう。左側に現在形（辞書などの見出し語）を、右側に未来形を並べて対照させます。

ἀγγέλλω（報告する）　　vs.　ἀγγελῶ
ἐγείρω（目覚めさせる）　vs.　ἐγερῶ
κρίνω [ῑ]（判断する）　　vs.　κρῐνῶ
ἀπο|θνήσκω（死ぬ）　　vs.　ἀποθανοῦμαι

　これらも先ほどの「不規則な未来形」と同じく、ἀγγέλλω – ἀγγελῶ や ἐγείρω – ἐγερῶ のような感じで覚えるのがよいでしょう。κρίνω の ι は長母音ですが、未来形の κρῐνῶ では ι が短母音になります（上記の ῑ はそのことに注意を促す特別な表記）。ἀποθνήσκω の未来形が ἀποθανοῦμαι という中動態の語形になることは、前ページの ἀκούω などと同様です。

　このタイプには、μένω（留まる）の未来形 μενῶ のように、現在形との違いが小さいものがあるので注意してください（ただしアクセントで判別できる）。また καλέω（呼ぶ）の未来形 καλῶ は、現在形も母音融合を

起こして καλῶ となるため、語形によっては両者を区別することができません。同様の例に γαμέω（妻にする）などがあります。

練習問題26-4 前ページの変化表を参考に、ἀγγελῶ（ἀγγέλλω の未来・能動態）と ἀποθανοῦμαι（ἀποθνήσκω の未来）の活用を書いてください。

4 未来形を使った文

この課のはじめに確認したように、未来形はこれから起こることを述べる語形です。たとえば「私は今日の午後...する」や「明日...が来る」のような内容は、基本的に未来形で表現すると考えてください。いくつか例文を見てみましょう。

(1) ἔνθα τὸ θαῦμα **ὄψεσθε**. 　　　[ὁράω 見る]
(2) παρὰ τὸν ἄνακτα ἄγγελον **πέμψω**. 　[πέμπω 送る]
(3) τοὺς πολεμίους **διώξομεν**. 　　[διώκω 追う]
(4) τὴν ἐπιστολὴν τάχα **γράψεις**. 　　[γράφω 書く]

(1) は「そこで君たちはその驚異を見る（ことになる／だろう）」の意味です。ὄψεσθε が ὁράω の未来形（2人称・複数）なので、これから起こること（未来のこと）を述べていることを捉えてください。「ことになる」や「だろう」のニュアンスは二次的なものですが、必要に応じて補って読むとよいでしょう。

(2) は「その王のもとへ私は使者を送る」の意味で、やはり未来のことを述べる文です（πέμψω は πέμπω の未来形・1人称・単数）。「（これから）私は送る」ということを断言している感じから、主語の**意思や宣言**を示す文として解釈できます。「送るぞ」とか「送ろう」などと訳してもよいでしょう。(3) も同様に、「その敵たちを私たちは追いかける」という直訳（διώξομεν は διώκω の未来形・1人称・複数）から「追いかけよう」という意思を読み取ります。ただし先ほどと違って複数形なので「一緒に...しよう」と**促す感じ**がします。

(4) は「君はその手紙をすぐに書く」が直訳（γράψεις は γράφω の未来形・2人称・単数）ですが、やはりその断言するような調子から、「書け」という**命令的なニュアンス**を感じてください。未来形の意味合いはこのよ

うに柔軟に捉えていくことが大切です。

練習問題26-5　各文を発音したうえで、未来形（太字）の語形と意味に注意して訳してください。4の ἔσται については下の囲みを参照。

1. ἐν Δελφοῖς χρηστήριον τοῦ Ἀπόλλωνος **ἀκούσεσθε**.
2. τὴν ἀσπίδα **οἴσεις** πρὸς τὸν Ἀλέξανδρον;
3. τίνες **μενοῦσιν** ἐν τῇ χώρᾳ μεθ' ὑμῶν;
4. χαλεπὸς **ἔσται** ὁ ἡμέτερος νόστος ὁ εἰς τὴν Ἑλλάδα.

[εἰμί の未来形]

「...である／...がある」を意味する動詞 εἰμί は、現在形では不規則な活用をしましたが（38ページ）、未来形は以下のようにおおよそ規則的な中動態のパターンをとります。3人称・単数の ἔσται だけが例外的な語形（-σεται にならない）であることを確認してください。

	単数	複数
1人称	ἔσομαι	ἐσόμεθα
2人称	ἔσῃ / ἔσει	ἔσεσθε
3人称	**ἔσται**[*]	ἔσονται

[「不規則な未来形」について]

先ほど見た εὑρήσω や φυλάξω などの「不規則な未来形」には、動詞の基本要素から現在形や未来形を構成する際の仕組みが関係しています。たとえば「見つける」を意味する基本要素は εὑρ(ε)- であり、現在形はそれに -ισκ-（段階的な変化を表す）を挟んだうえで -ω を付けて構成する（εὑρίσκω）のに対して、未来形は εὑρε- の ε を長く伸ばしたものに -σω を付けて構成します（εὑρήσω）。あるいは「見張る」の基本要素は φυλακ- であり、現在形はそこに半母音 [j] を挟んでから -ω を付けて構成する（その際 φυλάκ-jω > φυλάττω になる）のに対して、未来形は φυλακ- に直接 -σω を付けて構成します（φυλάκ-σω > φυλάξω）。いずれの場合も、現在形と未来形で語形の作り方が異なることを確認してください。これが未来形が「不規則」に見える一因ですが、οἴσω のように現在形（φέρω　運ぶ）との共通性を持たない動詞もあります。ἔχω（持つ）の未来形 ἕξω については140ページの囲みを参照してください。

第27課　未完了過去と加音

1　未完了過去

　この課ではひき続き動詞に注目して、未完了過去について学びます。これは名称のとおり過去のことを示す時制（過去時制）の一種で、たとえば「（そのとき）…だった」「…していた」「…しようとしていた」などのように、過去のある時点における持続や反復、あるいは未完了性（実現したかどうか不明な感じ）を表現します。19–20ページで確認した現在形の意味合いを、過去に移したものだと考えるとよいでしょう。

　いつものように παύω（止める）を例にして、未完了過去の語形を示します。未来形とは違って、この時制では中動態と受動態が同形です。

	能動態		中動／受動態	
	単数	複数	単数	複数
1人称	ἔπαυον	ἐπαύομεν	ἐπαυόμην	ἐπαυόμεθα
2人称	ἔπαυες	ἐπαύετε	ἐπαύου	ἐπαύεσθε
3人称	ἔπαυε(ν)	ἔπαυον	ἐπαύετο	ἐπαύοντο

　まずは能動態の1人称・単数に注目して、見出し語 παύω と比べてみてください。見出し語から παυ- を取り出し（-ω を外す）、それを ἐ- と -ον で挟めば未完了過去の語形になりますね。アクセントが ἔπαυον になるのが気になりますが、それは動詞に**語末からなるべく遠いところにアクセントを持とうとする性質**（112ページの用語を使えば「後退的」な性質）があるからです。動詞の重要な性質として、ぜひ覚えておいてください。

　次に ἔπαυον から出発して変化表の全体を観察しましょう。前半部分の ἐπαυ- はそのままで、語尾 -ον が -ες、-ε(ν) … と変わっていきます。複数の1人称と2人称でアクセントが移動していますが、それは53–54ページで学んだ制限規則に違反することができないためです。また、**未完了過去の語形は見出し語（現在形）から規則的につくられる**ことも重要なので、覚えておいてください。

　中動／受動態の変化表も、同じような要領で観察しましょう。2人称・

単数の語形が ἐπαύεσο から σ が落ちて、ε + ο ⇒ ου の融合を起こしたものであることは、知っておくとよいかもしれません。

（練習問題27-1） 上記の説明を頼りに γράφω（書く）の未完了過去（能動態と中動／受動態）の活用を書いて、それを音読してください。

（練習問題27-2） 72ページを参考に γράφω（書く）の現在（能動態と中動／受動態）の活用を書いて、未完了過去と見比べてください。

2 加音の仕組み

先ほど確認した παύω や γράφω の未完了過去では、単語の頭に ἐ- が付いていました。この ἐ- のことを**加音**（か おん）といい、これが過去時制の目印になります。加音について、まずは以下のことを押さえておいてください。

> 1. 子音で始まる動詞 ⇒ 単語の頭に ἐ- を付ける。
> 2. 母音で始まる動詞 ⇒ 語頭の母音を長母音にする。

いくつか例を見てみましょう。παύω と γράφω はともに子音で始まる動詞なので、ἐπαυ- や ἐγραφ- のように（1）のタイプの加音になります。同様の例として、βαίνω（歩く）⇒ ἐβαιν- や μένω（留まる）⇒ ἐμεν- などがあります。ただし **ῥ- で始まる動詞**は要注意で、ῥέω（流れる）⇒ ἐρρε- のように ρ を重ねて加音を付けます。

次に（2）の例を確認します。たとえば ἐθέλω（欲する）と ὀνομάζω（名付ける）はいずれも母音で始まる動詞ですが、加音をすると ἠθελ- と ὠνομαζ- になります。なお、ἀκούω（聞く）⇒ ἠκου- のように、ἀ- の加音も ἠ- になるので注意してください。αἰνέω（称える）、εἰκάζω（似せる）、οἰκέω（住む）など **αἰ- / εἰ- / οἰ- で始まる動詞**はそれぞれ ᾐνε-、ᾐκαζ-、ᾠκε- のように ι が下にまわり、ὠθέω（強く押す）のようにそもそも**長母音で始まる動詞**は加音後も ὠθε- のままです。

（練習問題27-3） ここまでの説明を頼りに、ἐσθίω（食べる）と ὀφείλω（借りている）の未完了過去の語形（能動態・1人称・単数）を書いてください。これが変化表のスタートの形になります。

[母音で始まる動詞の加音]

前ページで見た (2) のタイプの加音をまとめておきます。矢印の左右を見比べて、長母音化の要領を捉えてください。発音しながら確認するとよいかもしれません。

α / ε	⇒	η		ο	⇒	ω	ι	⇒	ῑ
ᾳ / αι / ει	⇒	ῃ		οι	⇒	ῳ	υ	⇒	ῡ
αυ / ευ	⇒	ηυ							

[ἔχω の未完了過去]

動詞 ἔχω (持つ) の未完了過去は εἶχον (能動態・1人称・単数) で、ここまでの説明に反するように見えます。例外として覚えてしまってもよいのですが、より根本的な σεχ- という形から考えることもできます。まず現在形は σεχ- の σ が [h] の音に変わって ἕχ- [hekʰ] になり、そこからグラスマンの法則 (105ページ) により語頭の [h] が落ちて ἔχω になります。それに対して未完了過去は語頭に ἐ- を付けた ἐσεχ- が ἐεχ- になり (母音間での σ の消失については112ページの2つめの囲みを参照)、それが母音融合を起こして εἶχον になるのです。なお未来形の ἕξω は、現在形と同様の ἐχ- に -σω を付けて形成されます (ἐχ-σω ⇒ ἕξω)。

3 　合成動詞の注意点

προσ|βαίνω (...に向かって進む) や ἀπο|βαίνω (...から離れる) などの合成動詞については58–59ページで学びましたが、それを過去時制にする際には、語頭ではなく**動詞の本体部分に加音が付く**ので注意が必要です。たとえば上記 προσ|βαίνω の未完了過去 (1人称・単数) は προσ|έβαινον です。βαίνω のところに加音が付いていることを確認してください。

　このように本体部分に加音が付くことによって、綴りや音韻に変化が起こることがあります。たとえば ἀπο|βαίνω の未完了過去は **ἀπ|έβαινον** で、接頭辞 ἀπο- の ο が省略されます。接頭辞が母音で終わる動詞は基本的にこれと同じく κατα|βάλλω (投げ落とす) ⇒ **κατ|έβαλλον** や παρα|μένω (そばに留まる) ⇒ **παρ|έμενον** のようになりますが、それは接頭辞の末尾の母音と加音の ἐ- が連続するのを避けるための措置です。ただし περι- (まわり)、προ- (前)、ἀμφι- (両側) の3つは例外で、περι|βαίνω (歩きまわる) ⇒ περι|έβαινον のように接頭辞の母音を落としません。

　これと違うタイプの変化も確認しましょう。たとえば ἐγ|γράφω (なか

に書き込む）の未完了過去は ἐν|έγραφον です。接頭辞 ἐν- を γράφω に付ける際、綴りのルール（[ŋg] の音は γγ で表す）によって ἐγ|γράφω になることはすでに見ましたが（59ページ）、未完了過去では加音が付いた結果 [ŋg] の音がなくなるので、本来の ἐν- が現れることになります。ἐμ|πίπτω [ῑ]（なかに落ちる）の未完了過去が ἐν|έπῑπτον になるのも同様の理屈です。また、ἐκ- は母音の前では ἐξ- になるので、ἐκ|βάλλω（外へ投げる）の未完了過去は ἐξ|έβαλλον になります。

練習問題 27-4　各文を発音したうえで、未完了過去（太字）の語形とそれが示す意味に注意して訳してください。2の ἀνήρχετο は ἀν|έρχομαι の未完了過去、4の ἦν については下の囲みを参照。

1. παρὰ τῇ θαλάττῃ ἡ Ναυσικάᾱ **ἔπαιζε** μετὰ τῶν ἑταιρῶν.
2. καὶ τότε ὁ Ὀδυσσεὺς **ἀνήρχετο** πρὸς τὴν πατρίδα.
3. ἄρτον οὐκ **εἶχεν** ὁ πτωχὸς καὶ τῡρὸν **ἠγόραζεν**.
4. ἐν ἀρχῇ **ἦν** ὁ λόγος.

［εἰμί の未完了過去］
εἰμί（...である／...がある）の未完了過去は、以下のように不規則な活用をします。1人称・単数には二種類の語形があり、しかも ἦν は3人称・単数と同形なので注意してください。複数形の -μεν、-τε、-σαν は規則的な語尾ですが、これについては第38課で学びます。

	単数	複数
1人称	ἦν / ἦ	ἦμεν
2人称	ἦσθα	ἦτε
3人称	ἦν	ἦσαν

［母音融合動詞の未完了過去］

母音融合タイプの動詞（第18課）は、未完了過去でも語幹末の母音 ε / α / o が語尾の母音と融合して、独特な語形になります。加音後の語形（ἐφιλε- / ἐτῑμα- / ἐδηλο-）に138ページの語尾を付けた際に起こる母音融合を確認しながら、以下の変化表を観察してください。

(1) φιλέω の未完了過去 ［ε + o ⇒ ου / ε + ε ⇒ ει］

	能動態		中動／受動態	
	単数	複数	単数	複数
1人称	ἐφίλουν	ἐφιλοῦμεν	ἐφιλούμην	ἐφιλούμεθα
2人称	ἐφίλεις	ἐφιλεῖτε	ἐφιλοῦ	ἐφιλεῖσθε
3人称	ἐφίλει(ν)	ἐφίλουν	ἐφιλεῖτο	ἐφιλοῦντο

(2) τῑμάω の未完了過去 ［α + o ⇒ ω / α + ε ⇒ ᾱ］

	能動態		中動／受動態	
	単数	複数	単数	複数
1人称	ἐτίμων ［ῑ］	ἐτῑμῶμεν	ἐτῑμώμην	ἐτῑμώμεθα
2人称	ἐτίμᾱς ［ῑ］	ἐτῑμᾶτε	ἐτῑμῶ	ἐτῑμᾶσθε
3人称	ἐτίμᾱ(ν) ［ῑ］	ἐτίμων ［ῑ］	ἐτῑμᾶτο	ἐτῑμῶντο

(3) δηλόω の未完了過去 ［o + o ⇒ ου / o + ε ⇒ ου］

	能動態		中動／受動態	
	単数	複数	単数	複数
1人称	ἐδήλουν	ἐδηλοῦμεν	ἐδηλούμην	ἐδηλούμεθα
2人称	ἐδήλους	ἐδηλοῦτε	ἐδηλοῦ	ἐδηλοῦσθε
3人称	ἐδήλου(ν)	ἐδήλουν	ἐδηλοῦτο	ἐδηλοῦντο

第28課 アオリスト

1　未完了過去とアオリスト

　過去時制には第27課で学んだ未完了過去のほかに、アオリストと呼ばれるものがあります。未完了過去が持続・反復・未完了性を表すのに対して、アオリストは「...した」「...し終えた」のような完結的な事柄を表します。下図のように対照させて違いを捉えるようにしてください。

　未完了過去の意味的なポイントは、時間の広がりをイメージすることです。その広がりを前提として、「...していた」「（繰り返し）...した」「...しようとしていた」などの意味を捉えることになります。一方、アオリストにはそのような広がりが感じられません。出来事を点のようにイメージして、「（そのとき）...した」と端的に表現します。「...し終えた」は「（まさに）...している」という継続状態の終点を示すので、やはり上図のような点としてイメージすることができます。βασιλεύω（王である）のような状態動詞の場合には、その状態の始点に注目して「王になった／王位についた」の意味を示すこともあります。

2　第一アオリスト（弱変化アオリスト）

　アオリストの語形には大きく分けて3種類のタイプがあります。まずはもっとも基本的な第一アオリストの活用を観察しましょう。いつものように παύω（止める）を例にして変化表を示しますが、**アオリストでは（未来形と同じく）中動態と受動態が区別される**ことに注意してください。ここでは能動態と中動態の語形を学び、受動態については後ほど第29課で学ぶことにします。

	能動態		中動態	
	単数	複数	単数	複数
1人称	ἔπαυσα	ἐπαύσαμεν	ἐπαυσάμην	ἐπαυσάμεθα
2人称	ἔπαυσας	ἐπαύσατε	ἐπαύσω	ἐπαύσασθε
3人称	ἔπαυσε(ν)	ἔπαυσαν	ἐπαύσατο	ἐπαύσαντο

　このタイプは見出し語（現在形）から規則的につくられます。παύω から παυ- を取り出し（-ω を外す）、それを ἐ- と -σα で挟むと能動態・1人称・単数の ἔπαυσα をつくることができます。語頭の ἐ- は加音（アオリストは過去時制なのでこれが付く）なので、ἀκούω（聞く）など母音で始まる動詞の場合には、ἤκουσα のようになります、これについては140ページの囲みを参照してください。

　1人称・単数をつくったら、あとは -σα、-σας、-σε(ν) ... のように語尾の部分を変えていきます。3人称・単数を除いて -σα- が特徴的なので、それがアオリストの目印だと捉えておくとよいでしょう。アクセントはやはり「後退的」ですが、53–54ページの制限規則に違反することはできません。そのことを確認しながら、変化表を音読してください。

　中動態も同様に考えます。実用的には -σαμην、-σω、-σατο ... のように語尾の変化を覚えてしまえばよいですが、2人称・単数の ἐπαύσω については、ἐπαύσασο という語形に由来することを知っておくとよいかもしれません。そこから σ が落ちて ἐπαύσα-ο になり、さらに α + ο ⇒ ω の融合を起こして ἐπαύσω という形になります。もともとの語尾である -μην、-σο、-το ... が未完了過去と同じだと確認しておくのも有益でしょう。138–139ページの説明と見比べてください。

練習問題28-1　上記の説明を頼りに ἀκούω（聞く）のアオリスト（能動態と中動態）の活用を書いて、それを音読してください。

練習問題28-2　次ページの囲みも参照して、γράφω（書く）のアオリスト（能動態と中動態）の活用を書いてください。

[σ との接触による綴りと音韻の変化]

語幹が閉鎖音（κ, γ, χ / π, β, φ / τ, δ, θ）で終わる動詞は、未来形をつくる際に語尾 -σω との接触によって綴り・音韻が変化しました（132ページ）。同様の接触はアオリストでも起こるので、このタイプの動詞のアオリストは以下のような語形になります。

πλέκω（編む）	⇒	ἔπλεκ-σα	⇒	ἔπλεξα
πέμπω（送る）	⇒	ἔπεμπ-σα	⇒	ἔπεμψα
πείθω（説得する）	⇒	ἔπειθ-σα	⇒	ἔπεισα

綴りが変わっても、活用パターンは前ページの変化表と同じです。ἔπλεξα、ἔπλεξας、ἔπλεξε(ν) ... のように練習してください。

[母音融合動詞のアオリスト]

見出し語が -εω / -αω / -οω で終わる動詞（母音融合タイプの動詞）のアオリストも、未来形と同様に語幹末の母音が長母音になります。

φιλέω（愛する）	⇒	ἐφίλησα	/ ἐφιλησάμην
τῑμάω（尊重する）	⇒	ἐτίμησα [ῑ]	/ ἐτῑμησάμην
δηλόω（明らかにする）	⇒	ἐδήλωσα	/ ἐδηλωσάμην

3　第二アオリスト（強変化アオリスト）

　動詞によってはアオリストの語形が、先ほどの第一アオリストではなく第二アオリストと呼ばれる形になるものも少なくありません。このタイプの例として λαμβάνω（つかむ／手に入れる）のアオリストを示します。下の変化表を見てください。

　まずは能動態の1人称・単数（変化表のスタートの語形）から確認しま

	能動態		中動態	
	単数	複数	単数	複数
1人称	ἔλαβον	ἐλάβομεν	ἐλαβόμην	ἐλαβόμεθα
2人称	ἔλαβες	ἐλάβετε	ἐλάβου	ἐλάβεσθε
3人称	ἔλαβε(ν)	ἔλαβον	ἐλάβετο	ἐλάβοντο

しょう。見出し語の λαμβάνω と比べると、語形が ἔλαβον とかなり短くなっていることに気づくと思います。ἐ- は加音で -ον を語尾として捉えれば、見出し語の λαμβαν- が λαβ- に変わっていることになります。このように第二アオリストには、**見出し語から語幹が変わる**という特徴があります。その対応は一見したところ不規則なので、λαμβάνω – ἔλαβον のような感じで、単語ごとに覚えていく必要があります（次ページの囲みも参照）。第一アオリスト（弱変化アオリスト）に比べて変化が大きいので、このタイプのアオリストのことを強変化アオリストと呼ぶこともあります。

　続いて語尾を観察します。能動態が -ον、-ες、-ε(ν) ... で中動態が -ομην、-ου、-ετο ... となっていますが、この語尾のパターンはすでに学んだ未完了過去とまったく同じです。未完了過去の変化表をしっかり覚えておけば、第二アオリストの語尾を改めて覚える必要はありません。

　ここで、未完了過去と第二アオリストとの区別が大切になります。ここまでの説明を踏まえて、以下のように捉えておきましょう。

		未完了過去	ἐλάμβανον
現在形	λαμβάνω ⇒	vs.	
		アオリスト	ἔλαβον

　未完了過去が現在形の λαμβαν- をそのまま使う（138ページ）のに対して、（第二）アオリストは語幹が λαβ- になっているのがポイントです。このように動詞の中心部分が異なるので、語尾が同じでも両者を区別することができるのです。

　なお、παύω のように第一アオリストの語形を持つ動詞には、基本的に第二アオリストの語形がありません。**アオリストがどのタイプになるかは動詞によって定まっている**と捉えておいてください。

練習問題 28-3　βάλλω（投げる）のアオリストを次ページの囲みで確認して、能動態と中動態の活用を書いてください。

練習問題 28-4 各文を発音したうえで、アオリスト（太字）の語形と意味に注意して訳してください。見出語は1が παίζω、2が κελεύω、3が ἀγοράζω と ἀπ|έρχομαι、4が ἄγω、5が εἰσ|άγω です。4の訳し方については156ページの囲みも参照してください。

1. παρὰ τῇ θαλάττῃ χθὲς ἡ Ναυσικάᾱ **ἔπαισεν**.
2. τίνα **ἐκέλευσας** τὰ παιδία φυλάττειν;
3. ὁ πτωχὸς τῦρὸν ἠγόραζεν, ἀλλ' οὐκ **ἠγόρασε** καὶ **ἀπῆλθεν**.
4. ἡ γλῶττα πολλοὺς εἰς ὄλεθρον **ἤγαγεν**.
5. οἱ Ἕλληνες θεοὺς ξένους **εἰσηγάγοντο** ἐξ ἀλλοτρίων ἐθνῶν.

[第二アオリストを持つ動詞]
多くの基本動詞が第二アオリストの語形を持ちます。いくつか例を示すので、まずはここに挙げたものから覚えるとよいでしょう。現在形（見出し語）と対応させて、発音しながら覚えてください。

βάλλω（投げる）	↔	ἔβαλον	ἄγω（導く）	↔	ἤγαγον
μανθάνω（学ぶ）	↔	ἔμαθον	ἔχω（持つ）	↔	ἔσχον
λείπω（たち去る）	↔	ἔλιπον	ὁράω（見る）	↔	εἶδον
φεύγω（逃げる）	↔	ἔφυγον	λέγω（言う）	↔	εἶπον
πίπτω [ῐ]（落ちる）	↔	ἔπεσον	ἔρχομαι（来る）	↔	ἦλθον
γίγνομαι（...になる）	↔	ἐγενόμην			
ἀπο|θνῄσκω（死ぬ）	↔	ἀπ|έθανον			

これらのうち εἶδον、εἶπον、ἦλθον は現在形との共通性をまったく持たない語形です。このような対応は英語の go と went などにも認められますが、それと同様に不規則動詞として覚えておきましょう。

第29課 | アオリスト（つづき）、未来とアオリストの受動態

1 第三アオリスト（語根アオリスト）

アオリストにはここまでに学んだ2種類のほかに、もうひとつのタイプがあります。例として βαίνω（歩く／行く）と γιγνώσκω（知る）のアオリスト・能動態の変化表を見ておきましょう。

	βαίνω		γιγνώσκω	
	単数	複数	単数	複数
1人称	ἔβην	ἔβημεν	ἔγνων	ἔγνωμεν
2人称	ἔβης	ἔβητε	ἔγνως	ἔγνωτε
3人称	ἔβη	ἔβησαν	ἔγνω	ἔγνωσαν

1人称・単数の語形は ἔβην と ἔγνων で、それぞれ βη- と γνω- を中心として加音の ἐ- と語尾の -ν が付いています。前の課で学んだ第二アオリストは ἐ-□-ον でしたが、今回は o がなく ἐ-□-ν になっているのがポイントです。この語形を出発点として、ἔβην、ἔβης、ἔβη ... や ἔγνων、ἔγνως、ἔγνω ... のように活用させていきます。3人称・単数には語尾がありません。

この活用を145ページの第二アオリストの能動態と見比べてみてください。第二アオリストの語尾は -ον、-ες、-ε(ν)、-ομεν、-ετε、-ον ですが、そこから o / ε を外すと ἔβην や ἔγνων の活用語尾になりますね（ただし3人称・複数の -σαν は異なる）。このように o / ε を持たないタイプのアオリストを**語根アオリスト**と呼びますが、大切なのは他タイプと区別することなので、本書ではこれを**第三アオリスト**と呼ぶことにします。

なお βαίνω のアオリストには、上記のほかに ἔβησα という第一アオリストの語形もあります。先ほどの ἔβην が「歩いた／行った」という自動詞であるのに対して、ἔβησα は「...を行かせた」という他動詞の意味になります。このように2種類のアオリスト形を使い分ける動詞は少ないですが、出てきたときには注意して学ぶようにしてください。この動詞は未来形にも、βήσομαι（自動詞）と βήσω（他動詞）の2種類があります。

練習問題29-1 動詞 φύω [ῡ] は「生み出す」の意味ですが、アオリストには ἔφῡσα（生み出した）と ἔφῡν（生まれた）の2種類があります。それぞれの語形を活用させてください。

［現在形の特殊さについて］

未来やアオリストの語形に比べて、現在形が特殊な形になる動詞がよくあります。たとえば βαίνω の未来形は βήσομαι / βήσω、アオリストは ἔβην / ἔβησα で、いずれの語形も βη- を中心に構成されますが、現在形は中心が βαιν- という特殊な形をしています。同様に γιγνώσκω は未来形 γνώσομαι とアオリスト ἔγνων は γνω- に語尾が付きますが、現在形は γνω- を拡大した γιγνωσκ- に語尾が付きます。このように**現在形はしばしば特殊な語形になる**ので、未来形やアオリストの語形と並べて覚えるようにしてください。137ページの囲みで見た φυλάττω は、未来形が φυλάξω でアオリストが ἐφύλαξα です。

---

2 未来とアオリストの受動態

すでに確認したように、現在や未完了過去では中動態と受動態が同じ語形ですが、**未来とアオリストでは受動態が特別な語形**になります。まずは規則動詞 παύω の未来・受動態から確認しましょう。

	単数	複数
1人称	παυθήσομαι	παυθησόμεθα
2人称	παυθήσῃ	παυθήσεσθε
3人称	παυθήσεται	παυθήσονται

いつものように見出し語から παυ- を取り出して、そこに -θη- を噛ませたうえで語尾 -σομαι、-σῃ、-σεται ... を付けた構成です。じつはこの -θη- が受動態（...される）の目印で、語尾は131ページで見た未来・中動態とまったく同じです。2人称・単数には παυθήσει という別形があることも確認しておいてください。

続いてアオリスト・受動態の活用を見ましょう。παυ- を中心として前に加音の ἐ- が付き、後ろにはやはり受動態の目印の -θη- を挟んで、そこに先ほど見た第三アオリストと同じ語尾を付けた構成です。前ページの変化表と並べて覚えてしまってもよいでしょう。

	単数	複数
1人称	ἐπαύθην	ἐπαύθημεν
2人称	ἐπαύθης	ἐπαύθητε
3人称	ἐπαύθη	ἐπαύθησαν

　未来・受動態にもアオリスト・受動態にも、動詞によっては -θη- の前に σ が入ることがあります。たとえば ἀκούω（聞く）は未来・受動態が ἀκουσθήσομαι、アオリスト・受動態が ἠκούσθην であり、πείθω（説得する）は未来・受動態が πεισθήσομαι（< πειθ-σθήσομαι [84ページを参照]）、アオリスト・受動態が ἐπείσθην（< ἐπείθ-σθην）です。この σ が入るか入らないかは動詞によって決まっているため、辞書などで確認しながら学ぶようにしてください。

練習問題29-2　各文を発音したうえで、動詞（太字）の語形と意味に注意して訳してください。1のなかほどの句読点については下の囲みを参照。2の ἔφῡ は φύω [ῡ] のアオリストですが、この語形は「...として生まれた」という発想から「（現在）...である」の意味になることがあります。

1. ὁ κόσμος σκηνή, ὁ βίος πάροδος· **ἦλθες, εἶδες, ἀπῆλθες**.
2. ἡ τυραννὶς ἀδικίᾱς μήτηρ **ἔφῡ**.
3. **κολασθησόμεθα** πληγαῖς ὑπὸ τοῦ δεσπότου.
4. ὑπὸ τοῦ δεσπότου οἱ δοῦλοι **ἐκολάσθησαν**.
5. Διόνῡσος ὁ θεὸς οἴνου ἐν Νύσῃ ὑπὸ τῶν νυμφῶν **ἀνετράφη**. ＊Νύσῃ [ῡ]

[句読点について]
ギリシャ語の句読点は、コンマ（,）とピリオド（.）は英語などと同様ですが、疑問文であることを示すクエッションマーク（;）は独特なので注意してください（22ページの練習問題3-3などを参照）。ほかにコロン／セミコロンに相当する句読点として（·）があり、前後が文としては切れながら、内容的には繋がっていることを示します。

［受動態の目印が -η- になる動詞］

未来とアオリストの受動態において、受動の目印 -θη- の θ が現れない動詞もあります。1人称・単数の語形を並べてその例を見ておきましょう。この場合には太字部分の -η- が受動態の目印になります。

見出し語	未来・受動態	アオ・受動態
γράφω（書く）	γραφ**ή**σομαι	ἐγράφ**ην**
τρέφω（養う）	τραφ**ή**σομαι	ἐτράφ**ην**
βλάπτω（傷つける）	βλαβ**ή**σομαι	ἐβλάβ**ην**

なお、βλάπτω のアオリスト・受動態には ἐβλάφ**θην** という語形もあります。これは ἐβλαβ- に -θην を付けた語形ですが、語幹末の β [b] が帯気音の θ [tʰ] と接触して φ [pʰ] になっていることを確認してください。

3　現在、未来、アオリストのまとめ

　ここまで時制として、現在、未来、未完了過去、アオリストを学んできました。それに能動、中動、受動という態の区別も関係するため、もしかしたら混乱している方もいるかもしれません。以下のように1人称・単数の語形（各変化表のスタートの形）を並べて整理しておくと、全体の見通しがよくなると思います。まずは規則動詞の場合から確認しましょう。

	現在	未来	アオリスト
能動態	παύ-ω	παύ-**σω**	ἔ-παυ-**σα**
中動態	παύ-ομαι	παύ-**σομαι**	ἐ-παυ-**σάμην**
受動態	παύ-ομαι	παυ-**θή-σομαι**	ἐ-παύ-**θη-ν**

　現在の能動態 παύω が辞書などの見出し語ですが、その παυ- がすべての語形にそのまま現れていますね。これが規則動詞の特徴です。それを確認したら現在形の -ω と -ομαι の対応を押さえ、そこから未来形の -σω と -σομαι に進みます（σ が加わるだけ）。未来・受動態は中動態に -θη- を挿入してつくります。アオリストもまずは ἔπαυσα と ἐπαυσάμην を対応させて（-σα- に注目）、受動態の ἐπαύθην を特別な形として押えるのがよいでしょう。人称と数による活用については、これまでに見てきた変化表を参照してください。なお、未完了過去は能動態が ἔπαυ**ον**、中動／受動

態が ἐπαυόμην です。

　次に不規則動詞の例として、βάλλω（投げる）の場合を見てみましょう。先ほどの παύω と比較してどのような違いがあるでしょうか。

	現在	未来	アオリスト
能動態	βάλλ-ω	βαλ-ῶ	ἔ-βαλ-ον
中動態	βάλλ-ομαι	βαλ-οῦμαι	ἐ-βαλ-όμην
受動態	βάλλ-ομαι	βλη-θή-σομαι	ἐ-βλή-θη-ν

　現在形は見出し語の βαλλ- に、先ほどと同じ -ω と -ομαι を付けてつくります。未来になると βαλλ- が βαλ- に変わり、語尾も -ῶ と -οῦμαι の対応になっています。アオリストは未来形と同じ βαλ- を使って ἐ-βαλ- をつくり、そこに語尾として -ον と -ομην が付いています。これは未完了過去と同じ語尾なので、第二アオリストと呼ばれるタイプですね。未来とアオリストの受動態は中心が βλη- にるので注意が必要ですが、語尾の -θη-σομαι と -θη-ν は規則動詞の場合と同じです。未完了過去は見出し語の βαλλ- をそのまま使って、能動態が ἔβαλλον、中動／受動態が ἐβαλλόμην になります。アオリストとの違いを確認してください。

　λαμβάνω（つかむ）の場合も見ておきましょう。能動態の未来が中動態の語形になる点が特徴的ですが、それ以外は βάλλω と同じ要領で観察してください。未完了過去は見出し語の λαμβαν- をそのまま使って、能動態が ἐλάμβανον、中動／受動態が ἐλαμβανόμην です。

	現在	未来	アオリスト
能動態	λαμβάν-ω	λήψ-ομαι	ἔ-λαβ-ον
中動態	λαμβάν-ομαι	λήψ-ομαι	ἐ-λαβ-όμην
受動態	λαμβάν-ομαι	ληφ-θή-σομαι	ἐ-λήφ-θη-ν

第30課 | 不定詞とアスペクト

1 不定詞の語形

　英語などでは動詞の原形のことを不定詞と呼びますが、ギリシャ語には現在、未来、アオリスト、完了（と未来完了）のそれぞれに不定詞の語形があります。未完了過去には不定詞がないので注意してください。完了不定詞については第40課で学ぶことにして、ここではそれ以外の不定詞を確認しましょう。まずは下の表を見てください。規則動詞 παύω（止める）の不定詞を一覧表にしたものです。

	現在	未来	アオリスト
能動態	παύειν	παύσειν	παῦσαι
中動態	παύεσθαι	παύσεσθαι	παύσασθαι
受動態	παύεσθαι	παυθήσεσθαι	παυθῆναι

　現在不定詞は見出し語 παύω の語尾を -ειν / -εσθαι に変えてつくります。「...すること」という能動の意味であれば -ειν を、そこに「自分に対して」などの意味合い（71ページ）があれば中動態の語尾 -εσθαι を使います。現在には中動態と受動態で語形の区別がないので、「...されること」という受動の意味も -εσθαι で表現します。

　未来不定詞の能動態と中動態は、現在不定詞の語形に -σ- を挿入してつくります。これは未来形の1人称・単数が παύσω や παύσομαι になる（131ページ）のと同じ発想ですね。受動態は1人称・単数の παυθήσομαι に対応して παυθήσεσθαι です。中動態の不定詞 παύσεσθαι に -θη- を挿入すると考えてもよいでしょう。前ページで見た βάλλω（投げる）のように未来の1人称・単数が -ῶ / -οῦμαι になる動詞は、その語尾を -εῖν / -εῖσθαι に変えて未来不定詞（βαλεῖν / βαλεῖσθαι）をつくります。

　アオリスト不定詞は少し注意が必要です。まず1人称・単数の語形を確認すると能動態が ἔπαυσα、中動態が ἐπαυσάμην、受動態が ἐπαύθην ですが、そこにある加音 ἐ- が不定詞では消えています。ひとまず**不定詞には加音が付かない**と覚えておいてください。それが何を意味するかについ

ては後ほど、次ページの囲みで説明することにします。

　1人称・単数の語形から加音を外したら、あとはアオリスト不定詞の語尾として -σαι、-σασθαι、-θῆναι を付けるだけです。その際、能動態のアクセントが必ず -σαι の直前に置かれることは、特別に覚えておくとよいでしょう。たとえば παιδεύω（教育する）のアオリスト不定詞の能動態は παιδεῦσαι です。ただし γράφω（書く）など -σαι が付く音節が短母音の場合には、γράψαι のように鋭アクセントを付けます。なお、中動態は必ず -σασθαι の直前に鋭アクセントを持ち（そこが語末から3音節めなので）、受動態のアクセントは常に -θῆναι です。

　続いて**第二アオリストの不定詞**を確認しましょう。たとえば λαμβάνω（つかむ）のアオリストは能動態が ἔλαβον、中動態が ἐλαβόμην ですが、その不定詞形は λαβεῖν と λαβέσθαι です。やはり加音が付かないことを確認して、語尾の -εῖν と -έσθαι をアクセントも含めて覚えてください。この語尾は現在不定詞と同じ綴りですが、アクセントが必ずこの位置に付くことが特殊です。受動態の不定詞は1人称・単数の ἐλήφθην に対応して、ληφθῆναι（上記 παυθῆναι と同じ構成）になります。

　第三アオリストの不定詞は、1人称・単数の ἔβην や ἔγνων（148ページ）をもとにした βῆναι や γνῶναι という語形です。中心をなす βη- や γνω- に、不定詞語尾として -ναι が付くことを確認してください。

練習問題30-1　γράφω（書く）は παύω と同様の規則動詞です。上記の説明を参考にして、不定詞の一覧表を書いてください。ただし、φ と σ が合わさって ψ になることに注意してください。

2　不定詞の意味とアスペクト

　ここまで見てきた不定詞の語形は、現在、未来、アオリストの区別にかかわらず、能動態と中動態なら「…すること」（ただし中動態には「自分に対して」などのニュアンスがある）、受動態なら「…されること」という名詞的な意味を表すのが基本です。まずはすべての不定詞形に共通する基本として、**不定詞は「…すること／されること」の意味を表す**と覚えておいてください。そのうえで現在不定詞、未来不定詞、アオリスト不定詞の区別を学んでいくことにします。

もっとも大切なのは、現在不定詞とアオリスト不定詞との使い分けです。以下のように対比させて捉えておくのがよいでしょう。未来不定詞については第31課で説明します。

> **現在不定詞**……行為の過程に注目した名詞表現。時間の広がりをイメージして、持続・反復・未完了性などの意味合いを伴う。
>
> **アオリスト不定詞**……行為の過程を意識しない端的な名詞表現。出来事を完結した点のように捉えて、「する／しない」のみを問題とする。

たとえば ὁ στρατηγὸς ἐκέλευσεν（その将軍は命令した［< κελεύω]）が φεύγω（逃げる）の不定詞を伴うとき、現在不定詞の φεύγειν を使うと「このまま逃げていくことを命じた」のようなプロセスの途中を意識した意味合いになりますが、それに対してアオリスト不定詞の φυγεῖν（1人称・単数の語形は第二アオリストの ἔφυγον）を使うと、そのような意識を持たずに「逃げることを命じた」という意味を示します。「逃げる」という事態の捉え方が違うといってもよいでしょう。現在不定詞はそれを持続した行為として捉え、アオリスト不定詞は1つの完結した行為として捉えているといった感じです。

このような区別のことを**アスペクトの区別**といいます。アオリストは ἔφυγον など人称と数を伴う語形（厳密には直説法［227ページ］の語形）では「…した」という過去の意味になりますが、不定詞では過去という時間ではなく、上記のような**端的なアスペクト**を示します。それに対して現在不定詞が表すのは**進行的なアスペクト**や**反復的なアスペクト**です。先ほどの例文において、φεύγειν も φυγεῖν もともに「命令した」時点よりも後のこと（これからすること）を述べていますね。不定詞において重要なのは「時」の区別ではないのです。

［加音と過去との関係］
すでに学んだように加音は過去の目印（139ページ）で、ἔφυγον などの語形ではそれが付くことによって「…した」の意味を表現します。それに対してアオリスト不定詞には加音が付きませんが、そのことはこの不定詞が過去を示す語形ではないことを意味しています。上の説明と合わせて、語形と意味との関係を捉えるようにしてください。

3 不定詞を使った基本構文

21ページで学んだように、不定詞は文の主語や目的語として使われます。「…すること」という意味なので、**中性・単数の名詞**として扱われることを確認してください。たとえば τὸ ποιεῖν χαλεπόν ἐστιν.（行うことは難しい）という文では、主語 ποιεῖν に対して形容詞 χαλεπόν が中性・単数・主格で対応しています。また、不定詞にはこの文のように中性・単数の定冠詞が付くこともあります。

「命じる」「求める」「欲する」などの動詞に「…することを」の意味を続けるとき、その意味は不定詞で表します。例文を見ておきましょう。

（1）τοὺς στρατιώτᾱς **ἀνδρείως μάχεσθαι** ἐκέλευσα.
　　私は兵士たちに勇敢に戦うように命じた。

（2）τοὺς στρατιώτᾱς **μὴ φυγεῖν** ἐκέλευσα.
　　私は兵士たちに逃げないように命じた。

（3）**τὴν ἐπιστολὴν γράψαι** σε ἐθέλω.
　　私は君にその手紙を書いてもらいたい。

（1）の述語動詞 ἐκέλευσα は κελεύω（命じる）のアオリスト、その目的語が τοὺς στρατιώτᾱς（その兵士たちに対して）で、命令の内容が不定詞句 ἀνδρείως μάχεσθαι（勇敢に戦うこと）で示されています。μάχεσθαι が現在不定詞（< μάχομαι）なので「戦い」の持続がイメージされていることも確認してください。

この文の不定詞句を μὴ φυγεῖν（逃げないこと）に変えたのが（2）です。「…ない（not）」を意味する否定語は οὐ が基本ですが、この文のように**未来への意志や願望**を表すときには μή を使います。「逃げないように命

156

じた」に、主語の意志（逃げさせないぞ）や願望（逃げて欲しくない）が感じられることを確認してください。あるいは**「命じる」「求める」「欲する」などの動詞は「...しないこと」を〈μή ＋ 不定詞〉で表す**と覚えておいてもよいでしょう。

（3）は述語動詞 ἐθέλω（欲する）が目的語として σε（75ページ）を伴い、願望の内容を不定詞句 τὴν ἐπιστολὴν γράψαι（その手紙を書くこと）で示した文です。γράψαι は γράφω のアオリスト不定詞なので、端的に「書くか書かないか」ということが問題になっています。

なお、これらの文では τοὺς στρατιώτᾱς や σε という対格を、不定詞の主語（いわゆる意味上の主語）としても捉えることができます。「戦う」や「逃げる」をするのが「兵士たち」であり、「手紙を書く」のが「君」であるという意味関係を確認しておくとよいでしょう。

練習問題30-2　各文を発音したうえで、不定詞句（太字部分）に注意して訳してください。2の σοφά は形容詞の名詞用法、4の εἰσορᾶν と ἐρᾶν はそれぞれ εἰσ|οράω と ἐράω の現在不定詞です（第18課を参照）。

1. **φύσιν πονηρὰν μεταβαλεῖν** οὐ ῥᾴδιόν ἐστιν.　　＊πονηράν [ᾱ]
2. καλόν ἐστιν καὶ νεᾱνίᾳ καὶ γέροντι **τὸ μανθάνειν σοφά**.
3. διὰ **τὸ θαυμάζειν** οἱ ἄνθρωποι ἤρξαντο **φιλοσοφεῖν**.
4. ἐκ **τοῦ εἰσορᾶν** γίγνεται ἀνθρώποις **ἐρᾶν**.

第31課 | 内容叙述の不定詞、非人称動詞

1　内容叙述の不定詞

　先ほどの課では不定詞が「命じる」などの動詞の目的語になる場合を確認しましたが、これらの不定詞には主動詞（命じる etc.）よりも未来のことを表すという共通点があります。未来のことをイメージして、主語の意志や願望を表現するといってもよいかもしれません。このような不定詞のことを**可能性の不定詞**と呼びます。不定詞で表される事柄が実現するかどうかは分からず、まだ可能性でしかないからです。

　この用法とは別に、不定詞には「思う／考える」や「言う／話す」などの動詞と一緒に使って、その内容を提示する用法があります。たとえば英語で「私は...と思う」を I think that ... と表現する際に、「思う」の内容（どんなことを思うか）は that 節によって提示されますが、ギリシャ語ではそれを不定詞句で表現するといえば分かりやすいでしょうか。このような不定詞を**内容叙述の不定詞**と呼びます。

　（1）τὴν ἐπιστολὴν αὐτὸν γράφειν νομίζω.
　　　その手紙を彼が書いていると私は思う。

　この例文では、νομίζω（私は思う）の内容が不定詞句 τὴν ἐπιστολὴν αὐτὸν γράφειν で表現されています。γράφειν が γράφω（書く）の現在不定詞、その目的語が対格 τὴν ἐπιστολήν で示されていることを確認してください。残る αὐτόν は「彼」を表す代名詞（78ページ）の対格ですが、それを「彼が」と訳していることは不思議に感じるかもしれません。これについては、**不定詞の意味上の主語は対格で表す**と覚えておいてください。上の文では不定詞の主語（彼）が文の主語（私）と異なるので、それを対格 αὐτόν で表現しているのです。前ページの最後にある説明も参照しておくとよいかもしれません。

　この課のはじめに学んだように、可能性の不定詞は主動詞よりも未来のことを表し、現在不定詞とアオリスト不定詞の使い分けがアスペクトの違いを示しました（未来不定詞は使われません）。それに対して**内容叙述の**

158

不定詞では、現在、アオリスト、未来という語形の区別が、主動詞との時間的な前後関係を示すのに使われるという特徴があります。先ほどの例文（1）を、以下の文と比べてみてください。

(2) τὴν ἐπιστολὴν αὐτὸν **γράψαι** νομίζω.
　　その手紙を彼が書いたと私は思う。

(3) τὴν ἐπιστολὴν αὐτὸν **γράψειν** νομίζω.
　　その手紙を彼が書くと私は思う。

（1）では現在不定詞の γράφειν が、主動詞 νομίζω と同時並行的なことを表していました。「彼が手紙を書いている」のも「私が思っている」のも、ともに「今」という同じ時間のことですね。そこから不定詞の語形を変えたのが（2）と（3）の文です。（2）ではアオリスト不定詞の γράψαι が**主動詞以前のこと**（すでに書いた）を表し、（3）では未来不定詞 γράψειν が**主動詞以後のこと**（これから書く）を表していることを確認してください。

なお、上記の（1）〜（3）の主動詞 νομίζω を未完了過去にすると、それぞれ以下のような文になります。

(4) τὴν ἐπιστολὴν αὐτὸν **γράφειν** ἐνόμιζον.
　　その手紙を彼が書いていると私は思っていた。

(5) τὴν ἐπιστολὴν αὐτὸν **γράψαι** ἐνόμιζον.
　　その手紙を彼が書いたと私は思っていた。

(6) τὴν ἐπιστολὴν αὐτὸν **γράψειν** ἐνόμιζον.
　　その手紙を彼が書くと私は思っていた。

主動詞は「そのとき思っていた」になりましたが、現在不定詞がそれと同時並行的なことを表し、アオリスト不定詞がそれ以前のことを、未来不定詞がそれ以後のことを表すことは先ほどと同じです。不定詞がいつのことを表すかは、主動詞との関係で捉えるようにしてください。

練習問題31-1 可能性の不定詞と内容叙述の不定詞の違いに注意して、以下の（　　）に適切な語形を入れてください。「到着する」の現在不定詞は ἀφικνεῖσθαι、未来不定詞は ἀφίξεσθαι です。

1. 私たちは軍隊が明日到着すると思っている。
   τὸν στρατὸν αὔριον（　　　　　　　）νομίζομεν.
2. 私たちは軍隊が明日到着して欲しいと思っている。
   τὸν στρατὸν αὔριον（　　　　　　　）ἐθέλομεν.

［接続詞 ὅτι を使った表現］
先ほど「言う」や「話す」の内容は不定詞句で示すことを学びましたが、それを接続詞 ὅτι（英語の that に相当）を使って表現することもできます。たとえば「人生は短いと彼は言う」という文は、不定詞を使って λέγει τὸν βίον βραχὺν εἶναι. とすることも、ὅτι を使って λέγει ὅτι ὁ βίος βραχύς ἐστιν. とすることもできます（ὅτι の後ろは that 節と同じく通常の文の形になることも確認）。ただし「考える」系統の動詞の場合、その内容は ὅτι 節では表現されず、必ず不定詞句によって示されます。

2　不定詞の主語と否定

すでに見たように不定詞の主語は対格で示しますが、文の主語と同じ場合には明示する必要がありません。たとえば「私たちは立派に行動していると思う」をギリシャ語で表現するとき、不定詞になるはずの「立派に行動している」の主語は文の主語の「私たち」と同じなので、それをわざわざ対格で示さず、καλῶς πράττειν νομίζομεν.（πράττειν の α は長母音 [ᾱ]）と表現します。

また、このような内容叙述の不定詞を否定して「私たちは立派に行動していないと思う」とする場合には、καλῶς πράττειν οὐ νομίζομεν. のように**主動詞を οὐ で否定する**ので注意してください。これを直訳すると「私たちは立派に行動しているとは思わない」ですが、その表現で上記の内容を示すと考えればよいでしょう。156-157ページで学んだ可能性の不定詞の否定表現と比べておいてください。

練習問題31-2　日本語の意味になるように、各文の（　　）のいずれか一方に適切な否定語（οὐ か μή）を入れてください。ᾄδειν は ᾄδω（歌う）の現在不定詞、ᾄσεσθαι は同じ動詞の未来不定詞です。

1. 私はその詩人に歌わないように求めた。
   τὸν ποιητὴν（　　）ᾄδειν（　　）ᾔτησα.
2. 私はその詩人が歌わないだろうと思う。
   τὸν ποιητὴν（　　）ᾄσεσθαι（　　）νομίζω.

［否定語 οὐ と μή の違い］

οὐ と μή はともに「...ない（not）」の意味ですが、οὐ が**事実的な否定**であるのに対して、μή は**主観的な否定**を表すという違いがあります。たとえば「...した」という事実を否定して「...しなかった」と言うときには οὐ を使い、意志や目的を否定して「...しないぞ」や「...しないように」と言うときには μή を使います。上の練習問題の例文などで確認してみるとよいでしょう。

3　非人称構文

通常の文のような主語を持たずに、動詞の3人称・単数を中心にした構文を非人称構文といいます。たとえば英語の It is necessary（必要である）という表現の主語の It は、漠然とした状況を表すだけで通常の主語とは違いますね。その「必要」の中身はしばしば to 不定詞で示されて、It is necessary to go there. のような文をつくります。

これが英語の非人称構文の例ですが、ギリシャ語にもよく似た表現があります。まずは **〈動詞＋対格＋不定詞〉** の構文になる代表的な動詞、δεῖ を使った文を見てみましょう。

(7) δεῖ ἡμᾶς μάχεσθαι.
　　私たちは戦わねばならない。

構文の中心をなす動詞は δεῖ（3人称・単数）で、これが「必要である」の意味を表しています。残りは不定詞 μάχεσθαι（< μάχομαι）と人称代名詞の対格 ἡμᾶς（私たち）で、「私たちが戦うこと」という必要の中身が表現されています。不定詞の主語は対格で示すのでした。

これとほぼ同じ意味の動詞に χρή があります。もともと「必要」という

名詞だったものが、χρή ἐστιν（必要がある）という表現から ἐστιν を落として動詞化したものです。そのため語尾が動詞らしくありませんが、先ほどの δεῖ と同義の非人称動詞として覚えておきましょう。なお「…してはならない」の意味は、基本的に〈οὐ δεῖ ＋ 不定詞〉や〈οὐ χρή ＋ 不定詞〉で表現します。

　続いて〈動詞＋与格＋不定詞〉の構文をとる動詞を見ましょう。このタイプには δοκεῖ（よいと思われる）や πρέπει（ふさわしい）、ἔξ|εστι（可能である）などがあり、いずれも「…に」という与格の意味と結びつきやすいのが特徴です。例文を見てみましょう。

（8）δοκεῖ μοι ἄγγελον πέμψαι.
　　　私には使者を送るのがよいと思われる。

（9）ἡμῖν ἔξεστιν ἀνδρείως μάχεσθαι.
　　　私たちには勇敢に戦うことが可能である。

　（8）は δοκεῖ μοι（私にはよいと思われる）を中心として、その具体的な内容を不定詞句 ἄγγελον πέμψαι（使者を送ること）で示した文です。πέμψαι は πέμπω のアオリスト不定詞ですね。この構文は「決定する」の意味になることもあり、たとえば ἔδοξέ μοι ἄγγελον πέμψαι.（ἔδοξε は δοκεῖ のアオリスト）とすれば「私にはよいと思われた」という発想から、「私は使者を送ることに決めた」という意味を表すことができます。

　（9）は ἡμῖν ἔξεστιν（私には可能である）を中心として、何が可能であるのかを不定詞句 ἀνδρείως μάχεσθαι（勇敢に戦うこと）で示した文です。語頭にアクセントのある ἔστιν（やや特別な形）を使って ἔστιν ἡμῖν … としても、同じ意味の文をつくることができます。

　以上、不定詞を使った非人称構文を紹介しましたが、不定詞ではなく**属格を使う構文**もあります。

（10）μέλει μοι τῶν Ἀθηναίων.
　　　　私にはアテーナイ人たちのことが気にかかる。

　与格を伴った非人称表現の μέλει μοι が「私には気にかかる」の意味を表して、気にかかる対象（何が気にかかるのか）が属格 τῶν Ἀθηναίων で示されています。あるいは μέτεστί σοι τῆς χώρας. という文では、μέτεστί σοι が「君には権利がある」の意味を表す非人称表現です。その権利の対象（何についての権利があるのか）は属格 τῆς χώρᾱς で示されて、全体として「君にはその土地の所有権がある」の意味になります。

　このような非人称構文をとる動詞は、辞書などの見出し語が3人称・単数（δεῖ や ἔξεστι など）で示されます。構文についての注意書きも記されますから、その記述を頼りに対応するようにしてください。

(練習問題31-3)　各文を発音したうえで訳してください。1は ὅτι 節（英語の that 節に相当）を主語とした非人称構文、2の ἀδύνατα は形容詞の名詞用法、4の τάχος τε καὶ ὀργήν は δύο と同格関係です。

1．πρόδηλόν ἐστιν ὅτι οἱ παῖδες ψεύδονται.
2．οὐ χρὴ ἀδύνατα εὔχεσθαι.
3．ἐν πολέμῳ οὐκ ἔνεστι δὶς ἁμαρτεῖν.
4．νομίζω δὲ δύο τὰ ἐναντιώτατα εὐβουλίᾳ εἶναι, τάχος τε καὶ ὀργήν.

［限定の不定詞と目的の不定詞］
不定詞には名詞的な用法のほかに、ῥᾴδιος（容易な）や ἄξιος（価値がある）などの形容詞と一緒に使って「…しやすい」や「…するに値する」といった意味を示したり、「与える」「選ぶ」「生まれた」などの動詞と一緒に使って「…するために」の意味を示したりする用法もあります。そのような不定詞の例として、ここでは συμφιλεῖν ἔφῡν.（私は愛をともにするために生まれた）を紹介しておきます。

第32課 | 現在分詞

1 ギリシャ語の分詞組織

　動詞を変形させて形容詞のように使える（名詞を修飾するなど）ようにしたものを分詞といいます。たとえば「眠る」という動詞を「眠っている」に変形すれば、「眠っている犬（a sleeping dog）」などのように名詞を修飾することができます。まずは分詞とは**動詞からつくった形容詞**なのだということを、この例で確認しておいてください。

　英語には現在分詞と過去分詞という2種類の分詞がありますが、ギリシャ語には**現在分詞、アオリスト分詞、未来分詞、完了分詞（と未来完了分詞）**の5種類があります。これらはさらに能動、中動、受動という態を語形で区別するので、慣れるまでは少し大変かもしれません。いつものように語形と意味を確認しながら、それぞれの分詞の特徴を捉えるようにしてください。この課では現在分詞を学びます。

2 現在分詞の語形

　まずは現在分詞の能動態の語形を確認しましょう。先ほど見たように分詞は形容詞の仲間なので、その変化表は次ページのように、性・数・格の区別ができる仕組みになっています。

　はじめに覚えるべきなのは男性・単数・主格の παύων です。見出し語の παύω（止める）に -ν を付けるだけですが、これが現在分詞の基準になる形です。そこから語尾の -ων を -ουσα に変えると女性・単数・主格に、-ον にすると中性・単数・主格になります。中性でアクセントが変わっていることにも注意して（54ページの（3））、παύων – παύουσα – παῦον と覚えてしまってください。

　このように単数・主格を覚えたら、次に縦方向の変化に進みます。じつはこれと同じ〈ων – ουσα – ον タイプ〉の形容詞は、第22課ですでに学んでいます。その復習も兼ねて、男性と中性は γέρων（85ページ）と同様の第三変化のパターン、女性は θάλαττα（48ページ）と同様の第一変化のパターンであることを確認してください。

		男性	女性	中性
単数	主格	παύων	παύουσα	παῦον
	対格	παύοντα	παύουσαν	παῦον
	属格	παύοντος	παυούσης	παύοντος
	与格	παύοντι	παυούσῃ	παύοντι
複数	主格	παύοντες	παύουσαι	παύοντα
	対格	παύοντας	παυούσᾱς	παύοντα
	属格	παυόντων	παυουσῶν	παυόντων
	与格	παύουσι(ν)	παυούσαις	παύουσι(ν)

　続いて中動／受動態を確認します。変化表の基準となる男性・単数・主格は παυ- に -όμενος が付いた語形で、その語尾 -ος が〈ος – η – ον タイプ〉の形容詞と同様に変化します。-ος、-ον、-ου、-ῳ ... や -η、-ην、-ης、-ῃ ... のように、語尾だけに注目して練習してもよいかもしれませんが、アクセントの移動があるので下表の太字部分を覚える方がよいと思います。

		男性	女性	中性
単数	主格	παυόμενος	παυομένη	παυόμενον
	対格	παυόμενον	παυομένην	παυόμενον
	属格	παυομένου	παυομένης	παυομένου
	与格	παυομένῳ	παυομένῃ	παυομένῳ
複数	主格	παυόμενοι	παυόμεναι	παυόμενα
	対格	παυομένους	παυομένᾱς	παυόμενα
	属格	παυομένων	παυομένων	παυομένων
	与格	παυομένοις	παυομέναις	παυομένοις

練習問題32-1　ここまでの説明を参考に、λούω（洗う）の現在分詞の変化表（能動態と中動／受動態）を書いてください。

　現在分詞・能動態の変化表から語尾だけを取り出すと、εἰμί（...である／...がある）の現在分詞になります（英語の being に相当）。先にこの変化表を覚えてしまって、それから前ページの表を学ぶのもよいかもしれません。

	単　　　数			複　　　数		
	男性	女性	中性	男性	女性	中性
主格	ὤν	οὖσα	ὄν	ὄντες	οὖσαι	ὄντα
対格	ὄντα	οὖσαν	ὄν	ὄντας	οὖσᾱς	ὄντα
属格	ὄντος	οὔσης	ὄντος	ὄντων	οὐσῶν	ὄντων
与格	ὄντι	οὔσῃ	ὄντι	οὖσι(ν)	οὔσαις	οὖσι(ν)

3　現在分詞が表す意味

　不定詞の場合と同じく、分詞を学ぶ際にもアスペクトに注目することが大切です。現在分詞は基本的に**「まさに...している」**や**「繰り返し...する／している」**という進行的／反復的なアスペクトを示して、文の主動詞と見比べたときには、その**主動詞と同時並行的なことを表す**という特徴があります。以下の例文（1）や（2）のように、必ずしも現在のことを表すとは限らないので注意してください。

　先ほど確認したように分詞は動詞からつくった形容詞なので、通常の形容詞と同じく、限定用法と述語用法との区別（65ページ）があります。

（1）τοὺς φεύγοντας πολεμίους ἐδιώξαμεν.　　【限定用法】
　　　その逃げていく敵たちを私たちは追いかけた。

（2）τοὺς πολεμίους φεύγοντας ἐδιώξαμεν.　　【述語用法】
　　　その敵たちが逃げていくのを私たちは追いかけた。

　まずは基本的なこととして、（1）は現在分詞の φεύγοντας が〈定冠詞＋ 名詞〉の枠内にあるので限定用法と捉え、（2）はそれが枠外にあるので述語用法と捉えることを確認してください。そのうえで両者の意味の違いを考えていくことになります。

　限定用法の（1）は「敵たち」を「逃げていく敵たち」と「逃げていかない敵たち」の2種類に分けて、そのうち「逃げていく敵たち」の方を追

いかけたという意味の文です。「敵たち」の全体から「逃げていく敵たち」に範囲を限定していると理解しておくとよいでしょう。それに対して述語用法の（2）では、「その敵たちを私たちは追いかけた」という意味がまずあって、私たちが追いかけた「その敵たち」の状態を φεύγοντας が説明しています。（1）とは違って「逃げていかない敵たち」は想定されていません。これが限定用法と述語用法との意味的な違いです。

　やはり通常の形容詞と同じく、分詞にも名詞用法があります。以下の例文（3）で、分詞が男性・複数・対格の名詞（…な男たちを）として使われていることを確認してください。

（3）τοὺς φεύγοντας ἐδιώξαμεν.
　　その逃げていく者たちを私たちは追いかけた。

　これらの用法のうち、述語用法についてはもう少し例文を見ておいた方がよいでしょう。以下の文では γράφω（書く）、ἔχω（持つ）、εἰμί（…である）の現在分詞が、いずれも述語として使われています。

（4）ὁ Πλάτων **γράφων** ἀπέθανεν.
　　プラトーンは書きながら死んだ。

（5）**οὐχ ἡγεμόνας ἔχοντες** ἀποροῦμεν.
　　案内人がいないので、私たちは困っている。

（6）ὁ Ἀχιλλεύς, **καίπερ ἰσχῦρὸς ὤν**, ἐν Τροίᾳ ἀπέθανεν.
　　アキッレウスは強かったけれど、トロイアーで死んだ。

　（4）は ὁ Πλάτων と ἀπέθανεν（ἀπο|θνήσκω のアオリスト）との主述関係を中心に、現在分詞 γράφων が意味を加えた文です。γράφων が男性・単数・主格であることを確認して、それが主語 ὁ Πλάτων の状態を説明していると捉えてください。つまり「プラトーンは死んだ」という文に対して、そのときプラトーンは「まさに書いている」状態だったと理解して、上記のように「書きながら死んだ」と訳すことになります。

　（5）は述語動詞の ἀποροῦμεν（ἀπορέω の現在形）から「私たちは困っている」の意味を捉えて、そこに ἔχοντες を中心とする分詞句を関係させて読みます。ἔχοντες が男性・複数・主格なので、οὐχ（not）と ἡγεμόνας（複数の案内人を）と合わせて、太字部分を「案内人を持っていない」と

いう「私たち」の状況説明として理解してください。つまり「私たちは案内人がいなくて困っていた」ということですが、上記のように「案内人がいないので」と訳してもよいでしょう。分詞句はこのように、主動詞に対して**原因**や**理由**を示すことがあります。

　(6) は ὁ Ἀχιλλεύς, ... ἐν Τροίᾳ ἀπέθανεν. を「アキッレウスはトロイアーで死んだ」と読み、そこに ὤν（166ページの囲みを参照）を中心とする分詞句を関係させます。ὤν が男性・単数・主格なので主語 ὁ Ἀχιλλεύς の状態を示しますが、「強かった」と「死んだ」との意味関係を考えて、「強かったけれど死んだ」のように譲歩の意味を読み取ることになります。καίπερ は分詞とセットで**譲歩**の意味を表す小辞（115ページ）ですが、この場合には意味関係が明瞭なので、省略しても構いません。

　これら (4) から (6) のような文では、文の中心部分と分詞句とのあいだに時間的な並行関係 (...しながら)、原因・理由 (...なので)、譲歩 (...けれど)、条件 (...ならば) などの様々な意味合いが生じます。英語の分詞構文のような要領で、柔軟に対応するようにしてください。

練習問題32-2　以下の各文を発音したうえで、現在分詞（太字部分）に注意して訳してください。2の πεινῶν（< πεινάω）は次ページを参照、4の γνῶθι は「知れ」を意味する命令法（第48課）、5は χαλεπόν ἐστι πρὸς γαστέρα λέγειν が文の中心で、ὦτα οὐκ ἔχουσαν を分詞句と捉えます。

1. καπνὸν **φεύγων** εἰς τὸ πῦρ ἐνέπεσες.
2. οὐδεὶς **πεινῶν** καλὰ ᾄδει.
3. ἑαυτὸν οὐ **τρέφων** κύνας τρέφει.
4. γνῶθι σεαυτὸν θνητὸν **ὄντα**.
5. χαλεπόν ἐστι πρὸς γαστέρα λέγειν ὦτα οὐκ **ἔχουσαν**.

［母音融合動詞の現在分詞］

母音融合タイプの動詞（第18課）は、現在分詞をつくる際にも語幹末の母音 ε / α / o が語尾 -ων や -όμενος などの母音と融合して、独特な語形になります。φιλε- / τῑμα- / δηλο- に165ページの太字部分を付けた際に起こる母音融合を確認しながら、以下の変化表を観察してください。能動態の単数のみを掲げますが、複数や中動／受動態も同じ要領です。

(1) φιλέω の現在分詞 ［-ε-ων ⇒ -ῶν / -έ-οντ- ⇒ -οῦντ- など］

		男性	女性	中性
単数	主格	φιλῶν	φιλοῦσα	φιλοῦν
	対格	φιλοῦντα	φιλοῦσαν	φιλοῦν
	属格	φιλοῦντος	φιλούσης	φιλοῦντος
	与格	φιλοῦντι	φιλούσῃ	φιλοῦντι

(2) τῑμάω の現在分詞 ［-ά-ων ⇒ -ῶν / -ά-οντ- ⇒ -ῶντ- など］

		男性	女性	中性
単数	主格	τῑμῶν	τῑμῶσα	τῑμῶν
	対格	τῑμῶντα	τῑμῶσαν	τῑμῶν
	属格	τῑμῶντος	τῑμώσης	τῑμῶντος
	与格	τῑμῶντι	τῑμώσῃ	τῑμῶντι

(3) δηλόω の現在分詞 ［-ό-ων ⇒ -ῶν / -ό-οντ- ⇒ -οῦντ- など］

		男性	女性	中性
単数	主格	δηλῶν	δηλοῦσα	δηλοῦν
	対格	δηλοῦντα	δηλοῦσαν	δηλοῦν
	属格	δηλοῦντος	δηλούσης	δηλοῦντος
	与格	δηλοῦντι	δηλούσῃ	δηλοῦντι

結果的に（1）と（3）は融合部分が同じになります。完全に覚えるのは後でも構いませんから、ここでは母音の融合を確認しておいてください。

第33課　アオリスト分詞

1　アオリスト分詞の語形（規則動詞の場合）

　現在分詞が進行的／反復的なアスペクトを示すのに対して、端的なアスペクト（155ページ）を示すのがアオリスト分詞です。例文は後ほど見ることにして、ここでは語形の確認をしましょう。規則動詞 παύω（止める）の場合、単数・主格の語形は1人称・単数と次のように対応します。

	1人称・単数	アオリスト分詞（単数・主格）
能動態	ἔπαυσα	παύσᾱς, παύσᾱσα, παῦσαν
中動態	ἐπαυσάμην	παυσάμενος, -σαμένη, -σάμενον
受動態	ἐπαύθην	παυθείς, -θεῖσα, -θέν

　不定詞の場合と同じくアオリスト分詞には加音が付かず（このことの意味については155ページ下部の囲みを参照）、παυ- の後ろには1人称・単数の下線部とよく似た音があります。能動態は ἔπαυσα の -σα を長く伸ばして παύσᾱς – παύσᾱσα – παῦσαν（中性のアクセントは54ページの (3) を参照）、中動態は ἐπαυσάμην の -σα- を使って παυσάμενος – παυσαμένη – παυσάμενον、受動態は ἐπαύθην の -θη- を -θε- / -θει- にして παυθείς – παυθεῖσα – παυθέν になります。まずはこのように単数・主格の語形を覚えてください。受動態は必ず -θε- / -θει- の音節にアクセントを持ちます。

> **練習問題33-1**　γράφω（書く）のアオリストの1人称・単数は、能動態が ἔγραψα（< ἐγραφ-σα）、中動態が ἐγραψάμην（< ἐγραφ-σάμην）、受動態が ἐγράφην（θ が入らないことに注意）です。先ほどの παύω の場合と見比べながら、それぞれの態にアオリスト分詞の単数・主格を書いてください。

　次に変化表を縦に見て、格変化のパターンを確認しましょう。アオリスト分詞の能動態は次ページのように -σα- / -σᾱ- の音が特徴的です。男性と中性は παυσαντ- を語幹とする第三変化のパターンで、複数・与格では

		男性	女性	中性
単数	主格	παύσᾱς	παύσᾱσα	παῦσαν
	対格	παύσαντα	παύσᾱσαν	παῦσαν
	属格	παύσαντος	παυσάσης [ᾱ]	παύσαντος
	与格	παύσαντι	παυσάσῃ [ᾱ]	παύσαντι
複数	主格	παύσαντες	παύσᾱσαι	παύσαντα
	対格	παύσαντας	παυσάσᾱς [ᾱ]	παύσαντα
	属格	παυσάντων	παυσᾱσῶν	παυσάντων
	与格	παύσᾱσι(ν)	παυσάσαις [ᾱ]	παύσᾱσι(ν)

παύσαντ-σι(ν) ⇒ παύσᾱσι(ν) のように、ντ の脱落と代償延長（85–86ページ）が起きています。それに対して女性は παυσᾱσ- を語幹とする第一変化のパターンですね。そのことを確認したら、変化表の全体を παύσᾱς、παύσαντα、παύσαντος、παύσαντι ... のように発音してみてください。165ページで見た現在分詞（能動態）とよく似たリズムが感じられませんか？　このリズムを頼りにして分詞だと気づいていくので、両方の変化表を交互に音読しながら口に馴染ませるのがよいと思います。

　中動態は先ほどの παυσάμενος - παυσαμένη - παυσάμενον からスタートして、すでにお馴染みの〈ος - η - ον タイプ〉の格変化をします。やはり165ページで見た現在分詞（中動／受動態）と同じリズムを持ち、その変化表から -όμενος の -ο- を -σα- に変えれば、アオリスト分詞（中動態）の表になるので、ここでは変化表を省略します。もしよかったら自分の手で書き出してみてください。書き出したものを音読しておくと、分詞らしいリズムに慣れることができます。

　受動態は次ページの変化表のように -θε- / -θει- の音が特徴的です。男性と中性は παυθεντ- を語幹とする第三変化のパターンで、やはり複数・与格では παυθέντ-σι(ν) ⇒ παυθεῖσι(ν) のように、ντ の脱落と代償延長が起きます（ε の延長が ει になることに注目）。女性は παυθεισ- を語幹とする第一変化のパターンです。

		男性	女性	中性
単数	主格	παυθείς	παυθεῖσα	παυθέν
	対格	παυθέντα	παυθεῖσαν	παυθέν
	属格	παυθέντος	παυθείσης	παυθέντος
	与格	παυθέντι	παυθείση	παυθέντι
複数	主格	παυθέντες	παυθεῖσαι	παυθέντα
	対格	παυθέντας	παυθείσᾱς	παυθέντα
	属格	παυθέντων	παυθεισῶν	παυθέντων
	与格	παυθεῖσι(ν)	παυθείσαις	παυθεῖσι(ν)

練習問題33-2　先ほどの練習問題33-1の語形から出発して、γράφω（書く）のアオリスト分詞の能動態、中動態、受動態のそれぞれの変化表を書いてください。

2　アオリスト分詞が表す意味

　第30課で学んだ不定詞と同様に、分詞ではアオリストの語形が過去という時ではなく、端的なアスペクト（完結した点のイメージ）を示すために使われます。そのことを理解するために、現在分詞と並べて例文を見ておくことにしましょう。

（1）**τὴν ἐπιστολὴν γράφων** αὐτὸν ἐκάλεσα.
　　　私はその手紙を書きながら彼を呼んだ。

（2）**τὴν ἐπιστολὴν γράψᾱς** αὐτὸν ἐκάλεσα.
　　　私はその手紙を書いてから彼を呼んだ。

　（1）は καλέω（呼ぶ）のアオリスト ἐκάλεσα（1人称・単数）が目的語 αὐτόν（78ページ）をとり、そこを中心として現在分詞 γράφων の句（太字部分）が意味を加えています。前の課で学んだように現在分詞は主動詞と同時並行的なことを表すので、「彼を呼んだ」に対して「書きながら」の関係を読みとります（次ページの左図も参照）。

　この文の分詞を γράψᾱς に変えたのが（2）です。γράψᾱς はアオリスト分詞で端的なアスペクト（完結した点のイメージ）を示すので、「手紙を書く」と「彼を呼んだ」との関係は、次ページの右図のように連続的な

関係（書いてから彼を呼んだ）になります。

現在分詞	vs.	アオリスト分詞
書きながら		書いて
彼を呼んだ		彼を呼んだ

このような発想からアオリスト分詞は多くの場合、主動詞よりも前のこと（主動詞以前に完結していること）を示します。もう少し例文を見ておきましょう。

（3）τὸν ἄνδρα **ἀποθνήσκοντα** ἤκουσα.
　　私はその男が死につつあると聞いた。

（4）τὸν ἄνδρα **ἀποθανόντα** ἤκουσα.
　　私はその男が死んだと聞いた。

どちらの文も ἀκούω（聞く）のアオリスト ἤκουσα（1人称・単数）が目的語に τὸν ἄνδρα をとって、「私はその男のことを聞いた」の意味を表しています。その τὸν ἄνδρα に ἀπο|θνήσκω（死ぬ）の分詞が意味を加えますが、（3）の ἀποθνήσκοντα は現在分詞なので「死ぬ」を「聞いた」と同時進行的なことと解して、「死につつある（dying）」と読むのが正解です。それに対して（4）の ἀποθανόντα はアオリスト分詞（この語形は次の課で学びます）なので、今度は「死ぬ」を「聞いた」以前に完結したことと解して、上で訳したように読むことになります。

3　独立属格の構文

分詞を述語的に使う場合、上記の例文（1）や（2）のように主格を使えば文の主語に対する説明になり、（3）や（4）のように対格を使えば目的語の状況を説明することになります。分詞は基本的に、このように文中の主語や目的語などに性・数・格を一致させて、それを説明するという形で使います。これまで見てきた例文はすべてそうでした。しかし次の文はどうでしょうか？

（5）**γράφοντος τοῦ δεσπότου** ἔφυγεν ὁ δοῦλος.

　　主人が書いているうちにその奴隷は逃げた。

　この文は φεύγω（逃げる）のアオリスト ἔφυγεν（3人称・単数）に主語 ὁ δοῦλος が示されて、さらに γράφω の現在分詞 γράφοντος（男性または中性の単数・属格）と τοῦ δεσπότου（ὁ δεσπότης の単数・属格）が付いています。ἔφυγεν ὁ δοῦλος は「その奴隷は逃げた」と訳することができますが、γράφοντος と τοῦ δεσπότου については、なぜ属格になっているのかということや、それを文の中心部分にどのように繋げればよいのかが、うまく納得できないと思います。まずはそのことを確認してください。

　じつはこれらの属格は、文の中心部分（ἔφυγεν ὁ δοῦλος）と文法的な繋がりを持っていません。**文の中心とは繋がりを持たない2つの属格（名詞の属格と分詞の属格）を並べることで、中心に対する状況説明をする**という特別な構文なのです。このような文を読むときには、2つの属格を「イコール関係」で捉えることがポイントです。例文（5）は τοῦ δεσπότου と γράφοντος の関係を「その主人＝まさに書いている」と捉えて、それを奴隷が逃げたときの状況説明と理解すれば、上記のような訳になります。このような構文を**独立属格**（または絶対的属格）といいます。

練習問題33-3　　各文を発音したうえで、独立属格の構文（太字部分）に注意して訳してください。2の λῦπουμένων は母音融合動詞 λῦπέομαι の現在分詞（169ページ）、3は κελεύσαντος がアオリスト分詞であることに要注意です。

1. **ἀποθνήσκοντος τοῦ παιδίου** λῦπούμεθα.
2. **ἡμῶν λῦπουμένων** τὸ παιδίον ἀπέθανεν.
3. **τοῦ στρατηγοῦ κελεύσαντος** ἐφύγομεν.
4. ἀπὸ τῆς κώμης ἀπέβημεν **τοῦ ὕδατος κακοῦ ὄντος**.

[分詞を使った仮定表現]

ここまで学んだように分詞句は時・原因・譲歩など様々な意味を表しますが、否定的な条件（…ないならば）を表すときには οὐ ではなく μή を使うので注意してください。

οἴνου δὲ μηκέτ' ὄντος οὐκ ἔστιν Κύπρις.

だがぶどう酒がもうないなら、キュプリスはいない。

太字部分が οἴνου（< οἶνος ぶどう酒）と ὄντος（166ページ）との独立属格で、そこに μηκέτι（もう…ない）が関係して「ぶどう酒がもうないならば」の意味を表しています。Κύπρις というのは美と愛欲の女神 Ἀφροδίτη [ῑ] の別名で、ここでは甘美な快楽を表す比喩的な用法だと捉えてください。

[分詞を補語とする動詞]

動詞のなかには分詞とセットで使って、ひとまとまりの意味を表すものがあります。たとえば〈παύομαι ＋ 分詞〉で「…し終える」の意味を表したり、〈τυγχάνω ＋ 分詞〉で「たまたま／まさに…する」を表すといった具合です。このようなものは動詞の語法として、辞書などで確認しながら覚えていってください。ほかにも〈ἄρχομαι ＋ 分詞〉で「…しはじめる」を表したり、〈διάγω ＋ 分詞〉で「…し続ける」を表すといった例があります。例文として ὁ ἄνεμος **ἐπαύσατο θύων**. [ῡ]（その風は吹くのをやめた）と **ἐτύγχανον** τότε ἐπιστολὴν **γράφων**.（そのとき私はたまたま手紙を書いていた）を挙げておきます。

　ただし〈φαίνομαι ＋ 分詞〉だと「明らかに…である」の意味を表すのに、〈φαίνομαι ＋ 不定詞〉だと「…のように見える」になるなど、分詞／不定詞のどちらと結びつくかによって意味が変わる動詞もあるので注意してください。**φαίνεται** τὰ ἀληθῆ **λέγων**.（彼は明らかに真実を語っている）と、**φαίνεται** τὰ ἀληθῆ **λέγειν**.（彼は真実を語っているように見える［が多分それは嘘だ］）とを比べておきましょう。

第34課 第二／第三アオリストの分詞形

1 第二／第三アオリストの分詞形

前の課では規則動詞のアオリスト分詞（第一アオリストの分詞形）について学びましたが、この課では第二アオリストと第三アオリスト（語根アオリスト）の分詞形を確認します。まずは第二アオリストの例として、ἔλαβον（< λαμβάνω つかむ）の分詞形を見てみましょう。1人称・単数の語形と見比べながら、対応を確認してください。

	1人称・単数	アオリスト分詞（単数・主格）
能動態	ἔλαβον	λαβών, λαβοῦσα, λαβόν
中動態	ἐλαβόμην	λαβόμενος, -ομένη, -όμενον
受動態	ἐλήφθην	ληφθείς, -θεῖσα, -θέν

能動態は ἔλαβον から加音を外し、語尾を -ών, -οῦσα, -όν にしてつくります。この語尾は現在分詞（第32課）の能動態と同じ綴りですが、アクセントが必ずこの位置に来るのが特徴的です。現在分詞なら λαμβαν- を使って λαμβάνων – λαμβάνουσα – λαμβάνον になり、それに対してアオリスト分詞は上記のように λαβών – λαβοῦσα – λαβόν なので、語幹とアクセントによって両者を区別することができます。この語形を出発点にして、男性なら λαβών、λαβόντα、λαβόντος、λαβόντι …、女性なら λαβοῦσα、λαβοῦσαν、λαβούσης、λαβούσῃ … のように、現在分詞と同様の格変化をしていきます。アクセントは全体的に -ον- / -ου- の位置に来ますが、女性・複数・属格は λαβουσῶν になります。

中動態の λαβόμενος – λαβομένη – λαβόμενον も、現在分詞の中動／受動態の λαμβανόμενος – λαμβανομένη – λαμβανόμενον と見比べて捉えるのがよいでしょう。現在分詞の λαμβαν- を、アオリストでは λαβ- に変えるだけで、-όμενος のところはアクセントも含めて共通しています。この語形を出発点として、やはり〈ος – η – ον タイプ〉の格変化をさせていきます。

受動態の ληφθείς、-θεῖσα、-θέν は、見出し語の λαμβάν- から語幹が変

176

わること以外は、規則動詞の παυθείς、-θεῖσα、-θέν とまったく同じパターンです。格変化については172ページの変化表を参照してください。

練習問題34-1 ここまでの説明を頼りにして、λαμβάνω（つかむ）のアオリスト分詞（能動態、中動態、受動態）の変化表を書いてください。

続いて第三アオリスト（語根アオリスト）の分詞形を確認します。このタイプのアオリストは能動態の語形しかないので、以下のように対応させるのがよいでしょう。

能動態・1人称・単数	アオリスト分詞（単数・主格）
ἔβην（< βαίνω 歩く）	βάς [ā], βᾶσα, βάν
ἔγνων（< γιγνώσκω 知る）	γνούς, γνοῦσα, γνόν

まず βαίνω のアオリスト・能動態は、1人称・単数の ἔβην が βη- を中心とするのに対して、分詞形の βάς [ā] – βᾶσα – βάν ではそれが βᾱ- / βα-になっています。この語形を出発点として、下の変化表で格変化を確認してください。男性と中性は βαντ- を語幹とした第三変化のパターンで、複数・与格は βάντ-σι(ν) ⇒ βᾶσι(ν) になっています。女性は βᾱσ- を語幹とした第一変化のパターンです。変化表では注記を省略しましたが、女性形の βα はすべて長く伸ばして読んでください。

		単　　数			複　　数	
	男性	女性	中性	男性	女性	中性
主格	βάς [ā]	βᾶσα	βάν	βάντες	βᾶσαι	βάντα
対格	βάντα	βᾶσαν	βάν	βάντας	βάσᾱς	βάντα
属格	βάντος	βάσης	βάντος	βάντων	βᾱσῶν	βάντων
与格	βάντι	βάσῃ	βάντι	βᾶσι(ν)	βάσαις	βᾶσι(ν)

続いて γιγνώσκω のアオリスト分詞を確認しましょう。上の対応表で1人称・単数の ἔγνων と見比べると、γνω- のところが分詞では γνου- / γνο- になっています。先ほどの βάς [ā] – βᾶσα – βάν と見比べて、長い γνου- が βᾱ- に対応し、短い γνο- が βα- に対応することを確認してください。この対応は変化表全体で成り立つので、先ほどの変化表の βᾱ- を

γνου- に、βα- を γνο- に置き換えると、γιγνώσκω のアオリスト分詞の変化表になります。

練習問題34-2 ここまでの説明を頼りにして、γιγνώσκω のアオリスト分詞（能動態）の変化表を書いてください。

2 未来分詞の語形

アオリスト分詞がしばしば主動詞以前のことを表すことは173ページで見ましたが、未来分詞は反対に**主動詞よりも後のこと**を表します。

その語形はやはり未来の1人称・単数の語形をもとにしてつくります。能動態の **παύσω** のように -σω で終わるものは、その語尾を -σων, -σουσα, -σον にすれば未来分詞の単数・主格の語形になります。現在分詞の -ων, -ουσα, -ον に σ が入るだけですね。変化表のパターンも165ページとまったく同じなので、ここでは単数の主格と対格だけを示すことにします。

		男性	女性	中性
単数	主格	παύσων	παύσουσα	παῦσον
	対格	παύσοντα	παύσουσαν	παῦσον

中動態の **παύσομαι** のように1人称・単数が -σομαι で終わるものは、それを -σόμενος, -σομένη, -σόμενον に変えれば未来分詞の単数・主格の語形になります。これは現在分詞の中動／受動態（165ページ）に σ を入れただけで、〈ος – η – ον タイプ〉の格変化をします。

		男性	女性	中性
単数	主格	παυσόμενος	παυσομένη	παυσόμενον
	対格	παυσόμενον	παυσομένην	παυσόμενον

受動態は **παυθήσομαι** などの -θήσομαι を -θησόμενος などに変えますが、これは上記の中動態に -θη- を挿入したものと捉えておくとよいでしょう。次ページの変化表で確認してください。**τραφήσομαι** など未来形に θ が入らないタイプの動詞（151ページの囲み）は、未来分詞でも τραφησόμενος のようになります。

		男性	女性	中性
単数	主格	παυθησόμενος	παυθησομένη	παυθησόμενον
	対格	παυθησόμενον	παυθησομένην	παυθησόμενον

　未来形には能動態が -ῶ、中動態が -οῦμαι になるものがありました（1人称・単数）。たとえば βάλλω（投げる）の未来形は、能動態が βαλῶ で、中動態が βαλοῦμαι です（135ページ）。このタイプの未来分詞は、能動態が βαλῶν、βαλοῦσα、βαλοῦν から始まる169ページの（1）と同じ格変化、中動態が βαλούμενος、βαλουμένη、βαλούμενον から始まる〈ος – η – ον タイプ〉の格変化をします。受動態は1人称・単数が βληθήσομαι なので、先ほどの παυθήσομαι と同じ要領で未来分詞をつくります。

練習問題34-3　γράφω（書く）の未来・1人称・単数の語形は、能動態が γράψω（< γράφ-σω）、中動態が γράψομαι（< γράφ-σομαι）、受動態が γραφήσομαι（θ が入らないことに注意）です。παύω の場合と見比べながら、未来分詞の単数・主格の語形を書いてください。

練習問題34-4　καλέω（呼ぶ）の未来・1人称・単数の語形は、能動態が καλῶ、中動態が καλοῦμαι、受動態が κληθήσομαι です。先ほどと同様に、この動詞についても未来分詞の単数・主格の語形を書いてください。

3　未来分詞を使った文

　すでに確認したように、未来分詞は主動詞よりも後のことを表現するのに使われます。現在分詞とアオリスト分詞はアスペクトの違いに注目して説明しました（172–173ページ）が、未来分詞は上記のように**時の区別を表現する**ために使われます。例文を見てみましょう。

（1）τὸν ἄνδρα δι᾽ ὀλίγου **ἀποθανούμενον** ἤκουσα.
　　　私はその男がまもなく死ぬと聞いた。

　これは第33課の例文（3）（4）と対応する文です。述語動詞 ἤκουσα が目的語に τὸν ἄνδρα をとり、その「男」の状況を ἀπο|θνήσκω（死ぬ）の未来分詞（男性・単数・対格）が説明しています（1人称・単数の語形は

179

ἀποθανοῦμαι なので未来分詞の基準形は ἀποθανούμενος）。δι' ὀλίγου（＜ διὰ ὀλίγου）は「まもなく」を意味する前置詞句です。「その男が死ぬ」のが「私が聞いた」時点よりも後であることを確認したうえで、173ページの（3）（4）と見比べておくとよいでしょう。

　もうひとつ大切な用法として、〈**ὡς ＋ 未来分詞**〉の形式で**主語の目的を表す**ということも覚えておいてください。

（2）ὁ στρατηγὸς συνέλαβεν αὐτὸν **ὡς ἀποκτενῶν**.
　　　将軍は彼を殺すために捕まえた。

　述語動詞 συνέλαβεν（＜ συλ|λαμβάνω 捕まえる）を中心とした「その将軍は彼を捕まえた」に対して、ἀπο|κτείνω（殺す）の未来分詞を使った ὡς ἀποκτενῶν（男性・単数・主格）が「殺すために」という目的を表しています。「殺す」という行為を先に見据えて「彼を捕まえた」という意味合いの文として、理解しておくとよいでしょう。主文の動詞が「行く」などの動きを表す場合には、この ὡς を省略することもできます。

練習問題34-5　各文を発音したうえで、分詞句（太字部分）に注意して訳してください。2の τἀληθῆ [ā] は τὰ ἀληθῆ が合わさった語形です。

1．**τὴν ὀξεῖαν μάχαιραν λαβὼν** ὁ πατὴρ θύρᾱζε ἐξέδραμεν.
2．**τοῦ δούλου ἀποβάντος** πάντα τἀληθῆ λέξομεν.
3．**θάψων** γὰρ ἥκω τὸν ἄνδρ', οὐκ **ἐπαινέσων**.
4．ὁ **δηχθεὶς ὑπὸ ὄφεως** καὶ σχοινίον φοβεῖται.
5．οἱ κύνες **ἅπαξ δὴ καυθέντες** λέγονται φοβεῖσθαι τὸ πῦρ.

[文の主語にとっての理由表現]

理由を表す分詞句に ὡς を付けると、**文の主語にとっての理由**を表現できます。ὁ βασιλεὺς τοὺς Πέρσᾱς ἔλαβεν（王はそのペルシャ人たちを捕らえた）に分詞句 κατασκόπους ὄντας を添えると、「彼らは密偵だったので」という理由を表す文になりますが（ὄντας が男性・複数・対格なので τοὺς Πέρσᾱς の状況を説明する）、この文に ὡς を加えてみましょう。

　　τοὺς Πέρσᾱς ἔλαβεν **ὡς κατασκόπους ὄντας**.
　　彼はそのペルシャ人たちを密偵だと思って捕らえた。

こうすると分詞句が「密偵だと考えて」の意味になります。先ほどの文では「密偵だったので」という客観的な理由（文の書き手もそれを認めている）を示していたのが、あくまでも文の主語（王）にとっての判断理由を表す文に変わっていることを確認してください。

[動形容詞]

動詞からつくって形容詞の働きをする語には、分詞のほかに**動形容詞**と呼ばれるものがあります。まず（1）**動詞の中心要素に -τος、-τη、-τον を付ける**と、εὔγνωτος（よく知られた）や βατός（渡ることができる）のように「…された」や「…できる」を意味する語形になります。欠如を示す ἀ- を付けた ἄβατος（渡ることができない）も確認しておくとよいでしょう。また（2）**語尾が -τέος、-τέᾱ、-τέον になるもの**もあります。このタイプの動形容詞は παυστέος（止められるべき）や γραπτέος（書かれるべき）など、「…されるべき」という**受動の意味での義務や必要性**を表します。ἡ ἐπιστολὴ γραπτέᾱ ἐστίν.（その手紙は書かれなくてはならない）のように名詞に性・数・格を一致させても使いますが、同じ内容を非人称的に γραπτέον ἐστὶν τὴν ἐπιστολήν. とも表現できます。その場合には中性・単数の γραπτέον ἐστίν を「書かなくてはならない（It is necessary to write）」と読んでください（厳密には「書くことがされねばならない」）。残る τὴν ἐπιστολήν（対格）は、この「書く（write）」の目的語として解釈します。

第35課 | 指示代名詞

1 指示代名詞 ὅδε / οὗτος / ἐκεῖνος

たとえば「これ」や「それ」など、何かを指し示す代名詞を指示代名詞といいますが、ギリシャ語の指示代名詞には以下の3種類があります。単数・主格の語形（左から男性、女性、中性）を確認しましょう。

1. ὅδε, ἥδε, τόδε 「これ」または「この...」
2. οὗτος, αὕτη, τοῦτο 「それ」または「その...」
3. ἐκεῖνος, ἐκείνη, ἐκεῖνο 「あれ」または「あの...」

まずはこれらの語形を、ホデ、ヘーデ、トデ...のように発音しながら覚えてしまってください。変化表の出発点になる語形を覚えることは、ギリシャ語の学習にとってとても大切なことです。

それができたら縦方向の変化を確認しましょう。ひとつめの ὅδε は以下のように格変化します。太字部分に注目して全体を大きく眺めてください。何か気づくことはないでしょうか？

	単 数			複 数		
	男性	女性	中性	男性	女性	中性
主格	ὅδε	ἥδε	τόδε	οἵδε	αἵδε	τάδε
対格	τόνδε	τήνδε	τόδε	τούσδε	τάσδε [ᾱ]	τάδε
属格	τοῦδε	τῆσδε	τοῦδε	τῶνδε	τῶνδε	τῶνδε
与格	τῷδε	τῇδε	τῷδε	τοῖσδε	ταῖσδε	τοῖσδε

この代名詞は定冠詞に -δε を付けて構成されています。33ページの変化表と見比べて、太字部分が定冠詞であること、そして -δε のところは変化しないことを確認してください。全体的に語頭の τ- が特徴的ですが、単数でも複数でも、男性と女性の主格は [h] の音で始まります。この特徴は次の οὗτος にも認められます。

	単　　数			複　　数		
	男性	女性	中性	男性	女性	中性
主格	οὗτος	αὕτη	τοῦτο	οὗτοι	αὗται	ταῦτα
対格	τοῦτον	ταύτην	τοῦτο	τούτους	ταύτᾱς	ταῦτα
属格	τούτου	ταύτης	τούτου	τούτων	τούτων*	τούτων
与格	τούτῳ	ταύτῃ	τούτῳ	τούτοις	ταύταις	τούτοις

　やはり男性と女性の主格が [h] で始まる以外は、語頭が τ- になっていますね。それを確認したうえで、語尾の変化（太字部分）のパターンを捉えましょう。中性の単数・主格が o で終わるのがやや特殊ですが、そのほかは〈ος – η – ον タイプ〉の形容詞と同じです。ただし女性・複数・属格が ταυ- ではなく、左右と同じく τούτων になることには要注意です。

　ἐκεῖνος の変化表は、先ほど確認した単数・主格（ἐκεῖνος, ἐκείνη, ἐκεῖνο）を出発点にして、その語尾だけを οὗτος と同様に変化させてつくります。この代名詞は男性と女性の主格を含めて、変化表のすべての語形に ἐκειν- が現れます。

練習問題35-1　上記の説明を参考にして、指示代名詞 ἐκεῖνος の変化表を書いてください。それができたら ὅδε と οὗτος の変化表とともに全体を何度か発音して、指示代名詞の音に慣れるとよいでしょう。

2　指示代名詞と定冠詞

　この課のはじめに述べたように、指示代名詞は何かを指し示す代名詞です。男性・単数・主格の οὗτος を使えば「その男が」の意味を表すことができますし、女性形の αὕτη なら「その女が」の意味を、中性形の τοῦτο なら「その物」や「そのこと」の意味を表すことができます。性別と意味との関係を確認してください。例文も見ておきましょう。

（1）μετὰ **ταῦτα** εἰς τὸ ἄστυ εἰσήλθομεν.
　　それらの後で私たちはその町に入った。

　中性・複数・対格の ταῦτα が、前置詞 μετά とセットで「それらのことの後で」の意味を表している文です。残りの部分は εἰσ|έρχομαι（中へ進

む）のアオリスト εἰσήλθομεν（1人称・複数）を中心として、そこに前置詞句 εἰς τὸ ἄστυ（その町の中へ）が付いています。

　指示代名詞はこのように単独で何かを指示して使うこともできますが、それよりもむしろ〈定冠詞＋名詞〉と一緒に使う方がふつうです。その際、たとえば οὗτος ὁ ἀνήρ（その男は）や αὕτη ἡ γυνή（その女は）のように、**指示代名詞は必ず〈定冠詞＋名詞〉の外側に置く**ということを覚えておいてください。ὁ ἀνὴρ οὗτος のように後ろに置いても構いません。

　このような表現をするとき、指示代名詞の性・数・格は関係する名詞に一致させてください。練習問題で確認しておきましょう。

【練習問題35-2】　日本語の意味を表すように、空所に οὗτος の適切な語形を入れてください。3の αὐτούς については78ページを参照。

1. その詩人は君を愛している。
   （　　　　　　　）ὁ ποιητὴς φιλεῖ σε.
2. その詩人を君は愛している。
   （　　　　　　　）τὸν ποιητὴν φιλεῖς.
3. その女たちは彼らを愛していた。
   （　　　　　　　）αἱ γυναῖκες αὐτοὺς ἐφίλουν.

3　指示代名詞の用法

　ここで指示代名詞の用法を確認しておきましょう。すでに話題に出たものなどを指して「その…」ということは定冠詞でもできますが、指示代名詞を使うとそれよりも指し示す感じが強くなります。それによってどのような意味合いが生じるのかを、少し詳しく確認しておきましょう。次の絵のように捉えておくと分かりやすいと思います。

　まず ὅδε は**自分に近いものを指して**「これ」とか「この…」の意味を表す代名詞です。そのため1人称的な代名詞といわれることもあります。それに対して οὗτος は、**相手に近いものを指して**「それ」とか「そ

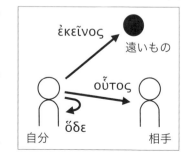

の…」の意味を表します。先ほどと同様に2人称的な代名詞と捉えてもよいでしょう。最後の ἐκεῖνος は、**自分からも相手からも遠いものを指して**「あれ」とか「あの…」の意味を表す、3人称的な代名詞です。たとえば練習問題35-2の οὗτος ὁ ποιητής には、「<u>君の近くにいるその詩人</u>」や「<u>君の考えているその詩人</u>」といった意味合いがあります。指示代名詞を変更して ὅδε ὁ ποιητής とすれば「<u>私の近くにいる／私の考えているこの詩人</u>」という意味合い、ἐκεῖνος ὁ ποιητής とすれば「<u>私たちから遠くにいるあの詩人</u>」という意味になります。

　以上のことを基本として、やや特別な用法も確認しておくことにしましょう。相手に近いものを指す οὗτος は、相手が持っている情報を指し示すような感じで、**すでに述べられた「そのこと」**を意味することがあります。反対に ὅδε は自分が持っている情報（相手はまだそれを知らない）を指し示して、**これから述べる「このこと」**を意味することができます。

(2) Ἀλέξανδρος μὲν **ταῦτα** εἶπεν, Διογένης δὲ **τάδε** ἀπεκρίνατο.
　　アレクサンドロスがこう言ったのに対して、ディオゲネースは次のように答えた。

　述語動詞 εἶπεν（< λέγω）と ἀπεκρίνατο [ῑ]（< ἀπο|κρίνομαι [ῑ]）を中心に、その主語が μέν – δέ で対比された構文（76ページ）です。アレクサンドロスが言った ταῦτα は「すでに述べられたこと」を意味していて、ディオゲネース が言った τάδε は「これから述べられること／まだ述べられていないこと」を意味していることを確認してください。

　また ἐκεῖνος が遠いものを指し、οὗτος が（相手に）近いものを指すという感覚から、以下のような用法が生まれます。

(3) καὶ ὁ Σωκράτης καὶ ὁ Ὅμηρος γνώριμοί εἰσιν· **ἐκεῖνος** μὲν
　　φιλόσοφός ἐστιν, **οὗτος** δὲ ποιητής.
　　ソークラテースもホメーロスも有名だ。前者は哲学者で、後者は詩人だ。

　前半で二人の有名人の名前が挙がっていますが、後半では ἐκεῖνος が遠い方にある ὁ Σωκράτης を指し、οὗτος が近い方の ὁ Ὅμηρος を指し示しています。訳例ではそれぞれを **「前者」「後者」** と訳しましたが、具体

的な名前を繰り返して「ソークラテースの方は…ホメーロスの方は…」と
してもよいでしょう。この文の中ほどにある句読点については、150ページ
の囲みを参照してください。

練習問題35-3 各文を発音したうえで、指示代名詞（太字）に注意し
て訳してください。

1. **ἐκεῖνον** τὸν ποιητὴν μάλα ἐπαινοῦμεν.
2. **αἵδε** αἱ γυναῖκες οὐ πιστεύουσι **τούτῳ** τῷ ἀνδρί.
3. **οὗτοι** οἱ κατήγοροι πολλοί εἰσιν ἐν τῇ πόλει.
4. **ταῦτα** μὲν ἔλεξας, ἔδρᾱσας δὲ **τάδε**.

[そのほかの指示語]

この課で学んだように οὗτος は「それ」などの意味を表す代名詞ですが、それを
οὕτως にすると「そのように」という指示的な副詞になります（副詞については
第23課を参照）。また τοι- を付けて τοιοῦτος にすると「そのような」という種類
に関する指示語に、τοσ- を付けて τοσοῦτος にすると「それほど大きな」など、
大きさに関する指示語になります。οὗτος を基本とする関連語として押さえてお
くとよいでしょう。

第36課 | 関係代名詞

1 関係代名詞の語形

　たとえば英語で the man who is looking for us といえば「私たちを探しているその男」の意味ですが、この who is looking for us を**関係節**、その前にある the man を**先行詞**といいます。関係節は先行詞を説明する役割を果たしますが、その先頭には who や which などの**関係詞**（関係代名詞や関係副詞）が現れて、ここから関係節が始まるという目印になります。まずは上に挙げた英語の例を使って、関係節と先行詞、また関係詞という言葉がそれぞれ何を指しているかを確認してください。

　さて、この課ではギリシャ語の関係代名詞について学びます。基本的な考え方は英語などの場合と同じですが、ギリシャ語の代名詞には性・数・格の区別があるので、そこに注意する必要があります。まずはもっとも基本となる関係代名詞 ὅς、ἥ、ὅ の変化表を観察しましょう。

	単　数			複　数		
	男性	女性	中性	男性	女性	中性
主格	ὅς	ἥ	ὅ	οἵ	αἵ	ἅ
対格	ὅν	ἥν	ὅ	οὕς	ἅς [ᾱ]	ἅ
属格	οὗ	ἧς	οὗ	ὧν	ὧν	ὧν
与格	ᾧ	ᾗ	ᾧ	οἷς	αἷς	οἷς

　いつものように変化表の全体を発音しながら確認してください。すべての語形が [h] の音で始まっていることに気づくと思います。そのうえで、以下の練習問題を使って、もう少し詳しく特徴を見ることにしましょう。

練習問題36-1　定冠詞の変化表（33ページ）を書き出して、関係代名詞の変化表と見比べてください。

　定冠詞と関係代名詞の変化表を見比べて、どのような特徴に気づくでしょうか？　まず気づいて欲しいのは、男性と女性の主格を除いて、定冠詞

187

の語頭にある τ- を［h］に変えると関係代名詞になるということです。男性・単数・対格なら τόν ⇒ ὅν、その下の属格なら τοῦ ⇒ οὗ という要領で確認してみてください。もうひとつ大切なのは、関係代名詞はすべての語形でアクセント記号が付くということです。女性・単数・主格は定冠詞も関係代名詞も発音が［hɛː］ですが、アクセント記号がない方を定冠詞、ある方を関係代名詞と捉えて区別します。

2　関係代名詞を使った文

　続いて関係代名詞の使い方を確認しましょう。たとえば「その詩人は私の先生だ」という文の「詩人」をもう少し詳しく説明したいとき、簡単な方法としては「その詩人を君は称賛している」のように別の文を続けることが考えられます。これをギリシャ語で表現すれば ὁ ποιητὴς διδάσκαλός μού ἐστιν· τὸν δὲ ποιητὴν ἐπαινεῖς. のようになりますが、このように 2 文に分けずに「君が称賛しているその詩人は私の先生だ」のように 1 文にまとめた方が、情報伝達の効率はよくなるはずです。

　そこで関係代名詞の出番です。先ほどの 2 つの文では「詩人」を表す語が ὁ ποιητής と τὸν ποιητήν で重複しているので、そのうち ὁ ποιητής の方を先行詞、τὸν ποιητήν を関係代名詞に変えて前半の文に組み込めば、次の文をつくることができます。その際、τὸν ποιητήν が男性名詞の単数・対格なので、関係代名詞は男性・単数・対格の語形（ὅν）を使います。

（1）ὁ ποιητὴς **ὃν** ἐπαινεῖς διδάσκαλός μού ἐστιν.
　　　君が称賛しているその詩人は私の先生だ。

　この文で大切なのは、先行詞の ὁ ποιητής を ὃν ἐπαινεῖς という関係節が説明して「君が称賛しているその詩人は」という長い主語をつくっていることです。また ὃν ἐπαινεῖς に注目すれば、関係代名詞に対格が使われることで「その詩人を君は称賛している」という意味関係を読み取ることができるでしょう。対応する英語表現 the poet whom you are praising も参考にしながら、構文の仕組みを観察してください。

　もうひとつ別の例を見ておきましょう。今度は τὴν θεὸν φοβοῦμαι.（その女神を私は恐れている）の「女神」を先行詞として、そこに τῇ θεῷ δῶρα παρέχουσιν.（その女神に彼らは贈り物を捧げている）という文を

組み込んでみましょう。τῇ θεῷ が女性名詞の単数・与格なので、関係代名詞には女性・単数・与格の語形（ᾗ）を使います。

(2) τὴν θεὸν ᾗ δῶρα παρέχουσι φοβοῦμαι.
　　彼らが贈り物を捧げている女神を私は恐れている。

　先行詞 τὴν θεόν を関係節 ᾗ δῶρα παρέχουσι が説明して「彼らが贈り物を捧げている女神を」の意味になっていますが、やはり ᾗ δῶρα παρέχουσι に注目すれば、関係代名詞が与格なので「その女神に贈り物を捧げる」の意味関係が示されています。対応する英語 the goddess whom they offer gifts の whom は間接目的語（…に）で、ギリシャ語の与格に相当します。

　ここまでの説明を踏まえて、関係代名詞の基本をルール的にまとめると次のようになります。下の練習問題で、どの語形を使えばよいかを確認しましょう。

> 関係代名詞を使うときには…
> 1.「性」と「数」は先行詞に一致させる。
> 2.「格」は関係節中での役割に応じて決める。

練習問題36-2　日本語の意味になるように、空所に適切な関係代名詞を入れてください。「…に従う」は〈πείθομαι ＋ 与格〉で表現します。

　1. 君が嫌っているその若者は私の友人だ。
　　ὁ νεᾱνίᾱς （　　　　） μῑσεῖς φίλος μοί ἐστιν.
　2. 君が愛しているその少女を私も愛している。
　　τὴν παρθένον （　　　　） φιλεῖς καὶ ἐγὼ φιλῶ.
　3. 私たちが従う将軍はとても強い。
　　ὁ στρατηγὸς （　　　　） πειθόμεθα κράτιστός ἐστιν.

　関係代名詞が前置詞と一緒に使われる場合についても、例文を確認しておきましょう。最後の ἦν は εἰμί の未完了過去（3人称・単数）です。141ページの囲みで語形を確認しておくとよいでしょう。

(3) ἡ νῆσος ἐν ᾗ πολλάκις ἐπαίζομεν καλλίστη ἦν.
　　私たちがよく遊んだ島はとても美しかった。

　この文では先行詞 ἡ νῆσος を関係節 ἐν ᾗ πολλάκις ἐπαίζομεν が説明し
ていますが、関係代名詞 ᾗ が前置詞 ἐν とともに「その島の中で」の意味
関係を表すことを確認してください。ᾗ を具体的に τῇ νήσῳ に置き換え
た、**ἐν τῇ νήσῳ** πολλάκις ἐπαίζομεν. と見比べておくとよいでしょう。

3　先行詞のない構文
　ここまで見てきたように、ギリシャ語では関係代名詞に**先行詞の性と数**
が反映しています。そのため「…な男」「…な女」「…な物／事」といった
程度の意味であれば、先行詞を使わずに示すことができます。

(4) **ὃν** μῑσεῖς ἀδελφός μού ἐστιν.
　　君が嫌っている男は私の兄（または弟）だ。
(5) **ἣν** μῑσεῖς ἀδελφή μού ἐστιν.
　　君が嫌っている女は私の姉（または妹）だ。

　まず (4) では関係節の ὃν μῑσεῖς が「君が嫌っている男」の意味を表し、
後ろの ἀδελφός μού ἐστιν に対する主語として機能しています。先ほどの
例文 (1)〜(3) では関係節が名詞を説明する働き（すなわち形容詞の働き）
をしていましたが、この文では**関係節だけで名詞の意味になっている**こと
がポイントです。これも形容詞の名詞用法（67ページ）と言ってよいでし
ょう。(4) では関係代名詞の ὅν が男性・単数なので「…な男」の意味で
すが、(5) のように女性・単数の ἥν を使えば「…な女」の意味になります。
　このような構文を解釈する際、関係節を「…は」と訳すか「…を」や「…
に」などと訳すかは、関係節以外の部分を見て決めてください。(4) で
は関係節以外の部分が … ἀδελφός μού ἐστιν. で「私の兄である」の意味
なので、関係節を主語として「…は」の意味で解釈します。次の文ではど
うでしょうか？

(6) **ὃν** μῑσεῖς ὁ διδάσκαλός μου ἐπαινεῖ.
　　君が嫌っている男を私の先生は称賛している。

関係節 ὃν μῑσεῖς は（4）と同じですが、それを外した … ὁ διδάσκαλός μου ἐπαινεῖ. が「私の先生は称賛している」の意味で「…を」が足りません。その穴を埋めるような感じで、ὃν μῑσεῖς を ἐπαινεῖ の目的語として解釈することになります。

練習問題36-3　各文を発音したうえで、関係節（太字部分）に注意して訳してください。1-3は関係節が先行詞を修飾する文、4と5は関係節が名詞として機能している文です。4の νέος は120ページの囲みを参照。

1．ἡ ἐλπὶς **ἣν διώκεις** τὴν δύναμιν οὐκ ἔχει.
2．βεβαίᾱ ἡ πόλις **ἧς δίκαιοι οἱ πολῖται**.
3．τὸν Ἀκταίωνα διεσπάσαντο οἱ κύνες **οὓς ἐθρέψατο**.
4．**ὃν οἱ θεοὶ φιλοῦσιν** ἀποθνήσκει νέος.
5．καλόν ἐστι τὸ θνήσκειν **οἷς ὕβριν τὸ ζῆν φέρει**.

4　牽引という特殊な現象

　関係代名詞についての基本的な仕組みは以上ですが、ギリシャ語を読んでいると、この基本を逸脱した用法に出会うこともよくあります。上記の基本を確実に押さえたうえで、余裕があればここまで学んでおくとよいでしょう。とくに大切なのが牽引（または同化）と呼ばれる現象です。

（7）ἤγαγεν στρατὸν ἀπὸ τῶν πόλεων **ὧν** ἔπεισεν.
　　　彼は軍隊を引き連れて、説得した諸ポリスを離れた。

　これは ἤγαγεν στρατὸν ἀπὸ τῶν πόλεων.（彼はそれらのポリスから軍隊を導いた）を主文とし、その τῶν πόλεων を先行詞として関係節 ὧν ἔπεισεν が「彼が説得した」の意味を加えた文です。先ほどの基本に従えば、関係節と先行詞との関係は「それらのポリスを説得した」なので、関係代名詞には対格の ἅς [ᾱ] を使うはずです。しかし先行詞の τῶν πόλεων に格を引っ張られて、関係代名詞が ἅς [ᾱ] ⇒ ὧν と変わってしまっています。このような現象は牽引と呼ばれ、**先行詞が属格か与格で、関係代名詞が対格になるはずのとき**に頻繁に起こります。もうひとつ例を見ておきましょう。

(8) ἐπαινῶ σε ἐφ' **οἷς** λέγεις.
　　君の発言ゆえに私は君を称賛する。

　この文は ἐπαινῶ σε が「私は君を称賛する」の意味を表し、その理由
を〈ἐπί ＋ 与格〉の前置詞句で述べる構造をしています。その「与格」の
ところに「君の発言（＝君が言っていること）」を入れるのですが、これ
をギリシャ語で表せば、中性の対格を使って **ἃ** λέγεις（英語なら what
you are saying で what は say の目的語）になるはずです。それが〈ἐπί
＋ 与格〉の与格に牽引されて（8）の文になることを確認してください。
　このような牽引とは反対に、先行詞の方が関係代名詞に格を引っ張られ
ることもあります（これを「逆の牽引」と呼ぶ）が、こちらは頻度がそれ
ほど高くないので、本書では説明を省略します。

［先行詞を関係節に取り込む構文］

たとえば「君が得ている名声を私も欲しい」をギリシャ語で表すと、τὴν δόξαν
ἣν ἔχεις καὶ ἐγὼ ἐθέλω. になります。中心をなす τὴν δόξαν ... καὶ ἐγὼ ἐθέλω.（そ
の名声を私も欲しい）の τὴν δόξαν を先行詞として、関係節 ἣν ἔχεις（[その名声
を] 君が持っている）が付いた基本的な文ですが、そこから先行詞が関係節に取
り込まれて、**ἣν δόξαν ἔχεις** καὶ ἐγὼ ἐθέλω. となることがあります。先行詞が定
冠詞を失い、ἣν ἔχεις と一体化していることを確認しておくとよいでしょう。

第37課 不定関係代名詞、様々な疑問文

1 不定関係代名詞

関係代名詞（ὅς, ἥ, ὅ）に不定代名詞（τις, τι）を付けると、曖昧な表現をつくる不定代名詞の働き（91ページ）によって、**特定の人や物を意識しない関係節をつくる**ことができます。そのような特別な関係代名詞を不定関係代名詞と呼び、下表のような格変化をします。

	単　　数			複　　数		
	男性	女性	中性	男性	女性	中性
主格	ὅστις	ἥτις	ὅ τι	οἵτινες	αἵτινες	ἅτινα
対格	ὅντινα	ἥντινα	ὅ τι	οὕστινας	ἅστινας [ᾱ]	ἅτινα
属格	οὗτινος	ἧστινος	οὗτινος	ὧντινων	ὧντινων	ὧντινων
与格	ᾧτινι	ᾗτινι	ᾧτινι	οἷστισι(ν)	αἷστισι(ν)	οἷστισι(ν)

関係代名詞（太字部分）と不定代名詞（太字以外の部分）がともに格変化していて、アクセントは関係代名詞のものがそのまま使われていることを確認してください。ところどころ53-54ページの制限規則に従わない語形（οὗτινος や ᾧτινι など）がありますが、これは関係代名詞の格変化がまずあって、それに不定代名詞が添えられているためです。中性・単数・主／対格が ὅ τι であることにも注目しましょう。このように表記することで、「...ということ」などを意味する接続詞の ὅτι と区別できます。

先ほど見たように不定関係代名詞は特定の人や物を意識せず、先行詞に対して「（一般的に）...するような」という意味を加えます。

（1）στρατηγῷ **ὅστις** ταῦτα κελεύει οὐ πείσομαι.
そんな命令をするような将軍に私は従わない。

この文では οὐ πείσομαι（< πείθομαι）が「私は従わない／従うつもりはない」という未来の意味を表し、その目的語 στρατηγῷ に不定関係代名詞を使った関係節 ὅστις ταῦτα κελεύει が付いています。στρατηγῷ **ὅστις** ταῦτα κελεύει が「そんな命令をするような将軍」の意味を表しているこ

とを確認してください（ταῦτα は「それらのことを」の意味）。ふつうの
関係代名詞を使って στρατηγῷ ὃς ταῦτα κελεύει とすると「そんな命令
をする将軍」というはっきりした意味になりますが、そこに不定代名詞の
τις が加わることで「ような」という曖昧な意味合いになっています。

　このような特定のものを指し示さない曖昧さは、「…な人は誰でも」や
「…な物／事は何でも」という意味に繋がっていきます。

（2）**ὅ τι** ἐθέλεις δώσω.
　　君が欲しいものは何でも与えよう。

　この文では不定関係代名詞の中性形を使った ὅ τι ἐθέλεις が、述語動詞
δώσω（< δίδωμι 与える）の目的語として「君が欲しいようなもの」の
意味を表しますが、上記のように「君が欲しいものは何でも（whatever
you want）」と訳した方が分かりやすいでしょう。男性形を使って ὅστις
σε φιλεῖ とすれば「君を愛している人は誰でも」の意味になります。

　不定関係代名詞にはもうひとつ、間接疑問文（ほかの文に組み込まれた
疑問文）を導く用法もあります。

（3）καί σοι λέξω **ὅστις** ταῦτα εἶπεν.
　　誰がそのように言ったのかを君にも話そう。

（4）καί σοι λέξω **ὅστις ποιητὴς** ταῦτα εἶπεν.
　　どんな詩人がそのように言ったのかを君にも話そう。

　例文（3）では不定関係代名詞を使った ὅστις ταῦτα εἶπεν が、「誰がそ
のように言ったのか」という間接疑問文として λέξω の目的語になってい
ます。疑問代名詞の τίς を使って καί σοι λέξω **τίς** ταῦτα εἶπεν. としても
同じ意味を表すことができますが、ὅστις を使う方がふつうです。例文（4）
のように ὅστις を名詞とセットで使うこともできます。

練習問題37-1　各文を発音したうえで、不定関係代名詞（太字部分）に注意して訳してください。3の καὶ ἐγώ は「私も」の意味、4の ὅνπερ については下の囲みを参照すること。

1. μακάριός ἐστιν **ὅστις** οὐσίᾶν καὶ νοῦν ἔχει.
2. ὁ κῆρυξ ἠρώτησεν **ὅστις** ὁ ἡμέτερος ἡγεμών ἐστιν.
3. **ὅντινα** φιλεῖς καὶ ἐγὼ φιλεῖν ἐθέλω.
4. τὸν ποιητὴν **ὅνπερ** φιλεῖς καὶ ἐκείνη ἡ παρθένος φιλεῖ.

［強意的な関係代名詞］

先ほど関係代名詞に τις / τι を付けると「...ような」という曖昧な意味になることを確認しましたが、関係代名詞に接尾辞として -περ を付けると、反対に「まさに...」という強意的な表現をつくることができます。たとえば ἔχεις τὸ αὐτὸν ἁμάρτημα.（君は同じ過ちを持っている）の ἁμάρτημα を先行詞として、関係節 **ὅπερ** οἱ ποιηταὶ ἔχουσιν（［まさにその過ちを］その詩人たちが持っている）を続けて ἔχεις τὸ αὐτὸν ἁμάρτημα **ὅπερ** οἱ ποιηταὶ ἔχουσιν. にすると、「君はその詩人たちが持っているのとまさに同じ過ちを持っている」という意味になります。関係代名詞の性・数・格が変わっても、ὅσπερ や ἥπερ などのように -περ の部分は変わらないので注意してください。

［関係副詞］

第23課で学んだように副詞は格変化を起こさない語です。関係副詞も同様で、辞書などに出てくる語形をそのまま覚えていけば大丈夫です。関係副詞には場所を表す ἔνθα や οὗ（英語の where に相当）、時を表す ὅτε（英語の when）、手段や様態を表す ὡς（英語の how）などのほか、ὅστις と同じく「...ような」という一般的な意味合いを表す ὅπου や ὁπότε、ὅπως（順に οὗ、ὅτε、ὡς に対応する）などがあります。本書では説明を省きますが、少しずつ学んでいってください。

2　様々な疑問文

先ほど間接疑問文の話が出たので、ギリシャ語の疑問文について簡単に確認しておきましょう。まずは以下の文を見てください。

(5) **ἆρα** γράφεις;　　あなたは書いていますか？

(6) **ἆρ’ οὐ** γράφεις;　　あなたは書いているのでしょう？

(7) **ἆρα μὴ** γράφεις;　あなたは書いていないのでしょう？

　例文（5）は yes か no かを尋ねるふつうの疑問文です。ἆρα が疑問文の目印だということは、すでに何度か確認しましたね。この ἆρα の代わりに ἆρ’ οὐ を使って（6）のようにすると、**yes の答えを期待する疑問文**になります。「きっと書いているはずだ」という期待を込めて、相手に尋ねる感じの文です。その反対が（7）の文で、ἆρα μή を使うことによって **no の答えを期待する文**をつくることができます。尋ねる側の「きっと書いていないだろう」という気持ちが窺われる文です。

　このような yes か no かを尋ねる疑問文に答えるには、ναί（yes）や οὔ（no）という副詞で答えるほか、γράφω. や οὐ γράφω. のように動詞を繰り返したり、ἐγώ. や οὐκ ἐγώ. のように人称代名詞の主格を使うなど、様々な方法があります。このようなやりとりについては、今後の勉強のなかで対話型の文章（プラトンの対話篇や悲劇／喜劇の作品など）を読みながら、少しずつ学んでいってください。

　次に、疑問文をほかの文に組み込む（間接疑問文にする）仕方も確認しておきましょう。先ほどの疑問文を例にすれば次のようになります。

(8) ὁ διδάσκαλος ἐρωτήσει **εἰ** γράφεις.
　　先生は君が書いているか尋ねるだろう。

　この εἰ は「...かどうか」を意味する接続詞で、英語の if に相当します。εἰ γράφεις（君が書いているかどうか）が ἐρωτήσει（< ἐρωτάω 尋ねる）の目的語になっていることを確認してください。

　次に疑問詞を使った文を見ましょう。疑問代名詞の τίς や τί（第17課）のほか、疑問副詞の ποῦ（どこで／に？）や πόθεν（どこから？）、ποῖ（どこへ？）、πότε（いつ？）、πῶς（どのように？）を使えば、次のような疑問文をつくることができます。

(9) **ποῦ** ὁ φιλόσοφος οἰκεῖ;
　　その哲学者はどこに住んでいるのか？

このような疑問文をほかの文に組み込むときには、使う疑問詞が変わるので注意してください。まずは ὅστις（誰？）、ὅ τι（何？）、ὅπου（どこで／に？）、ὁπόθεν（どこから？）、ὅποι（どこへ？）ὁπότε（いつ？）、ὅπως（どのように？）を、先ほどの疑問詞と対応させて確認しましょう。ὅστις と ὅ τι については194ページで確認しましたね。

（10）οὐκ οἶδα **ὅπου** ὁ φιλόσοφος οἰκεῖ.
　　　その哲学者がどこに住んでいるか私は知らない。

構文的なポイントは、ὅπου 以下（その哲学者がどこに住んでいるか）が οὐκ οἶδα（私は知らない）の目的語になっていることです。この文や例文（8）のように、ほかの文に組み込まれて主語や目的語として機能する疑問文のことを**間接疑問文**といい、それに対して（7）や（9）のように相手に問いかける疑問文のことを**直接疑問文**ということも、念のため確認しておいてください。

選択肢を提示して「...か（それとも）...か？」と問うときには、次のように πότερον ... ἢ ... ; の形式を使います。

（11）**πότερον** γελῶσιν **ἢ** δακρύουσιν;
　　　彼らは笑っているの？　それとも泣いているの？

（12）οὐκ οἶδα **πότερον** γελῶσιν **ἢ** δακρύουσιν.
　　　彼らが笑っているのか泣いているのか分からない。

πότερον は「どちら？」を意味する副詞で、ἤ は「あるいは／それとも」を意味する接続詞（英語の or に相当）ですが、定型的なコンビネーションとして覚えておきましょう。この表現は（12）のように間接疑問文でもそのまま使うことができます。

第38課 ｜ μι 動詞の組織（能動態）

1 μι 動詞の能動態①：現在

動詞についてはこれまで ω 動詞を学んできましたが、ギリシャ語にはこれとは別に μι 動詞と呼ばれるものがあります（19ページ）。μι 動詞には ω 動詞とは異なる特徴があるので、それを捉えて注意深く学んでいく必要があります。まずは δίδωμι（与える）と τίθημι（置く）の現在・能動態の活用を確認しましょう。

	単数	複数
1人称	δίδωμι	δίδομεν
2人称	δίδως	δίδοτε
3人称	δίδωσι(ν)	διδόᾱσι(ν)

	単数	複数
1人称	τίθημι	τίθεμεν
2人称	τίθης	τίθετε
3人称	τίθησι(ν)	τιθέᾱσι(ν)

いつものように語尾（太字部分）の変化が大切ですが、この変化表には語尾以外にも特徴的なところがあります。語尾の直前の母音に注目してください。そこが δίδωμι の変化表では単数で διδω-、複数で διδο- になっていて、τίθημι では単数で τιθη-、複数で τιθε- になっています。**単数では長母音が現れるのに対して、複数では短母音が現れる**ことを確認してください。そのうえで -μι、-ς、-σι(ν)、-μεν、-τε、-ᾱσι(ν) という、ω 動詞とは違う語尾を覚えることになります。

続いて ἵημι [ῑ]（放つ）と ἵστημι（立てる）の変化を観察しましょう。

	単数		複数	
1人称	ἵημι	[ῑ]	ἵεμεν	[ῑ]
2人称	ἵης	[ῑ]	ἵετε	[ῑ]
3人称	ἵησι(ν)	[ῑ]	ἱᾶσι(ν)	[ῑ]

	単数	複数
1人称	ἵστημι	ἵσταμεν
2人称	ἵστης	ἵστατε
3人称	ἵστησι(ν)	ἱστᾶσι(ν)

まず ἵημι の i がすべて長いことを確認したうえで、そのあとの母音に注目してください。単数では ἱη-、複数では ἱε- なので、先ほどの τίθημι と同様の対応が認められます。ただし3人称・複数には要注意です。δίδωμι と τίθημι で確認した基本に従えば ἱέ-ᾱσι(ν) になるはずですが、そこか

198

らハイフンの左右の母音が融合して iᾶσι(ν) になっているのです。

ἵστημι も同様です。単数の ἱστη- に長母音が、複数の ἱστα- に短母音が現れていることを確認して、そこに語尾 -μι、-ς、-σι(ν)、-μεν、-τε、-ᾱσι(ν) を適用してください。3人称・複数は ἱστά-ᾱσι(ν) ⇒ ἱστᾶσι(ν) になります。このような母音融合がどの単語で起こりどの単語で起こらないかは、動詞ごとに覚える必要があります。

これらの動詞の現在不定詞は、それぞれ διδόναι、τιθέναι、ἱέναι [ῐ]、ἱστάναι です。いずれも複数形と同じ短母音の語幹に -ναι が付いた語形で、アクセントは -ναι の直前に来ることを確認してください。

練習問題38-1　前ページにある4つの変化表を書き写して、単数と複数との語幹の違いに注意しながら何度か発音してください。語尾だけを取り出して -μι、-ς、-σι(ν)、-μεν、-τε、-ᾱσι(ν) と練習するのもよいでしょう。

2　μι 動詞の能動態②：未完了過去

次に未完了過去の語形を確認しましょう。先ほどの動詞の未完了過去・能動態は以下のように活用します。

	単数	複数
1人称	ἐδίδουν	ἐδίδομεν
2人称	ἐδίδους	ἐδίδοτε
3人称	ἐδίδου	ἐδίδοσαν

	単数	複数
1人称	ἐτίθην	ἐτίθεμεν
2人称	ἐτίθεις	ἐτίθετε
3人称	ἐτίθει	ἐτίθεσαν

	単数	複数
1人称	ἵην [ῑ]	ἵεμεν [ῑ]
2人称	ἵεις [ῑ]	ἵετε [ῑ]
3人称	ἵει [ῑ]	ἵεσαν [ῑ]

	単数	複数
1人称	ἵστην [ῑ]	ἵσταμεν [ῑ]
2人称	ἵστης [ῑ]	ἵστατε [ῑ]
3人称	ἵστη [ῑ]	ἵστασαν [ῑ]

変化表の数が多くて大変ですが、無理やり暗記しようとする前に、全体を大きく眺めて特徴を確認しましょう。どんなことに気づくでしょうか？

特徴を捉えやすいのは複数形です。διδο- や τιθε- などの短母音の語幹の左に加音（ἐ-）が付いて、語尾には -μεν、-τε、-σαν を使います。ἵημι はもともと語頭の i- が長いので加音を付けても長さは変わりませんが、ἵστημι は加音によって語頭の i- が長くなっています。加音について怪しいようで

あれば139-140ページを復習してください。

　このように複数形の特徴は捉えやすいのですが、それに対して単数形は単語ごとに確認する必要があります。まず δίδωμι は ἐδιδου- を語幹として、そこに第三アオリストの単数形と同じ語尾（148ページ）を付けた形をしています。それと同様に捉えられるのが ἵστημι で、こちらは ἵστη- [ῑ] に同じ語尾が付いていると捉えておけば大丈夫でしょう。それに対して τίθημι と ἵημι [ῑ] は少し変なところがあります。1人称は ἐτίθην と ἵην [ῑ] で先ほどの ἵστην [ῑ] に似ていますが、2人称は ἐτίθεις と ἵεις [ῑ]、3人称は ἐτίθει と ἵει [ῑ] で、太字部分の母音が η から ει に変わっていて一貫性がありません。このあたりに注意して、変化表を覚えてください。

練習問題38-2　前ページにある4つの変化表を書き写して、それぞれの動詞の単数形を何度か発音してください。複数形については全体を大きく見渡し、先ほどの説明を頼りに特徴を確認してください。

［見出し語が -νῡμι の動詞］

δείκνῡμι（提示する）や κεράννῡμι（混ぜる）など -νῡμι で終わる動詞は、現在も未完了過去も規則的に活用します。単数では -νῡ- が長く、複数では -νυ- が短いことに注意して、まず現在形を観察しましょう。

	単数	複数
1人称	δείκνῡμι	δείκνυμεν
2人称	δείκνῡς	δείκνυτε
3人称	δείκνῡσι(ν)	δεικνύᾱσι(ν)

現在不定詞は δεικνύναι で、やはり規則的な語形です。続いて未完了過去を観察します。-νῡ- / -νυ- のところも語尾も、規則性は捉えやすいでしょう。前ページの4つの表と見比べてみてください。

	単数	複数
1人称	ἐδείκνῡν	ἐδείκνυμεν
2人称	ἐδείκνῡς	ἐδείκνυτε
3人称	ἐδείκνῡ	ἐδείκνυσαν

3 μι 動詞の能動態③：未来とアオリスト

　未来とアオリストについては、まず1人称・単数の語形から確認しましょう。現在形（見出し語）と並べて示すと以下のようになります。

現在（1人称・単数）		未来	アオリスト
δίδωμι	与える	δώσω	ἔδωκα*
τίθημι	置く	θήσω	ἔθηκα*
ἵημι [ῑ]	放つ	-ήσω	-ἧκα*
ἵστημι	立てる	στήσω	ἔστησα / ἔστην
δείκνῡμι	提示する	δείξω [< -κ-σω]	ἔδειξα [< -κ-σα]

　未来形は δίδωμι、τίθημι、ἵημι [ῑ]、ἵστημι、δείκνῡμι の下線部に、未来時制の語尾 -σω を付けてつくります。活用のパターンは παύσω（131ページ）と同じで、難しいところはありません。-ήσω のようにハイフンで始まる語形は、基本的に接頭辞を伴って（ἀφήσω < ἀφ|ίημι [ῑ] など）現れます。

　アオリストも上記の下線部を中心として構成されます。アスタリスクを付けた3つはいずれも -κα で終わる、やや特殊な語形です。δίδωμι – δώσω – ἔδωκα のように並べて覚えるようにしてください。活用にも特殊なところがあるので、それについては次ページで説明します。それに対して ἔστησα と ἔδειξα のように -σα で終わる語形は ἔπαυσα（144ページ）と同様に活用します。

　ἵστημι のアオリストには2つの語形があり、ἔστησα を「立てた」という他動詞の意味で、ἔστην（148ページで見た第三アオリストのパターン）を「立った」という自動詞の意味で使います。「立っている」という状態を完了形の ἕστηκα（第40課）で表すこととあわせて確認しておくとよいでしょう。

　以上の説明から、活用を特別に確認しておくべきなのは ἔδωκα、ἔθηκα、-ἧκα だけです。ἔπαυσα と同様に活用する ἔδειξα とあわせて、変化表を観察してみましょう。

	単数	複数
1人称	ἔδωκα	ἔδομεν
2人称	ἔδωκας	ἔδοτε
3人称	ἔδωκε(ν)	ἔδοσαν

	単数	複数
1人称	ἔθηκα	ἔθεμεν
2人称	ἔθηκας	ἔθετε
3人称	ἔθηκε(ν)	ἔθεσαν

	単数	複数
1人称	-ἧκα	-εἷμεν
2人称	-ἧκας	-εἷτε
3人称	-ἧκε(ν)	-εἷσαν

	単数	複数
1人称	ἔδειξα	ἐδείξαμεν
2人称	ἔδειξας	ἐδείξατε
3人称	ἔδειξε(ν)	ἔδειξαν

　まず ἔδωκα と ἔθηκα を見ると、単数に ἐδω- / ἐθη- という長い母音が、複数に ἐδο- / ἐθε- という短い母音が現れています。単数の語尾 -κα、-κας、-κε(ν) は144ページで見た -σα、-σας、-σε(ν) とよく似ているので、ぜひ並べて覚えてください。複数の -μεν、-τε、-σαν は未完了過去の語尾と同じです。未完了過去 ἐδίδομεν、ἐδίδοτε、ἐδίδοσαν を、アオリストの ἔδομεν、ἔδοτε、ἔδοσαν と比べておくのも有益だと思います。

　次に -ἧκα を見ると、単数が -ἧ- で複数が -εἷ- になっていますが、それに続ける語尾は ἔδωκα / ἔθηκα と同じです。変化表を大きく見比べながら、特徴を捉えるようにしてください。なお、これらの動詞のアオリスト不定詞は δοῦναι、θεῖναι、εἷναι です（-ναι が不定詞の語尾）。特別な語形として覚えておくのがよいでしょう。

練習問題38-3　ἔπαυσα（144ページ）と ἔβην（148ページ）の変化表を参考に、ἔστησα と ἔστην の活用を書いてください。

練習問題38-4　各文を発音したうえで、μι 動詞（太字）に注意して訳してください。3の τίθημι は「...を...にする」の意味で使われています。

1. κυνὶ **δίδως** ἄχυρα, ὄνῳ δὲ ὀστᾶ.
2. μόνος ὁ χρόνος δίκαιον ἄνδρα **δείκνῡσιν**.
3. ἡ πλάνη βίον **τίθησι** σοφώτερον.
4. αἰσχρόν ἐστιν εὐεργέτᾱς **προδοῦναι**.

［不規則動詞 εἰμι と φημί］

μι 動詞には重要な不規則動詞がいくつかあります。そのうち εἰμί の活用について
は学びました（現在38ページ、未来137ページ、未完了過去141ページ）が、こ
こでは εἶμι（行く）と φημί（言う／主張する）の活用を見ておきましょう。

	現 在		未完了過去	
	単数	複数	単数	複数
1人称	εἶμι	ἴμεν	ᾖα / ᾖειν	ᾖμεν
2人称	εἶ	ἴτε	ᾔεισθα / ᾔεις	ᾖτε
3人称	εἶσι(ν)	ἴᾱσι(ν)	ᾔει(ν)	ᾖσαν / ᾔεσαν

1人称	φημί	φαμέν	ἔφην	ἔφαμεν
2人称	φής / φής	φατέ	ἔφησθα / ἔφης	ἔφατε
3人称	φησί(ν)	φᾱσί(ν)	ἔφη	ἔφασαν

規則的なところは太字で示しています。全体的に複数形は規則性が高いですが、
単数では2人称を中心に不規則な語形が現れます。現在不定詞はそれぞれ ἰέναι
と φάναι です。εἶμι の現在形が実際には ἔρχομαι の未来として使われること（264
ページを参照）と、οὔ φημι で「…と言わない」⇒「否定する」の意味になるこ
とは覚えておくとよいでしょう。φημί の現在形は2人称・単数の φής / φής を除
いて前接語（41ページ）です。

第39課 μι 動詞の組織（中動態と受動態）

1 μι 動詞の中動態と受動態①：現在と未完了過去

第38課で学んだように μι 動詞の能動態の活用には注意すべきことが様々ありましたが、中動態と受動態はそれに比べて単純な組織をしています。まずは δίδωμι と τίθημι の現在形を確認しましょう。

	単数	複数
1人称	δίδομαι	διδόμεθα
2人称	δίδοσαι	δίδοσθε
3人称	δίδοται	δίδονται

	単数	複数
1人称	τίθεμαι	τιθέμεθα
2人称	τίθεσαι	τίθεσθε
3人称	τίθεται	τίθενται

いずれも短母音の語幹 διδο- / τιθε- に、語尾 -μαι、-σαι、-ται、-μεθα、-σθε、-νται を付けてつくります。この語尾は繰り返し発音して覚えてしまうとよいでしょう。能動態のように単数と複数とで語幹が揺れることはありません。ἵημι [ῐ]、ἵστημι、δείκνῡμι の変化表も、短母音の語幹 ἱε- [ῐ] / ἱστα- / δεικνυ- に上記の語尾を付けてつくることができます。現在不定詞の語形は δίδοσθαι、τίθεσθαι、ἵεσθαι [ῐ]、ἵστασθαι、δείκνυσθαι です。

続いて未完了過去を確認しましょう。

	単数	複数
1人称	ἐδιδόμην	ἐδιδόμεθα
2人称	ἐδίδοσο	ἐδίδοσθε
3人称	ἐδίδοτο	ἐδίδοντο

	単数	複数
1人称	ἐτιθέμην	ἐτιθέμεθα
2人称	ἐτίθεσο	ἐτίθεσθε
3人称	ἐτίθετο	ἐτίθεντο

どちらも短母音の語幹 διδο- / τιθε- を使い、その左側に加音の ἐ- を、右側に過去時制の中動／受動語尾 -μην、-σο、-το、-μεθα、-σθε、-ντο を付けた構成です。この語尾も繰り返し発音して覚えてしまうのがよいでしょう。ἵημι [ῐ]、ἵστημι、δείκνῡμι の変化表もこれと同様に、短母音の語幹に加音を施した ἱε- [ῐ] / ἱστα- [ῐ] / ἐδεικνυ-（ἱε- の ι はもともと長いのでそのまま）に、上記の語尾を付けてつくることができます。

現在と未完了過去では中動態と受動態が同形であることも、念のため確

認しておいてください。ギリシャ語の動詞組織において、両者が異なる語形になるのは未来とアオリストだけです（149ページ）。

練習問題39-1 ここまでの説明を参考にして、ἵημι [ῑ̆]、ἵστημι、δείκνῡμι の現在と未完了過去の中動／受動態の活用を書いてください。

練習問題39-2 これらと同様の活用をする重要動詞に δύναμαι（力がある／...できる）があります。能動態の語形を持たない欠如動詞ですが、その現在と未完了過去の活用を書いてください。

2 μι 動詞の中動態と受動態②：未来

これまで見てきた μι 動詞の未来形（1人称・単数）を、前の課で学んだ能動態の語形とあわせて並べると以下のようになります。

		能動態	中動態	受動態
δίδωμι	与える	δώσω	δώσομαι	δοθήσομαι
τίθημι	置く	θήσω	θήσομαι	τεθήσομαι*
ἵημι [ῑ̆]	放つ	-ἥσω	-ἥσομαι	-ἑθήσομαι
ἵστημι	立てる	στήσω	στήσομαι	σταθήσομαι
δείκνῡμι	提示する	δείξω	δείξομαι	δειχθήσομαι*

中動態の語形はいずれの動詞でも、能動態の -σω を -σομαι に変えるだけです。この対応は規則動詞の παύσω – παύσομαι と同じで、人称と数に応じた活用も παύσομαι（131ページ）と同様に行います。

受動態の語形は、短母音の語幹（δω- ではなく δο- など）に -θησομαι を付けてつくります（-θη- が受動態の目印）。語尾の -σομαι は先ほどの中動態と同じなので、それと同様の活用パターンをとります。

アスタリスクを付した語形は説明が必要でしょう。まず τίθημι の未来・受動態ですが、ひとつ上の δοθήσομαι と中動態の δώσομαι との対応から考えると、θεθήσομαι という形になるはずです。しかしそれでは帯気音 [tʰ] の音節が連続してしまうので、105ページで見たグラスマンの法則によって τεθήσομαι という語形になります。この法則は一見すると不規則に思われる語形を説明するに大切なものですから、この機会に復習して

おくとよいでしょう。

　δείκνῡμι の未来形はすべて語幹 δεικ- から規則的につくります。このように見出し語が -νῡμι になる動詞の未来形は、ほかの μι 動詞のような長母音と短母音との対立を考える必要がありません。能動態が δείκ-σω ⇒ δείξω に、中動態が δείκ-σομαι ⇒ δείξομαι になることはもう大丈夫でしょう。受動態では δεικ-θή-σομαι ⇒ δειχθήσομαι と綴りが変化しますが、これは δεικ- の κ が θ [tʰ] に引っ張られて帯気音になるという現象です。151ページの囲みにある ἐβλάβ-θην ⇒ ἐβλάφθην も参照してください。

練習問題39-3　ここまでの説明を参考にして、δίδωμι の未来について中動態と受動態の活用を書いてください。

3　μι 動詞の中動態と受動態③：アオリスト

　アオリストについても、まずは変化の基準になる1人称・単数の語形を、前の課で学んだ能動態とあわせて確認しましょう。

		能動態	中動態	受動態
δίδωμι	与える	ἔδωκα	ἐδόμην*	ἐδόθην
τίθημι	置く	ἔθηκα	ἐθέμην*	ἐτέθην
ἵημι [ῐ]	放つ	-ἧκα	-εἵμην*	-εἵθην
ἵστημι	立てる	ἔστησα	ἐστησάμην	ἐστάθην
δείκνῡμι	提示する	ἔδειξα	ἐδειξάμην	ἐδείχθην

　δίδωμι と τίθημι は短母音を使った ἐδο- / ἐθε- に、中動態では -μην が、受動態では -θην が付いた構成です。受動態で ἐθε- に -θην が付くときに ἐτέθην になるのは、未来形の τεθήσομαι と同様の現象です。ἵημι [ῐ] は中動態と受動態でベースが εἱ- になるのが不思議ですが、語尾の -μην と -θην は上記の2つと同じです。これらの動詞のアオリストは、中動態と受動態を対応させて語形を捉えてください。それに対して能動態には ἐδω- / ἐθη- / ἡ- という長母音の語幹が現れています。

　次の ἵστημι はこれらと違って、能動態と中動態に長母音の ἐστη- が、受動態に短母音の ἐστα- が現れています。それを確認したうえで、能動態と中動態を ἔστησα - ἐστησάμην と対応させて、受動態を ἐστάθην と覚

206

えてください。規則動詞 παύω のアオリスト（ἔπαυ**σα** – ἐπαυ**σάμην** – ἐπαύ**θην**）とも見比べておくとよいでしょう。

最後の δείκνῡμι は完全に規則的で、-νῡμι を外して加音をした ἐδεικ- から、ἔδειξα（< -κ-**σα**）– ἐδειξάμην（< -κ-**σάμην**）– ἐδείχθην（< -κ-**θην**）と語形をつくります。語幹の揺れを考える必要はありません。

人称と数による活用パターンは、受動態はすべて ἐπαύθην（150ページ）と同様、中動態も語尾が -**σάμην** になっているものは ἐπαυσάμην（144ページ）と同様なので、これらについては変化表を省略します。以下の変化表は、それ以外のアオリスト・中動態（前ページの表でアスタリスクを付した語）のものです。

	単数	複数		単数	複数
1人称	ἐδόμην	ἐδόμεθα		ἐθέμην	ἐθέμεθα
2人称	ἔδου	ἔδοσθε		ἔθου	ἔθεσθε
3人称	ἔδοτο	ἔδοντο		ἔθετο	ἔθεντο

	単数	複数
1人称	-είμην	-είμεθα
2人称	-είσο	-είσθε
3人称	-είτο	-είντο

最後の -είμην がもっとも仕組みを捉えやすいので、それから確認することにします。この変化表は、εἰ- に語尾 -μην、-σο、-το、-μεθα、-σθε、-ντο を付けて構成されていますね。この語尾が204ページで見た未完了過去と同じであることも、確認しておくとよいでしょう。

ἐδόμην と ἐθέμην の変化表もこれと同じ語尾を使いますが、2人称・単数だけは注意が必要です。いずれも語尾 -σο が現れていませんね？ これは語幹の ἐδο- / ἐθε- に -σο が付く際、母音に挟まれた σ が消失して、前後の母音が融合した語形です。ἔδο-σο ⇒ ἔδου（ο + ο ⇒ ου）や ἔθε-σο ⇒ ἔθου（ε + ο ⇒ ου）のように捉えておいてください。

アオリスト不定詞は中動態が δόσθαι、θέσθαι、ἔσθαι、στήσασθαι、δείξασθαι（語尾 -σθαι が特徴的）、受動態が δοθῆναι、τεθῆναι、ἐθῆναι、σταθῆναι、δειχθῆναι（いずれも -θῆ-ναι を付ける）です。

練習問題39-4　前ページにある3つの変化表を書き写して、何度か発音してください。語尾 -μην、-σο、-το ... は覚えてしまいましょう。

練習問題39-5　ἐπαυσάμην の変化表（144ページ）を参照して、ἵστημι のアオリスト・中動態 ἐστησάμην を活用させてください。この語形は「自分のために立てた」の意味を表します。

練習問題39-6　ἐπαύθην の変化表（150ページ）を参照して、ἵστημι のアオリスト・受動態 ἐστάθην を活用させてください。この語形は「立てられた」の意味を表します。

［διδω- / διδο- と δω- / δο- との関係］
これまで見てきたように、δίδωμι は現在と未完了過去で διδω- / διδο- が、未来とアオリストでは δω- / δο- が現れます。じつは δω- / δο- の方が基本となる形で、その語頭の子音 δ を左側にもう一度重ねてできたのが、διδω- / διδο- という語形です。このような音の複製のことを**畳音**〔じょうおん〕といいます。τίθημι も同様に θη- の語頭子音を重ねると θίθημι ですが、グラスマンの法則（105ページ）によって **τίθημι** という語形になります。畳音を起こした語形の例としては、ほかに γιγνώσκω などいくつかの ω 動詞や、完了系統の語形（第40-42課）があります。

［ἵστημι と ἵημι の畳音］
この畳音を手がかりにして、ἵστημι と ἵημι [ῑ] の語形を観察してみましょう。まず ἵστημι は基本となる στη- の σ を重ねて σί-στημι になり、そこから σ が [h] の音に変わった語形だと説明できます。ἵημι [ῑ] の基本となるのはもともと ση- でしたが、そこに畳音が起きた σιση- から σ が消えて ἱη- になったと捉えることができます。このように捉えておくと、アオリストの **-ἧκα** や **-εἵμην** の太字部分を ἐ-ἥκα ⇒ ἧκα（長母音の語幹 ἥ- [< ση-] と加音 ἐ- との融合 [ε + η ⇒ η]）や、ἐ-ἕμην ⇒ εἵμην（短母音の語幹 ἑ- [< σε-] と加音 ἐ- との融合 [ε + ε ⇒ ει]）のように説明することができます。

[μι 動詞の分詞形]

　分詞の語形もここで確認しておきましょう。まず δίδωμι の現在分詞は、能動態が διδούς、διδοῦσα、διδόν（練習 34 -2 で確認した γνούς と同様の格変化）で、中動／受動態が διδόμενος、διδομένη、διδόμενον です。そこから δι- を外して δούς、δοῦσα、δόν / δόμενος、δομένη、δόμενον にすると、アオリスト分詞の能動態と中動態になります。受動態は規則動詞と同じく δοθείς、δοθεῖσα、δοθέν（変化表は 172 ページを参照）です。

　τίθημι と ἵημι [ῑ] の現在分詞は、能動態が τιθείς、τιθεῖσα、τιθέν / ἱείς、ἱεῖσα、ἱέν [ῑ] で先ほどの δοθείς と同じ格変化のパターン、中動／受動態は τιθέμενος、τιθεμένη、τιθέμενον / ἱέμενος、ἱεμένη、ἱέμενον [ῑ] です。先ほどの δίδωμι と同じく、そこから τι- / ἱ- [ῑ] を外して θείς、θεῖσα、θέν / εἵς、εἷσα、ἕν にするとアオリスト分詞の能動態、θέμενος、θεμένη、θέμενον / ἕμενος、ἑμένη、ἕμενον にするとその中動態になります。受動態は τεθείς / ἑθείς です。

　ἵστημι と δείκνῡμι は、現在分詞の能動態 ἱστάς [ᾱ]、ἱστᾶσα、ἱστάν / δεικνύς [ῡ]、δεικνῦσα、δεικνύν と、その中動／受動態 ἱστάμενος、ἱσταμένη、ἱστάμενον / δεικνύμενος、δεικνυμένη、δεικνύμενον を確認してください。アオリスト分詞は規則動詞と同様の -σᾱς、-σᾶσα、-σαν や -σάμενος、-σαμένη、-σάμενον などのパターンをとります。これについては 206 ページにある 1 人称・単数の語形から考えてください。

第40課 | 完了の能動態

1 完了の能動態（直説法）

　ギリシャ語の時制には、これまでに学んだ現在、未来、未完了過去、アオリストのほか、完了系統の時制（完了、過去完了、未来完了）があります。この課では完了の能動態を学びます。

　完了は**出来事がすでに完了している**ことを示し、たとえば「すでに…している」や「…し終えている」と訳すことができます。παύω（止める）とλείπω（たち去る）を例にして、その語形を確認しましょう。

	παύω の完了（能動態）		λείπω の完了（能動態）	
	単数	複数	単数	複数
1人称	πέπαυκα	πεπαύκαμεν	λέλοιπα	λελοίπαμεν
2人称	πέπαυκας	πεπαύκατε	λέλοιπας	λελοίπατε
3人称	πέπαυκε(ν)	πεπαύκᾱσι(ν)	λέλοιπε(ν)	λελοίπᾱσι(ν)

　まずは1人称・単数から確認します。πέπαυκαは見出し語 παύω の下線部をそのまま使って πέ-παυ-κα と構成されていますが、一方の λέλοιπα は λείπω から下線部が変わった λέ-λοιπ-α という構成です。完了形をつくる際にこのような中心部分の変更が起こるかどうかは、動詞ごとに覚える必要があります。παύω – πέπαυκα や λείπω – λέλοιπα のように対応させて、発音しながら覚えていってください。

　語頭に付いた πε- / λε- のことを**畳音**といいます。208ページの囲みでも見ましたが、これは παύω / λείπω の語頭の子音を複製したもので、完了形を特徴づけるとても大切な要素です。詳細は次節で学ぶことにして、ここではひとまず、畳音のある πεπαυ- / λελοιπ- がいかにも完了らしい形だということを確認しておいてください。

　このように1人称・単数を確認したら、そこから語尾を変えて変化表をつくります。πέπαυκα の語尾は -κα、-κας、-κε(ν)、-καμεν、-κατε、-κᾱσι(ν) ですが、3人称・複数以外はアオリストの -σα、-σας、-σε(ν)、-σαμεν、

-σατε、-σαν（144ページ）の σ を κ に変えただけなので、両者を並べて覚えてください。λέλοιπα の -α、-ας、-ε(ν)、-αμεν、-ατε、-ᾱσι(ν) も違いは κ のところだけ。直前の子音と繋げて -πα、-πας、-πε(ν)、-παμεν、-πατε、-πᾱσι(ν) と練習してもよいかもしれません。

練習問題40-1　βαίνω（歩く）と γράφω（書く）の完了・能動態は、それぞれ 1 人称・単数が βέβηκα と γέγραφα です。前ページの変化表を参考にして、これらを人称と数に応じて活用させてください。

2　畳音の付け方

先ほど見たように畳音は完了形の目印ですが、その付け方には一定の規則性があります。以下の 3 つのパターンに分けて捉えておくのがよいでしょう。

1. 子音 1 つで始まる動詞	⇒　πε- / λε- などを付ける。
2. 子音 2 つ以上で始まる動詞	⇒　ἐ- を付ける。
3. 母音で始まる動詞	⇒　母音を伸ばす。

まず 1 の場合を確認します。先ほど見た παύω と λείπω は語頭の子音が 1 つだけなので、その子音に ε を付けた πε- / λε-（語頭子音 ＋ ε）が畳音になります。完了の 1 人称・単数で示せば πέπαυκα と λέλοιπα です。また、γράφω（書く）や πνέω（息をする）のように〈閉鎖音 ＋ 流音／鼻音〉で始まる動詞では、この子音連続は一息で発音しやすいため 1 子音とみなされます。その結果、畳音はやはり〈語頭子音 ＋ ε〉になり、完了の 1 人称・単数はそれぞれ γέγραφα と πέπνευκα になります。閉鎖音や流音、鼻音については 11-12 ページで確認してください。

ただし帯気音（φ, θ, χ）で始まる語の場合には、グラスマンの法則（105 ページ）によって φονεύω（殺害する）⇒ πεφόνευκα のようになるので注意してください。また、ῥ- で始まる語は特別に次の 2 に分類されます。

2 のタイプの動詞では、畳音が単に ἐ- という形式になります。たとえば κτείνω（殺す）や στρατεύω（出征する）は連続する子音で始まる動詞なので、完了の 1 人称・単数はそれぞれ ἔκτονα と ἐστράτευκα です。また ζητέω（探し求める）は語頭子音は ζ という 1 文字ですが、発音は [zd]

で子音2つ分の音価を持ちます。このような二重子音（12ページ）で始まる動詞もやはり畳音は ἐ- で、完了の1人称・単数は ἐζήτηκα のようになります。先ほど予告したように ῥ- で始まる動詞もこのパターンですが、この場合には ῥίπτω [ῑ]（投げる）⇒ ἔρρῑφα のように ἐ- のあとに ρ を重ねるので注意してください。なお、このタイプの畳音は、発音上の切れめが ἔκ-το-να や ἐσ-τρά-τευ-κα のようになります。

　3のタイプの動詞としては、たとえば ἀγγέλλω（報告する）⇒ ἤγγελκα や αἱρέω（手に取る）⇒ ᾕρηκα などがあります。母音を伸ばす要領は加音の場合と同じなので、詳細は140ページの囲みで確認してください。ただし ἀκούω（聞く）⇒ ἀκήκοα などの例外もあります。

　上記の ἐ- もそうですが、語頭だけでは畳音か加音か（すなわち完了形か過去形か）を判断できません。ἤγγελκα は完了、ἤγγειλα はアオリストというように、語形全体を見て判断することが必要です。この判断には、262ページ以降にある「主要動詞の語形一覧」も利用してください。

練習問題40-2　畳音の仕組みを確認しながら、各動詞の完了（能動態・1人称・単数）の語形を選んでください。手がかりは太字部分です。

　1．**π**ιστεύω（信じる）　　2．**π**λέω（航行する）　　3．**χ**ορεύω（踊る）
　4．**εὑ**ρίσκω（見つける）　5．**κτ**ίζω（建設する）　6．ἐπ|**αι**νέω（褒める）

　ア　ἐπῄνεκα　　　イ　κεχόρευκα　　ウ　πέπλευκα
　エ　πεπίστευκα　　オ　ηὕρηκα　　　カ　ἔκτικα

［γν- / γλ- で始まる動詞］
先ほど見たように〈閉鎖音 ＋ 流音／鼻音〉は1子音として扱うのが基本ですが、γνωρίζω（知らせる）や γλύφω（彫る）のような γν- / γλ- は1子音として発音するのが難しく、例外的に畳音が ἐ- になります。完了の1人称・単数の ἐγνώρικα と ἔγλυφα で覚えておいてください。発音すると ἐγ-νώ-ρι-κα と ἔγ-λυ-φα のようになることが大切です。

[δίδωμι や γιγνώσκω の完了形]

動詞のなかには δίδωμι（与える）や γιγνώσκω（知る）のように、現在形にすで
に畳音があるものがあります（208ページの囲み）。これらは畳音の δι- / γι- を外し
た δω- / γνω- が動詞の中心部分なので、完了形はそこに改めて畳音を加えて、そ
れぞれ δέδωκα と ἔγνωκα になります。τίθημι（置く）の完了形も同様に τέθηκα
で、ἵημι [ῐ]（放つ）は畳音を外した σε-（208ページの下の囲み）をもとにした
εἷκα が完了形です。

3　完了の不定詞と分詞（能動態）

　ここで完了の不定詞と分詞について、能動態の語形を確認しましょう。
完了不定詞は、1人称・単数の πέπαυκα や λέλοιπα の語尾を -(κ)έναι に
変えて、πεπαυκέναι や λελοιπέναι になります。必ず -(κ)έναι というア
クセントになるので、それも含めて覚えてください。

　上記の語尾を -(κ)ώς、-(κ)υῖα、-(κ)ός に変えると、完了分詞（能動態）の
単数・主格の語形になります。πέπαυκα であれば πεπαυκώς、πεπαυκυῖα、
πεπαυκός で、やはりアクセントが特徴的なので、そこに注意して覚えて
ください。同様に λέλοιπα なら、λελοιπώς、λελοιπυῖα、λελοιπός です。
この語形を出発点として、変化表は以下のようになります。

		男性	女性	中性
単数	主格	πεπαυκώς	πεπαυκυῖα	πεπαυκός
	対格	πεπαυκότα	πεπαυκυῖαν	πεπαυκός
	属格	πεπαυκότος	πεπαυκυίᾱς	πεπαυκότος
	与格	πεπαυκότι	πεπαυκυίᾳ	πεπαυκότι
複数	主格	πεπαυκότες	πεπαυκυῖαι	πεπαυκότα
	対格	πεπαυκότας	πεπαυκυίᾱς	πεπαυκότα
	属格	πεπαυκότων	πεπαυκυιῶν	πεπαυκότων
	与格	πεπαυκόσι(ν)	πεπαυκυίαις	πεπαυκόσι(ν)

　なお、以前に学んだアオリストでは、不定詞や分詞の語形には加音が付
きませんでした。加音は過去の目印ですが、不定詞や分詞というのは時で
はなくアスペクトを示す語形だからです（172-173ページ）。それに対して、
畳音は不定詞や分詞の語形にも現れることに注意してください。このこと

は完了という概念が、時ではなくアスペクトに関わるものであることを示しています。これについては次節の説明も参照してください。

練習問題40-3 ここまでの説明を参考に、κεχόρευκα（< χορεύω 踊る）と γέγραφα（< γράφω 書く）の不定詞（完了不定詞・能動態）の語形を書いてください。

練習問題40-4 同じく κεχόρευκα と γέγραφα の分詞（完了分詞・能動態）の単数・主格の語形を書いてください。それができたら前ページの変化表を参考にして、それぞれを格変化させてください。

4 完了形を使った例文

　この課のはじめに見たように、完了は**出来事がすでに完了している**ことを示します。その意味合いを捉えるために、アオリストと完了を使った文を並べて観察してみましょう。

（1）τὴν ἐπιστολὴν χθὲς **ἔγραψα**.
　　私はその手紙を昨日書いた。

（2）τὴν ἐπιστολὴν ἤδη **γέγραφα**.
　　私はその手紙をもう書き終えている。

　アオリストを使った例文（1）が「昨日書いた」という過去の出来事を述べているのに対して、完了を使った例文（2）は「今はもう書き終えている」という**現在の完了状態**を表現しています。同じく現在の状態を表すものに現在形 γράφω がありますが、これは「今まさに書いている」や「よく／たまに書く」といった**進行状態や反復**を表します。ともに現在という時点に注目しながら、進行や反復のアスペクトを表すのが現在形、完了のアスペクトを表すのが完了形だと捉えておいてください。完了も現在系統の時制だということができます。

　続いて不定詞や分詞を使った例文も見ておきましょう。

(3) τὸν στρατηγὸν **τεθνηκέναι** νομίζω.
　　将軍はもう死んでいると私は思う。

(4) τοῦ στρατηγοῦ **τεθνηκότος** ἡμᾶς χρὴ μάχεσθαι.
　　将軍は死んでしまったが、我々は戦わねばならない。

　例文（3）の不定詞は主動詞 νομίζω の内容叙述をしています（158–159ページ）。このような構文では不定詞の意味を主動詞との関係で捉えることになりますが、上記のように完了不定詞の τεθνηκέναι を使うと**主動詞の時点での完了状態**、つまり「もう死んでいる」の意味を表します。現在不定詞を使って τὸν στρατηγὸν **ἀποθνῄσκειν** νομίζω. とすれば「まさに死につつある」という進行状態を、アオリスト不定詞を使って τὸν στρατηγὸν **θανεῖν** νομίζω. とすれば「死んだ」という主動詞以前を表すことと見比べておいてください。

　例文（4）の τοῦ στρατηγοῦ τεθνηκότος は独立属格（174ページ）で、文の中心部分 ἡμᾶς χρὴ μάχεσθαι（我々は戦わねばならない）に対する状況説明をしています。τεθνηκότος が完了分詞なので「将軍＝すでに死んでいる」という意味関係を捉えてください。現在分詞を使って τοῦ στρατηγοῦ **ἀποθνῄσκοντος** とすれば「将軍＝まさに死につつある」の意味に、アオリスト分詞を使って τοῦ στρατηγοῦ **θανόντος** とすれば「将軍＝死んだ」という端的な表現になります。アスペクトの違いを確認してください。

練習問題40-5　各文を発音したうえで、完了形（太字）に注意して訳してください。4の διαβεβηκόσι は完了分詞の語形です。

1. τοῖς πατρίοις θεοῖς ἤδη **τεθύκαμεν**.
2. καρκίνος ὀρθὰ βαδίζειν οὐ **μεμάθηκεν**.
3. οὐ τοῖς ἀδελφοῖς ἀλλὰ τοῖς τέκνοις **πεφύτευκα** τὰ δένδρα.
4. τὸν ποταμὸν **διαβεβηκόσι** τοῖς Ἕλλησιν ἐφήναντο οἱ πολέμιοι.

第41課 完了の中動／受動態

1 完了の中動／受動態（直説法）

すでに何度か確認しているように、中動態と受動態が異なる語形になるのは未来とアオリストだけです。それ以外の時制では両者を同じ語形で表現しますが、ここでは規則動詞 παύω（止める）を例にして、完了の中動／受動態の活用を観察しましょう。

	παύω の完了（中動／受動態）	
	単数	複数
1人称	πέπαυμαι	πεπαύμεθα
2人称	πέπαυσαι	πέπαυσθε
3人称	πέπαυται	πέπαυνται

完了なので畳音のある語幹 πεπαυ- を使って、そこに語尾 -μαι、-σαι、-ται、-μεθα、-σθε、-νται（204ページで見たのと同じ語尾）を付ければ、上の変化表をつくることができます。変化表の出発点になる1人称・単数の語形には、上記のように規則的に形成されるもののほか、βάλλω（投げる）が βέβλημαι になるなど不規則な例も多いので、見出し語との対応を覚える必要があります。262ページ以降のリストを参照してください。

練習問題41-1 上の変化表を参考にして、βέβλημαι を活用させてください。βε- が畳音で、語尾の変化は -μαι、-σαι、-ται ... です。

πέπαυμαι や βέβλημαι のように -μαι の直前が母音である語形は、上の変化表のように単純な活用をします。しかし **-μαι の直前が子音の場合**には、その子音（語幹末の子音）が語尾との接触によって音を変えて、やや複雑な活用をすることがあります。ここではその例として、λείπω（たち去る）の中動／受動態の完了形を見てみましょう。まずは下表の全体を大きく眺めて、語尾が -μαι、-σαι、-ται ... と変わる以外にも様々な音韻変化が起きていることを確認してください。

	λείπω の完了（中動／受動態）	
	単数	複数
1人称	λέλειμμαι	λελείμμεθα
2人称	λέλειψαι	λέλειφθε
3人称	λέλειπται	λελειμμένοι εἰσί(ν)*

　この活用も、基本的に λελειπ- という語幹（λείπω から規則的につくった完了の語幹）に先ほどの語尾 -μαι、-σαι、-ται ... を付けて構成されます。ただし λέλειπ-ται のように素直な形になるのは3人称・単数だけで、1人称では単数が λέλειπ-μαι ⇒ λέλειμμαι、複数が λελείπ-μεθα ⇒ λελείμμεθα のように音が変わり、2人称・単数では λέλειπ-σαι ⇒ λέλειψαι という綴りの変化が起きます。少し複雑なのが2人称・複数で、λέλειπ-σθε から子音間の σ が落ち、その結果 λέλειπ- が残った -θε と接触して λέλειφθε になります。π が θ に引かれて帯気音化することを確認してください。なお3人称・複数は、中動／受動態の完了分詞（次節で学ぶ）と εἰσί(ν) を組み合わせた特別な形式で表現されます。

　τρέπω（向きを変える）や γράφω（書く）など**語幹が π / β / φ で終わる動詞**では、上記と同様の音韻変化が起こります。ただし γράφω など語幹が帯気音で終わる動詞は、3人称・単数で γέγραφ-ται ⇒ γέγραπται のように、帯気音の φ が τ と接触して非帯気の π になるので要注意です。

練習問題41-2　ここまでの説明を参考に、γράφω（書く）の完了・中動／受動態の活用を書いてください。基本的には語幹 γεγραφ- に語尾 -μαι、-σαι、-ται ... を付けますが、3人称・複数は γεγραμμένοι εἰσί(ν) です。

　次に**語幹が κ / γ / χ で終わる動詞**の例として、πράττω [ā]（実行する）の完了・中動／受動態を確認します。この動詞の根本的な要素は πρᾱκ- で、現在形にはそれが現れませんが、未来形 πρᾱξω [ā]（< -κ-σω）とアオリスト ἔπρᾱξα（< -κ-σα）は πρᾱκ- から形成されます。149ページの囲みも参照してください。

　この πρᾱκ- から完了語幹 πεπρᾱκ- をつくり、語尾 -μαι、-σαι、-ται ... を

付けると下の変化表になります。

πράττω [ā] の完了（中動／受動態）		
	単数	複数
1人称	πέπρāγμαι	πεπράγμεθα [ā]
2人称	πέπρāξαι	πέπρāχθε
3人称	πέπρāκται	πεπρāγμένοι εἰσί(ν)*

　先ほどの λέλειμμαι の場合と同じく、πέπρāκ-ται のような素直な語形
になるのは3人称・単数だけ。1人称は単数が πέπρāκ-μαι ⇒ πέπρāγμαι、
複数が πεπράκ-μεθα ⇒ πεπράγμεθα [ā] のように音が変わり、2人称・
単数では πέπρāκ-σαι ⇒ πέπρāξαι という綴りの変化が起きています。また
2人称・複数では πέπρāκ-σθε から σ が落ちて、そこから πέπρāκ-θε ⇒
πέπρāχθε という帯気音化が起こり、3人称・複数は〈完了分詞 + εἰσί(ν)〉
という特別な形式をとります。

練習問題41-3　ἀλλάττω（変える）は ἀλλακ- から形成され、完了・
中動／受動態の語幹は ἠλλακ- です。上の説明を参考にして、語尾 -μαι、
-σαι、-ται ... を付けた活用を書いてください。3人称・複数は ἠλλαγμένοι
εἰσί(ν) です。

　続いて**語幹が τ / δ / θ で終わる動詞**の例として、πείθω（説得する）の
完了・中動／受動態を確認します。畳音を施した語幹 πεπειθ- に語尾
-μαι、-σαι、-ται ... を付けると、以下のような変化表になります。

πείθω の完了（中動／受動態）		
	単数	複数
1人称	πέπεισμαι	πεπείσμεθα
2人称	πέπεισαι	πέπεισθε
3人称	πέπεισται	πεπεισμένοι εἰσί(ν)*

　語尾 -μαι / -ται / -μεθα の前では θ が σ に変わり πέπεισμαι などの語形
になっています。一方で語尾 -σαι / -σθε の前では、σ との接触によって θ
が落ちて πέπεισαι と πέπεισθε になります。これについては84ページも

参照してください。3人称・複数はやはり〈完了分詞 ＋ εἰσί(ν)〉の形式です。これまでのものよりも捉えやすいですね。

練習問題41-4　φράζω（説明する）は φραδ- から形成され、完了・中動／受動態の語幹は πεφραδ- です。上の説明を参考にして、語尾 -μαι、-σαι、-ται ... を付けた活用を書いてください。3人称・複数は πεφρασμένοι εἰσί(ν) です。

語幹が子音で終わる動詞について、本書ではとくに重要なものに絞って確認しました。ほかにも学ぶべきことはありますが、それについては本書の終了後、少しずつ学んでいってください。

2　完了の不定詞と分詞（中動／受動態）

中動／受動態の完了不定詞は πεπαῦσθαι や βεβλῆσθαι のように、完了の語幹に -σθαι を付けてつくります。その際、アクセントは必ず -σθαι の直前の音節に来ます。ただし λείπω や πράττω [ᾱ] などの場合は要注意で、先ほど見た2人称・複数の語形と同様に λελείπ-σθαι や πεπρᾱ́κ-σθαι から σ が消失し、そこから π や κ が帯気音化して λελεῖφθαι や πεπρᾶχθαι という語形になります。

中動／受動態の完了分詞は、1人称・単数の -μαι を -μένος に変えて男性・単数・主格の語形を得ます。-μένος を付ける際に -μαι と同様の音韻変化が起きるので、以下のように両者を並べて捉えるとよいでしょう。

1人称・単数	完了分詞（単数・主格）
πέπαυμαι	πεπαυμένος, -μένη, -μένον
λέλειμμαι	λελειμμένος, -μένη, -μένον
πέπρᾱγμαι	πεπρᾱγμένος, -μένη, -μένον
πέπεισμαι	πεπεισμένος, -μένη, -μένον

いずれも〈ος – η – ον タイプ〉の格変化をして、アクセントも変化表の全体にわたって -μέ- の鋭アクセントを保ちます。この点に気をつけて、格変化の要領を練習問題で確認しておきましょう。

練習問題 41-5 γράφω（書く）の中動／受動態の完了分詞は、男性・単数・主格が γεγραμμένος（< γεγραφ-μένος）です。この語形を出発点として、この分詞を性・数・格に従って変化させてください。

前節で見たように、語幹が子音で終わる動詞では、完了・中動／受動態の3人称・複数が〈完了分詞 + εἰσί(ν)〉の形式になります。その際、主語の性に応じて完了分詞の語形が変わるので注意してください。πείθω（説得する）を例にして説明しましょう。

(1) οἱ ἄνδρες ἤδη πεπεισμένοι εἰσίν.
　　その男たちはすでに説得されている。

(2) αἱ γυναῖκες ἤδη πεπεισμέναι εἰσίν.
　　その女たちはすでに説得されている。

例文（1）では主語「その男たち」に対応して完了分詞が男性形になっていますが、例文（2）では主語が「その女たち」なので、完了分詞はそれに対応して女性形になっています。164ページで見たように分詞は形容詞の一種ですから、関係する名詞との**性・数・格の一致**を常に意識するようにしてください。

練習問題 41-6 各文を発音したうえで、完了形（太字）に注意して訳してください。1の ταύτην は前出の女性名詞 ἀλήθεια を受け、3の ὥρᾱ は非人称動詞として使われています（巻末の語彙のリストを参照）。

1. ἡ ἀλήθεια **ηὕρηται**· ἀλλὰ ταύτην λέγειν οὐκ ἐθέλω.
2. εἰς **ἠκονημένᾱς** μαχαίρᾱς ἡ αἲξ ἥκει.
3. οὐ βουλεύεσθαι ἔτι ὥρᾱ, ἀλλὰ **βεβουλεῦσθαι**.
4. τῆς γὰρ ἐπιούσης νυκτὸς πάντα ταῦτα δεῖ **πεπρᾶχθαι**.

第42課 | 過去完了と未来完了、οἶδα の活用

1 過去完了（能動態と中動／受動態）

過去のある時点を基準にして、「そのときすでに...していた／...し終えていた」を意味する語形を過去完了といいます。まずは παύω（止める）を例として、その語形を観察しましょう。

	能動態		中動／受動態	
	単数	複数	単数	複数
1人称	ἐπεπαύκη	ἐπεπαύκεμεν	ἐπεπαύμην	ἐπεπαύμεθα
2人称	ἐπεπαύκης	ἐπεπαύκετε	ἐπέπαυσο	ἐπέπαυσθε
3人称	ἐπεπαύκει(ν)	ἐπεπαύκεσαν	ἐπέπαυτο	ἐπέπαυντο

完了の意味を表すために畳音のある πεπαυ- を使い、さらに「そのとき」という過去の目印として加音をとることに注目してください。過去完了という文字どおり、過去と完了の特徴を備えていますね。

そのようにして構成された ἐπεπαυ- に、能動態は語尾 -κη、-κης、-κει(ν)、-κεμεν、-κετε、-κεσαν が付きます。第40課で見た完了では -κα、-κας、-κε(ν)、-καμεν、-κατε、-κᾱσι(ν) という κα の音が特徴的でしたが、過去完了の語尾は κε が特徴的です。その辺りに注目して、それぞれの語尾を覚えるとよいでしょう。

中動／受動態は ἐπεπαυ- に、語尾 -μην、-σο、-το、-μεθα、-σθε、-ντο を付けます。この語尾は204ページの未完了過去で見たのと同じ語尾で、過去系統の中動／受動態を覚えるのに役立ちますから、しっかり覚えておくことをお勧めします。現在系統の -μαι、-σαι、-ται、-μεθα、-σθε、-νται も同様です。

次に λείπω（たち去る）の過去完了を確認します。その活用は次ページのようになりますが、**能動態と中動／受動態で語幹が違う**ので注意してください。それぞれ完了の λέλοιπα（能動態）と λέλειμμαι（中動／受動態）と見比べて特徴を捉えてください。先ほどの παύω の場合と同じく、畳音のある語幹に加音が付いていることがポイントです。能動態に κ が現れな

221

	能動態		中動／受動態	
	単数	複数	単数	複数
1人称	ἐλελοίπη	ἐλελοίπεμεν	ἐλελείμμην	ἐλελείμμεθα
2人称	ἐλελοίπης	ἐλελοίπετε	ἐλέλειψο	ἐλέλειφθε
3人称	ἐλελοίπει(ν)	ἐλελοίπεσαν	ἐλέλειπτο	λελειμμένοι ἦσαν*

いことと、中動／受動態では前の課で見たのと同様の音韻変化が起きていることも確認してください。217ページの説明を参考に、語幹 ἐλελειπ- に語尾 -μην、-σο、-το … を付けながら確認するとよいでしょう。3人称・複数は〈完了分詞 ＋ ἦσαν〉という特別な形式をとります、ἦσαν は εἰμί の未完了過去（141ページ）です。

　なお、ἐστράτευκα（< στρατεύω 出征する）や ἤγγελκα（< ἀγγέλλω 報告する）など**完了形が母音で始まる場合には、過去完了になっても加音が付かない**ので注意してください。過去完了であることは ἐστρατεύκη、-κης、-κει(ν) … や ἤγγέλκη、-κης、-κει(ν) … のように、語尾によって判断することになります。

練習問題42-1　前ページの変化表を参考に、καλέω（呼ぶ）の過去完了の活用（能動態と中動／受動態）を書いてください。完了形は能動態が κέκληκα で、中動／受動態が κέκλημαι です。

［合成動詞の完了と過去完了］
ἐγ|γράφω（< ἐν ＋ γράφω 書き込む）の完了は能動態が ἐγ|γέγραφα、中動／受動態が ἐγ|γέγραμμαι で、過去完了は能動態が ἐν|εγεγράφη、中動／受動態が ἐν|εγεγράμμην です。140ページで見た加音と同じく、畳音も接頭辞を外した本体部分に施されることを確認してください。

222

［完了分詞を使った「完了」の表現］

たとえば γράφω（書く）の完了形を使って τὴν ἐπιστολὴν γέγραφα. とすれば「私はその手紙をすでに書き終えている」の意味ですが、これと同様の意味は〈完了分詞 + εἰμί〉の形式で表現することもできます。上記の文をこの形式で書き換えると τὴν ἐπιστολὴν γεγραφὼς εἰμι. で、εἰμί が表す「私は...である」の「...」に、完了分詞が表す「書き終えている」の意味を入れて解釈することになります。そこから εἰμί を未完了過去にして τὴν ἐπιστολὴν γεγραφὼς ἦν. とすれば、「私はその手紙を（そのとき）すでに書き終えていた」という過去完了に相当する意味を表すこともできます。あるいは中動／受動態の完了分詞を使って ἡ ἐπιστολὴ γεγραμμένη ἐστίν.「その手紙はすでに書き終えられている」などとすることもできます。

2　未来完了の表現

　未来のある時点を想定して、「そのときにはすでに...している ／...し終えている」を意味する語形を未来完了といいます。この意味を表現したいとき、能動態では完了分詞を εἰμί の未来形と組み合わせて τὴν ἐπιστολὴν **γεγραφὼς ἔσομαι**.「（そのときには）私はその手紙をすでに書き終えている」のように表現するしかありません。能動態には未来完了の語形がないため、上の囲みで説明した形式で表現するのです。

　一方、中動／受動態には以下のような未来完了の語形があります。いつものように παύω（止める）を例にして、その活用を観察しましょう。

	単数	複数
1人称	πεπαύσομαι	πεπαυσόμεθα
2人称	πεπαύσῃ / -σει	πεπαύσεσθε
3人称	πεπαύσεται	πεπαύσονται

　これらの語形は畳音のある語幹 πεπαυ-（これが完了を表す）に、未来の中動／受動語尾 -σομαι、-σῃ、-σεται ... を付けてつくります。λείπω のように能動態と中動／受動態で完了の語幹が異なる動詞（221ページを参照）の場合は、中動／受動態の語幹を使って λελείψομαι（< λελειπ-σομαι）とするのが基本です。

　なお、この語形を使って「（そのときには）その手紙はすでに書き終え

られている」の意味を表現すれば ἡ ἐπιστολὴ γεγράψεται.（< γεγράφ-σεται）になりますが、やはり〈完了分詞 ＋ εἰμί〉の形式で ἡ ἐπιστολὴ γεγραμμένη ἔσται. とすることも可能です。ἔσται が εἰμί の未来形（3人称・単数）であることを確認してください（137ページ）。

練習問題42-2 131ページの παύσομαι（未来・中動態）の変化表を書き出したうえで、前ページにある πεπαύσομαι の変化表と比べてください。余裕があれば149ページの παυθήσομαι（未来・受動態）とも比較しておくとよいでしょう。各語形の特徴を捉えるための練習です。

3 重要動詞 οἶδα の活用

ここで重要動詞 οἶδα（知っている）を学びます。この動詞は「見る」を意味する ϝιδ-（ϝ については108ページを参照）の完了形ですが、下表のように厄介な活用をするので、ひとまず不規則動詞として覚えるのがよいと思います。

	完了（知っている）		過去完了（知っていた）	
	単数	複数	単数	複数
1人称	οἶδα	ἴσμεν	ᾔδη	ᾖσμεν
2人称	οἶσθα	ἴστε	ᾔδησθα	ᾖστε
3人称	οἶδε(ν)	ἴσᾱσι(ν)	ᾔδει(ν)	ᾖσαν

「知っている」は単数が οἰδ- を、複数が ἰδ- を中心につくられ、「知っていた」は単数も複数も ᾐδ- からつくられます。複数で語尾（-μεν、-τε、-ᾱσι(ν)）が付く際に、語幹末の δ が σ になること（218ページの πέπεισμαι と同様の現象）は確認しておくとよいでしょう。また「知っている」の不定詞が εἰδέναι であることも覚えておいてください。

なお、ϝιδ- からつくられる語形としては οἶδα のほか、「見た」の意味を表す εἶδον（< ἔ-ϝιδ-ον）があります。-ον で終わるアオリストなので、145ページの変化表と同様の活用（第二アオリストの活用）をします。不定詞の語形 ἰδεῖν（< ϝιδ-εῖν）も覚えておきましょう。

練習問題42-3　前ページにある2つの変化表を書き写して、何度か発音してください。この動詞の過去完了は、単数が ἤδειν、ἤδεις、ἤδει、複数が ἤδεμεν、ἤδετε、ἤδεσαν の語形で現れることもあります。こちらの変化についても規則性を確認しておくとよいでしょう。

練習問題42-4　各文を発音したうえで、完了系統の語形（太字）に注意して訳してください。4の γεγραφότα は第40課で見た完了分詞です。

1. νῦν οἱ Ἕλληνες τοὺς Πέρσᾱς **νενῑκήκᾱσιν**.
2. τότε οἱ Ἕλληνες τοὺς Πέρσᾱς **ἐνενῑκήκεσαν**.
3. τὴν μεγάλην ἀλήθειαν **ηὕρήκη**· ἀλλὰ ταύτην οὐκ εἶπον.
4. οὐκ **οἶσθα** τὸν ἄνδρα τὴν ἐπιστολὴν **γεγραφότα**;

[μι 動詞の完了と過去完了]

完了系統の時制では μι 動詞も、基本的に ω 動詞と同じく規則的な活用パターンをとります。以下の対応表で完了の1人称・単数の語形を確認して、そこから語尾を変えていってください。過去完了もこれらの語形から規則的に形成します。

なお、τίθημι の完了・中動／受動態には κεῖμαι（横たわっている）という別の語が使われます。

見出し語		完了（能動）	完了（中／受動）
δίδωμι	与える	δέδωκα	δέδομαι
τίθημι	置く	τέθηκα	κεῖμαι*
ἵημι [ῐ]	放つ	εἷκα	εἷμαι
δείκνῡμι	提示する	δέδειχα	δέδειγμαι

［ἵστημι の完了と過去完了］

μι 動詞のうち ἵστημι については注意が必要です。この動詞は基本的に「...を立てる」という他動詞の意味ですが、完了では「立っている」、過去完了では「立っていた」という自動詞の意味になります。その活用を見ておきましょう。

	完了（立っている）		過去完了（立っていた）	
	単数	複数	単数	複数
1人称	ἕστηκα	ἕσταμεν	εἱστήκη	εἱσταμεν
2人称	ἕστηκας	ἕστατε	εἱστήκης	εἱστατε
3人称	ἕστηκε(ν)	ἑστᾶσι(ν)	εἱστήκει(ν)	εἱστασαν

まず完了は、単数が長母音のある ἑστη- に語尾 -κα、-κας、-κε(ν) の付いた構成であるのに対して、複数は短母音の ἑστα- を使い、語尾も κ のない -μεν、-τε、-ᾱσι(ν) が現れています。同様の特徴は過去完了の変化表でも観察できるでしょう。単数と複数で語形のつくり方が違うというのは、前ページで見た μι 動詞にはない特徴です。

［行為者の与格］

受動態の表現に対して行為者「...によって」を明示したいとき、基本的には〈ὑπό ＋ 属格〉という前置詞句で表現します（73ページ）。しかし完了系統の表現や181ページの囲みで見た動形容詞の場合には、以下のように行為者を前置詞なしの与格で示すことがよくあります。

ἡ ἐπιστολὴ ἤδη **τῷ στρατηγῷ** γέγραπται.
その手紙はすでに将軍によって書かれている。

ἡ ἐπιστολὴ **τῷ διδασκάλῳ** γραπτέᾱ ἐστίν.
その手紙は先生によって書かれねばならない。

第43課 | ω 動詞の接続法

1 「法」とは何か？

　何かを発言する際、その内容を事実として述べるのか、推測や可能性として述べるのか、他者への要求として述べるのかに応じて動詞の語形が調整されます。このような区別に関わる文法概念を**法**といい、ギリシャ語には以下の4種類の区別があります。

1. **直説法**：発言内容を事実として提示して、「（実際に）...する／した」や「...である／だった」などの意味を表す。
2. **接続法**：発言内容を主観的な判断として提示する。「...しよう」という意思表明や「...だろう」という推測のほか、様々な構文で使われる。
3. **希求法**：発言内容を願望や可能性として提示する。「...であって欲しい」や「...かもしれない」などのほか、やはり様々な構文で使われる。
4. **命令法**：発言内容を他者への要求として提示して、「...せよ／してくれ」などの意味を表す。

　本書でこれまで学んできたのは、すべて直説法の語形です。これから第47課までをかけて接続法と希求法の語形と用法を学び、第48課で命令法を学びます。動詞の学習もいよいよ最終段階に入るので、最後のひと頑張りをしていきましょう。

2 接続法の語形（παύω の場合）

　上で見たように接続法は主観的な判断に関わる法で、その意味合いは常に未来的です（これから起こる事柄を問題にする）。そのため通常の意味での時制は持ちませんが、表現したいことのアスペクトに応じて**現在、アオリスト、完了**の語形を区別します。いつものように παύω（止める）を例にして、それらを順に学んでいきましょう。まずは**接続法・現在**の語形を確認します。

	能動態		中動／受動態	
	単数	複数	単数	複数
1人称	παύω	παύωμεν	παύωμαι	παυώμεθα
2人称	παύῃς	παύητε	παύῃ	παύησθε
3人称	παύῃ	παύωσι(ν)	παύηται	παύωνται

能動態も中動／受動態も長母音の ω / η が特徴的です。すでに学んだ直説法・現在（72ページの変化表）と比べてみてください。直説法では能動態が -ω、-εις、-ει、-ομεν、-ετε、-ουσι(ν) で、中動／受動態が -ομαι、-ῃ、-εται、-ομεθα、-εσθε、-ονται ですが、基本的にはその o / ε を ω / η に変えると接続法の語形になります。変化表の太字部分を**接続法の基本語尾**として覚えておくのがよいでしょう。

次に**接続法・アオリスト**を確認しましょう。接続法の語形の区別は時間ではなくアスペクトを示すためのものなので、不定詞や分詞の場合と同じく加音が付きません。直説法の語形（1人称・単数）は能動態が ἔπαυ**σα**、中動態が ἐπαυ**σάμην**、受動態が ἐπαύ**θην** ですが、その下線部に先ほどと同じ語尾を付けると接続法の語形になります。

	能動態		中動態	
	単数	複数	単数	複数
1人称	παύσω	παύσωμεν	παύσωμαι	παυσώμεθα
2人称	παύσῃς	παύσητε	παύσῃ	παύσησθε
3人称	παύσῃ	παύσωσι(ν)	παύσηται	παύσωνται

	受動態	
	単数	複数
1人称	παυθῶ	παυθῶμεν
2人称	παυθῇς	παυθῆτε
3人称	παυθῇ	παυθῶσι(ν)

能動態と中動態については、先ほどの接続法・現在と見比べて、違いが σ の有無だけであることを確認してください。受動態はアクセントが特殊で、変化表のように必ず語尾のところに曲アクセントを持ちます。

練習問題 43-1　γράφω（書く）の接続法・現在の活用（能動態と中動／受動態）を書いてください。παύω の場合と同じく、語尾 -ω を外した部分に接続法の基本語尾を付けて形成します。

練習問題 43-2　γράφω の直説法・アオリスト（1人称・単数）は、能動態が ἔγραψα（< ἔγραφ-σα）、中動態が ἐγραψάμην（< ἔγραφ-σάμην）、受動態が ἐγράφην です。それぞれの下線部に適切な語尾を付けて、接続法・アオリストの活用を書いてください。

　接続法・完了は、能動態と中動／受動態で表現の仕方が違うので注意してください。能動態は直説法（1人称・単数）の **πέπαυκα** の下線部に、接続法の基本語尾 -ω、-ῃς、-ῃ ... を付けて形成します。それに対して中動／受動態は〈完了分詞 ＋ εἰμί の接続法・現在〉のコンビネーション（223ページの囲みと同様の形式）で表現します。

	能動態		中動／受動態	
	単数	複数	単数	複数
1人称	πεπαύκω	πεπαύκωμεν	πεπαυμένος ὦ	πεπαυμένοι ὦμεν
2人称	πεπαύκῃς	πεπαύκητε	πεπαυμένος ᾖς	πεπαυμένοι ἦτε
3人称	πεπαύκῃ	πεπαύκωσι(ν)	πεπαυμένος ᾖ	πεπαυμένοι ὦσι(ν)

　中動／受動態の変化表にある ὦ、ᾖς、ᾖ ... だけを取り出して、覚えておくのもよいでしょう。これが εἰμί の接続法・現在です。

練習問題 43-3　γράφω の直説法・完了は、能動態が **γέγραφα** で、中動／受動態の完了分詞が **γεγραμμένος** です。この動詞の接続法・完了の活用を書いてください。

3　接続法の語形（第二／第三アオリスト）

　ここまで接続法の基本的な語形を確認しました。現在と完了についてはこれで大丈夫ですが、アオリストについては第二アオリストと第三アオリスト（語根アオリスト）の語形についても学ぶ必要があります。

　まず λαμβάνω（つかむ）を例にして、第二アオリストの接続法を確認

しましょう。直説法の能動態 ἔλαβον、中動態 ἐλαβόμην の下線部に接続法の基本語尾を付けて、以下のように活用します。

	能動態		中動態	
	単数	複数	単数	複数
1人称	λάβω	λάβωμεν	λάβωμαι	λαβώμεθα
2人称	λάβῃς	λάβητε	λάβῃ	λάβησθε
3人称	λάβῃ	λάβωσι(ν)	λάβηται	λάβωνται

　受動態は直説法の ἐλήφθην から、παύω の場合と同様に語形をつくります。228ページと見比べて、ληφθῶ、ληφθῇς、ληφθῇ ... になることを確認してください。

　続いて βαίνω（歩く）と γιγνώσκω（知る）を例にして、第三アオリストの接続法・能動態を確認します。やはり直説法の ἔβην と ἔγνων の下線部に基本語尾 -ω、-ῃς、-ῃ ... を付けるのですが、その際に βη- や γνω- の母音が語尾の母音と融合して、以下のような語形になります。

	βαίνω（歩く）		γιγνώσκω（知る）	
	単数	複数	単数	複数
1人称	βῶ	βῶμεν	γνῶ	γνῶμεν
2人称	βῇς	βῆτε	γνῷς	γνῶτε
3人称	βῇ	βῶσι(ν)	γνῷ	γνῶσι(ν)

　ただし φύομαι [ῡ]（生じる）のアオリスト ἔφῡν のように、語尾を付ける母音が ῡ の場合には、母音融合は起こらずに φύω、φύῃς、φύῃ ... [ῡ] と活用します。

練習問題43-4　λείπω（たち去る）の直説法・アオリストは、1人称・単数が能動態 ἔλιπον、中動態 ἐλιπόμην、受動態 ἐλείφθην です。これらに対応する接続法・アオリストの活用を書いてください。

[母音融合動詞の接続法]

見出し語が -εω / -αω / -οω で終わる動詞（第18課）の現在形は、接続法でも語幹末の母音 ε / α / ο が語尾の母音と融合して、以下のような独特な語形になります。とくに -αω と -οω に注意しましょう。

1．φιλέω（愛する）の接続法・現在［基本語尾と同じ］

	能動態		中動／受動態	
	単数	複数	単数	複数
1人称	φιλῶ	φιλῶμεν	φιλῶμαι	φιλώμεθα
2人称	φιλῇς	φιλῆτε	φιλῇ	φιλῆσθε
3人称	φιλῇ	φιλῶσι(ν)	φιλῆται	φιλῶνται

2．τῑμάω（尊重する）の接続法・現在［ᾷ / ᾶ が特徴的］

	能動態		中動／受動態	
	単数	複数	単数	複数
1人称	τῑμῶ	τῑμῶμεν	τῑμῶμαι	τῑμώμεθα
2人称	τῑμᾷς	τῑμᾶτε	τῑμᾷ	τῑμᾶσθε
3人称	τῑμᾷ	τῑμῶσι(ν)	τῑμᾶται	τῑμῶνται

3．δηλόω（明らかにする）の接続法・現在［οῖ / ῶ が特徴的］

	能動態		中動／受動態	
	単数	複数	単数	複数
1人称	δηλῶ	δηλῶμεν	δηλῶμαι	δηλώμεθα
2人称	δηλοῖς	δηλῶτε	δηλοῖ	δηλῶσθε
3人称	δηλοῖ	δηλῶσι(ν)	δηλῶται	δηλῶνται

なお、アオリストと完了は直説法の下線部分が **ἐφίλησα** や **πεφίληκα** のように子音で終わるため、上記のような母音融合は起きません。

第44課 | 接続法を使った文

1 主文における接続法

　前課のはじめに確認したように、接続法は主観的な判断としての提示を担う法です。その用法は多岐にわたりますが、主文における用法と副文における用法とに分けて整理しておくのがよいでしょう。まずは主文における用法から確認します。「主文」と「副文」という用語については次ページの囲みを参照してください。

(1) ταῦτα **ποιῶμεν**.　　私たちはそれらのことをしよう。
(2) τί **ποιῶμεν**;　　私たちは何をすべきだろうか？
(3) **μὴ** ταῦτα **ποιήσῃς**.　それらのことをしてはいけない。

　いずれも ποιέω（つくる／する）の接続法を使った文です。前ページの囲みなどを参照して、それぞれの語形を確認してください。(1) と (2) の ποιῶμεν は接続法・現在の1人称・複数、(3) の ποιήσῃς は接続法・アオリストの2人称・単数ですね。

　語形を確認したら、接続法の用法（どのような意味を表しているか）を見ていきましょう。(1) は**主語の意志**を表す用法で、主に1人称で使われます。この例文のように複数で使えば一緒にいる人たちを「…しよう」と促す意味合いになり、単数形で ταῦτα **ποιῶ**. とすれば「私がするよ」という感じの意志表明になります。否定語 μή を付けて **μὴ** ταῦτα **ποιῶμεν**. とすれば「それらのことをしないでおこう」の意味になります。否定語については161ページの囲みも参照してください。

　(2) のように接続法の1人称を疑問文で使うと、**思案や熟慮**を表します。直説法・2人称を使った τί **ποιεῖτε**; が「君たちは何をしているのか」という事実に関する疑問を表すのと見比べて、頭のなかであれこれ考えを巡らしている感じ（主観性＝自分の考え）を捉えてください。

　(3) は「…するな／してはいけない」という**禁止**の用法です。このような禁止を表現する際、動詞が表す事柄の継続性や反復性がイメージされれば〈**μή ＋ 命令法・現在**〉の形式になる（命令法は第48課で学ぶ）の

ですが、そのようなイメージを伴わない端的な禁止には〈**μή ＋ 接続法・アオリスト**〉の形式を使います。禁止を表現する際の特別な形式として覚えておくとよいでしょう。

練習問題44-1　各文を発音したうえで、接続法（太字）の用法に注意して訳してください。1の εἴπωμεν は λέγω から、2の φάγωμεν と πίωμεν はそれぞれ ἐσθίω と πίνω [ῐ] から、3の γένησθε は γίγνομαι から考えます。

1．**εἴπωμεν** ἢ **σῑγῶμεν**;
2．**φάγωμεν** καὶ **πίωμεν**· αὔριον γὰρ ἀποθνήσκομεν.
3．μὴ οὖν προδόται **γένησθε** ὑμῶν αὐτῶν.　　＊ὑμῶν [ῡ]

［主文と副文］
文は述語動詞を中心として構成されますが、いくつかの文が組み合わされて複雑な表現になることがあります。たとえば The telephone rang when I was having a bath. という英語は、The telephone rang を構文の中心として、それに補助的な文 when I was having a bath が組み合わされています。このような表現において構文の中心となる文のことを主文といい、補助的に機能する文のことを副文といいます（主文のことを主節、副文のことを従属節ということもあります）。

2　副文における接続法

接続法は副文のなかでもよく使われます。まずは**意図や目的**（…するために／ように）を表す用法から確認しましょう。

（4）τοὺς πολεμίους διώκομεν **ἵνα ἕλωμεν**.
　　　私たちは敵を捕まえるために追いかけている。

（5）ἀποφεύγομεν **ἵνα** οἱ πολέμιοι **μὴ ἕλωσιν** ἡμᾶς.
　　　敵が私たちを捕まえないように、私たちは逃げている。

例文（4）の主文は τοὺς πολεμίους διώκομεν「私たちは敵を追いかけている」で、そこに副文の ἵνα ἕλωμεν が付いています。ἕλωμεν は αἱρέω（手に取る／つかむ）の接続法・アオリストで、ἵνα とセットで「捕まえ

るために」の意味で読みます。〈ἵνα ＋ 接続法〉の形式で覚えておくとよいでしょう。ἵνα の代わりに ὅπως が使われることもあります。

「...ないように」という否定的な意図・目的は、上記の接続法に μή を付けて表します。例文（5）は主文の ἀποφεύγομεν に対して、副文の ἵνα οἱ πολέμιοι μὴ ἕλωσιν ἡμᾶς を「敵が私たちを捕まえないように」の意味で読んでください。〈ἵνα ＋ μή ＋ 接続法〉の形式を確認しましょう。なお、この文は ἵνα の代わりに μή をまるで接続詞のように使って ἀποφεύγομεν **μὴ** οἱ πολέμιοι **ἕλωσιν** ἡμᾶς. とすることもできます。

これらの文において、直説法の διώκομεν と ἀποφεύγομεν が「（実際に）追いかけている／逃げている」という事実を表すのに対して、接続法の ἕλωμεν が表す「捕まえる」が非事実的な主観（実現するかどうか分からない想定）であることを確認してください。227ページで見た直説法と接続法の違いがここにも現れています。

（6）φοβοῦμαι **μὴ** ὁ λέων με **φάγῃ**.
　　そのライオンが私を食うのではないかと恐ろしい。

（7）φοβούμεθα **μὴ οὐκ ἔλθῃ**.
　　私たちは彼が来ないことを恐れる。

φοβέομαι（恐れる）や ὀκνέω（ためらう）のような**恐れや不安**を表す動詞は、その内容を〈**μή ＋ 接続法**〉の形式で表します。上記の（6）では直説法・現在の φοβοῦμαι「私は恐れている」を主文として、その恐れの中身が副文 μὴ ὁ λέων με φάγῃ で表現されています。恐れや不安は起こりうることに対する主観的なイメージなので φάγῃ（ἐσθίω の接続法・アオリスト）が使われることと、その際に「...ではないかと恐れる」と発想するので否定語 μή が使われることを確認してください。

例文（7）では恐れの内容が「彼が来ないこと」になっています。このような場合には「彼が来ないのではないかと恐れる」と発想し、否定語を重ねて〈**μή ＋ οὐ ＋ 接続法**〉の形式を使います。οὐ が οὐκ になっている理由は39ページで確認してください。

続いて、条件文（...ならば）で接続法が使われる場合を見ておきましょう。以下の例文のような2種類の用法があります。

（8）ἐὰν ταῦτα **ποιήσῃς**, ὁ στρατηγός σε **ἐπαινέσει**.

　　　君がそうすれば、将軍は君を称賛するだろう。

（9）ἐὰν ταῦτα **ποιήσῃς**, ὁ στρατηγός σε **ἐπαινεῖ**.

　　　君がそうするたびに、将軍は君を称賛する。

　先頭の ἐάν [ā]（この α を長く伸ばして読む）は接続詞 εἰ（if）と ἄν が融合した語で、これが接続法とセットになって「…ならば」の意味を表します。ποιήσῃς が ποιέω の接続法・アオリスト、ταῦτα はその目的語で「それらのこと」の意味です。

　例文（8）は〈ἐάν ＋ 接続法〉を副文として、主文に直説法・未来が使われています（ἐπαινέσει ＜ ἐπαινέω 称賛する）。主文と副文がこのような組み合わせになる場合には、副文の「…ならば」に**未来のことを鮮明にイメージする**ようなニュアンスが伴います。「君がそうする」という事態は未来のことなので本当に起こるとは限りませんが、それを鮮明にイメージしながら「君がそうすれば」と言っていて、発言者の「おそらくそうなるだろう」という期待が窺われます。主文には直説法・未来のほか、命令法（第48課）が使われることもあります。

　例文（9）も〈ἐάν ＋ 接続法〉を副文としますが、主文に直説法・現在が使われている点が先ほどの（8）と違います。この組み合わせになる場合、副文は「…ならばそのたびに」のように**現在の反復的な条件**（その条件が満たされれば必ずそうなるという意味合い）を表します。

　同じ〈ἐάν ＋ 接続法〉という表現でも、主文との組み合わせによって意味が変わるので、必ず主文と見比べて対応するようにしてください。この ἐάν [ā] が縮約して ἄν [ā] の語形になることもあります。短母音の ἄν（次ページの囲み）とは違うので要注意です。

　なお、否定的な内容の条件（…ないならば）を表すときには、条件文にある動詞の法にかかわらず否定語は μή になります。**条件文の否定は μή** と覚えておきましょう。

練習問題 44-2　各文を発音したうえで、接続法（太字）の用法に注意して訳してください。2の ζῶσιν と ζῶ については下の囲みを参照。

1. αὐτοῦ **μένωμεν** ὅπως μὴ οἱ βάρβαροι ἡμᾶς **εὕρωσιν**.
2. οἱ πολλοὶ ζῶσιν ἵνα **ἐσθίωσιν**, ἐγὼ δὲ ἐσθίω ἵνα **ζῶ**.
3. οἱ ναῦται φοβοῦνται μὴ ἔξοδον οὐχ **εὕρωσιν**.
4. ἐὰν ὁ ἀνὴρ **φεύγῃ**, οἱ στρατιῶται αὐτὸν διώκουσιν.
5. ἐὰν ὁ ἀνὴρ **φεύγῃ**, οἱ στρατιῶται αὐτὸν διώξουσιν.

[ζάω や διψάω の活用]

-αω で終わる母音融合動詞のうち ζάω（生きる）や πεινάω（空腹である）などいくつかの動詞は、長母音の ᾱ / ᾳ が現れるはずのところに η / ῃ が現れるという特殊性があります。たとえば ζάω の現在形は通常の -αω タイプの活用ではなく、直説法も接続法も ζῶ, ζῇς, ζῇ, ζῶμεν, ζῆτε, ζῶσι(ν) と活用します。95ページや231ページにある τῑμάω の変化表と見比べて、違いを確認してください。同様の特徴を持つ動詞に διψάω（喉が乾いている）や χράομαι（使う／携わる）などがあります。

[小辞 ἄν について]

先ほど ἐάν [ᾱ] を構成する要素として ἄν（この α は短母音）が出てきましたが、この語は〈ἐάν ＋ 接続法〉など特定の形式で使われて、じつに様々な意味を表します。ἄν だけでは意味合いを捉えるのが難しいので、特定の表現形式として覚えていくのがよいでしょう。主要なものは以下の通りです。

ἄν ＋ 接続法……………鮮明な未来のイメージ、または一般性を持つ反復可能な表現（ἐάν ＋ 接続法）

ἄν ＋ 希求法……………可能性の表現（第46課）

ἄν ＋ 直説法の過去形……反事実的な表現（247ページ囲み）

第45課 ω動詞の希求法

1 希求法の語形（παύω の場合）

この課では希求法を学びます。227ページで見たように希求法は願望や可能性などを表しますが、接続法と同様に**現在**、**アオリスト**、**完了**を区別してアスペクトの違いを表現します。また間接話法（243ページ）では、時間的な区別のために**未来**の語形も使われます。このような用法については次の第46課で学ぶことにして、ここではその語形を見ていきましょう。

まずは**希求法・現在**の活用から、いつものように παύω（止める）を例にして確認します。

	能動態		中動／受動態	
	単数	複数	単数	複数
1人称	παύοιμι	παύοιμεν	παυοίμην	παυοίμεθα
2人称	παύοις	παύοιτε	παύοιο	παύοισθε
3人称	παύοι	παύοιεν	παύοιτο	παύοιντο

能動態も中動／受動態も二重母音の οι が特徴的です。すでに学んだ直説法・現在（72ページ）や接続法・現在（228ページ）と比べると、この -οι- の後に続く語尾にも違いがあることに気づくでしょう。それを確認したうえで、能動態は -οιμι、-οις、-οι ...、中動／受動態は -οίμην、-οιο、-οιτο ... のように発音しながら、変化表の太字部分を覚えるようにしてください。

その前に -σ- を挿入して παύσοιμι や παυσοίμην にすると、**希求法・未来**の能動態と中動態の語形になります。受動態はこの中動態に -θη- を挿入した παυθησοίμην で、いずれも上の変化表と同パターンの活用をします。このように、現在と未来の語形は一緒に覚えてしまうのが効率的です。

続いて**希求法・アオリスト**を確認しましょう。直説法の語形（1人称・単数）が能動態 ἔπαυσα、中動態 ἐπαυσάμην、受動態 ἐπαύθην であることを確認したうえで、それを希求法の能動態 παύσαιμι、中動態 παυσαίμην、受動態の παυθείην と見比べてください。接続法の場合と同じく加音がなく、-σαι- や -θει- のところにアオリストらしい特徴があることに気づくの

ではないかと思います。能動態と中動態は、希求法・現在の -οι- を -σαι-
に変えると捉えておいてもよいでしょう。

	能動態		中動態	
	単数	複数	単数	複数
1人称	παύσαιμι	παύσαιμεν	παυσαίμην	παυσαίμεθα
2人称	παύσαις	παύσαιτε	παύσαιο	παύσαισθε
3人称	παύσαι	παύσαιεν	παύσαιτο	παύσαιντο

	受動態	
	単数	複数
1人称	παυθείην	παυθεῖμεν
2人称	παυθείης	παυθεῖτε
3人称	παυθείη	παυθεῖεν

　なお能動態には上記のほかに、2人称・単数と3人称・単数にそれぞれ
παύσειας と παύσειε(ν) という語形が、3人称・複数には παύσειαν という
語形があります。むしろこちらの方がよく使われる語形なので、はやめに覚
えるように心がけてください。受動態の複数には παυθείημεν、παυθείητε、
παυθείησαν という語形もあります。単数と同じく -θείη- を使った形です
が、3人称が -σαν になるので注意してください。

練習問題45-1　γράφω（書く）の希求法・現在の活用（能動態と中動／
受動態）を書いてください。語尾のパターンは παύω と同じです。

練習問題45-2　γράφω の直説法・アオリスト（1人称・単数）は、能動
態が ἔγραψα（< ἔγραφ-σα）、中動態が ἐγραψάμην（< ἐγραφ-σάμην）、
受動態が ἐγράφην です。それぞれの下線部に適切な語尾を付けて、希求
法・アオリストの活用を書いてください。

　希求法・完了は、接続法の場合と同じく、能動態と中動／受動態で表現
の仕方が違います。能動態は直説法（1人称・単数）の **πέπαυκα** の下線
部に希求法・現在と同じ語尾を付けて形成し、中動／受動態は〈完了分詞

＋εἰμί の希求法・現在〉のコンビネーションで表現します。

	能動態		中動／受動態	
	単数	複数	単数	複数
1人称	πεπαύκοιμι	πεπαύκοιμεν	πεπαυμένος εἴην	πεπαυμένοι εἶμεν
2人称	πεπαύκοις	πεπαύκοιτε	πεπαυμένος εἴης	πεπαυμένοι εἶτε
3人称	πεπαύκοι	πεπαύκοιεν	πεπαυμένος εἴη	πεπαυμένοι εἶεν

　中動／受動態の変化表にある εἴην、εἴης、εἴη ... が εἰμί の希求法・現在の活用で、複数には εἶμεν、εἴητε、εἴησαν という語形もあります。この活用は前ページのアオリスト・受動態と見比べながら覚えるとよいでしょう。

練習問題45-3　γράφω の直説法・完了は、能動態が γέγραφα で、中動／受動態の完了分詞が γεγραμμένος です。この動詞の希求法・完了の活用を書いてください。

2　希求法の語形（第二／第三アオリスト）

　第二アオリストと第三アオリストの希求法も見ておきましょう。以下の変化表は λαμβάνω（つかむ）の希求法・アオリストです。

	能動態		中動態	
	単数	複数	単数	複数
1人称	λάβοιμι	λάβοιμεν	λαβοίμην	λαβοίμεθα
2人称	λάβοις	λάβοιτε	λάβοιο	λάβοισθε
3人称	λάβοι	λάβοιεν	λάβοιτο	λάβοιντο

　いずれの変化表も直説法の ἔλαβον / ἐλαβόμην の下線部に、この課のはじめに見た希求法・現在の語尾が付いた活用になっています。受動態は直説法の ἐλήφθην をもとにして、παύω の場合（前ページの παυθείην、παυθείης、παυθείη ...）と同様に活用させてください。

　続いて βαίνω（歩く）と γιγνώσκω（知る）を例にして、第三アオリストの希求法・能動態を観察しましょう。

239

	βαίνω（歩く）		γιγνώσκω（知る）	
	単数	複数	単数	複数
1人称	βαίην	βαῖμεν	γνοίην	γνοῖμεν
2人称	βαίης	βαῖτε	γνοίης	γνοῖτε
3人称	βαίη	βαῖεν	γνοίη	γνοῖεν

　ともに短母音の βα- / γνο- に -ι- を付けて希求法らしい βαι- / γνοι- を形成し（ここまでの変化表を見渡して -οι- / -αι- が希求法らしい特徴であることを確認してください）、それに単数は -ην、-ης、-η を、複数は -μεν、-τε、-εν を付けて構成します。238ページのアオリスト・受動態と見比べて、太字部分のリズムが同じであることを確認しておきましょう。

練習問題45-4　λείπω（たち去る）の直説法・アオリストは、1人称・単数が能動態 **ἔλιπον**、中動態 **ἐλιπόμην**、受動態 **ἐλείφθην** です。これらに対応する希求法・アオリストの活用を書いてください。

練習問題45-5　ἵστημι（立てる）の直説法には **ἔστην** という第三アオリストの語形があります（201ページ）。上記の説明を参考に、この語形に対応する希求法の活用を書いてください。短母音の στα- から考えます。

[第三アオリストの中動態]

中動態の語形になる第三アオリストは少ないですが、ὠνέομαι（買う）の直説法・アオリスト **ἐπριάμην**（1人称・単数）はこのタイプです。この動詞の接続法・アオリストは **πρίωμαι**、**πρίῃ**、**πρίηται**、**πριώμεθα**、**πρίησθε**、**πρίωνται** と活用し（πρι- に接続法の基本語尾を付けた活用）、希求法・アオリストは **πριαίμην**、**πριαῖο**、**πριαῖτο**、**πριαίμεθα**、**πριαῖσθε**、**πριαῖντο**（πρια- ＋ -ι- ＋ 語尾）と活用します。ちなみに直説法・アオリストの活用は **ἐπριάμην**、**ἐπρίω**（＜ ἐπρία-σο）、**ἐπρίατο**、**ἐπριάμεθα**、**ἐπρίασθε**、**ἐπρίαντο** です。

[母音融合動詞の希求法]

見出し語が -εω / -αω / -οω で終わる動詞の**希求法・現在**は、やはり語幹末の母音 ε / α / o が語尾の母音と融合します。また、能動態の単数語尾（-οιην、-οιης、-οιη）も特殊なので注意してください。

1. φιλέω（愛する）の希求法・現在 ［ε + οι ⇒ οι］

	能動態		中動／受動態	
	単数	複数	単数	複数
1人称	φιλ**οίην**	φιλ**οῖμεν**	φιλ**οίμην**	φιλ**οίμεθα**
2人称	φιλ**οίης**	φιλ**οῖτε**	φιλ**οῖο**	φιλ**οῖσθε**
3人称	φιλ**οίη**	φιλ**οῖεν**	φιλ**οῖτο**	φιλ**οῖντο**

2. τῑμάω（尊重する）の希求法・現在 ［α + οι ⇒ ῳ］

	能動態		中動／受動態	
	単数	複数	単数	複数
1人称	τῑμ**ῴην**	τῑμ**ῷμεν**	τῑμ**ῴμην**	τῑμ**ῴμεθα**
2人称	τῑμ**ῴης**	τῑμ**ῷτε**	τῑμ**ῷο**	τῑμ**ῷσθε**
3人称	τῑμ**ῴη**	τῑμ**ῷεν**	τῑμ**ῷτο**	τῑμ**ῷντο**

3. δηλόω（明らかにする）の接続法・現在 ［o + οι ⇒ οι］

	能動態		中動／受動態	
	単数	複数	単数	複数
1人称	δηλ**οίην**	δηλ**οῖμεν**	δηλ**οίμην**	δηλ**οίμεθα**
2人称	δηλ**οίης**	δηλ**οῖτε**	δηλ**οῖο**	δηλ**οῖσθε**
3人称	δηλ**οίη**	δηλ**οῖεν**	δηλ**οῖτο**	δηλ**οῖντο**

なお、未来、アオリスト、完了の希求法は、それぞれ φιλήσω、ἐφίλησα、πεφίληκα（直説法・能動態）の下線部に語尾を付けて形成します。いずれの下線部も子音で終わるため、上記のような母音融合は起きません。希求法・未来は φιλήσοιμι から、希求法・アオリストと希求法・完了はそれぞれ φιλήσαιμι と πεφιλήκοιμι から、いずれも規則的に活用します。

第46課 ｜ 希求法を使った文

1 主文における希求法

第43課のはじめに見たように希求法は願望や可能性を表現しますが、副文ではそれ以外の用法も多くあります。接続法の場合と同じく、主文における用法と副文における用法とに分けて整理しておきましょう。まずは主文の場合を確認します。

（1）εἰ γὰρ **πείθοιμι** τὸν ἄνδρα.
　　　その男を説得できればな。

（2）τῷ ἀνδρὶ ἂν **πείθοιο**.
　　　その男に君は従うだろう／かもしれない。

例文（1）のような〈εἰ γάρ ＋ 希求法〉の形式は、**未来に対する願望**を表現します。πείθοιμι が πείθω（説得する）の希求法・現在の能動態（1人称・単数なので主語は「私」）であることを確認して、対格の τὸν ἄνδρα を目的語として読んでください。εἰ γάρ の代わりに εἴθε が使われることもありますし、これらの語を伴わずに **πείθοιμι** τὸν ἄνδρα. とだけ表現されることもあるので注意してください。「...しなければよいな」という否定的な願望は、否定語に μή を使って（εἰ γάρ / εἴθε）**μὴ πείθοις** τὸν ἄνδρα.「君がその男を説得しなければよいが」のように表現します。

例文（2）のような〈ἄν ＋ 希求法〉は**未来における実現可能性**の表現です。上の訳では「だろう／かもしれない」としましたが、どの程度の可能性があるかは文脈や状況に応じて判断してください。πείθω の中動態は例文のように、与格と結びついて「...に従う」の意味になります。

この可能性の希求法は、**βουλοίμην ἂν** τοῦτο ποιεῖν.「可能であればそうしたい」のように控えめな表現をつくる（直説法を使った βούλομαι τοῦτο ποιεῖν. なら率直な願望表明）など多様なニュアンスを表現するので、気をつけて学んでいってください。可能性の否定は οὐ で行い、**οὐκ ἂν λάβοι** ἡμᾶς.「彼は私たちを決して捕まえられない」のような強い調子の否定表現になります。

練習問題46-1 各文を発音したうえで、希求法（太字）の用法に注意して訳してください。

1. δὶς εἰς τὸν αὐτὸν ποταμὸν οὐκ ἂν **ἐμβαίης**.
2. **βουλοίμεθα** ἂν εἰς τὸν ποταμὸν αὖθις ἐμβῆναι.
3. εἰ γὰρ αὖθις **ἐμβαίην** εἰς τὸν ποταμόν.

2　副文における希求法①（時制の変更に関わるもの）

希求法が副文で使われる例として、まずは**間接話法での用法**を確認しましょう。間接話法とは「彼は…と言った／尋ねた／命じた」のように、発言内容を上位文のなかに組み込む表現で、英語では He said that ... の that 節などで表現されます。それに対応するギリシャ語の例として、以下の文を見てください。

(3) ὁ βασιλεὺς λέγει ὅτι τὴν ἐπιστολὴν **γράφει**.
　　王はその手紙を（今）書いていると言っている。

(4) ὁ βασιλεὺς λέγει ὅτι τὴν ἐπιστολὴν **ἔγραψεν**.
　　王はその手紙を（以前に）書いたと言っている。

(5) ὁ βασιλεὺς λέγει ὅτι τὴν ἐπιστολὴν **γράψει**.
　　王はその手紙を（これから）書くと言っている。

いずれも主文の述語動詞は現在形の λέγει で、それに主語 ὁ βασιλεύς と ὅτι 節（英語の that 節に相当）が付いて「王は…と言っている」の意味を表しています。それを確認したうえで、ὅτι 節内の動詞の時制と意味との関係を見ていきましょう。例文（3）のように直説法・現在の γράφει を使うと「書いている」と「言っている」が同時的な関係になり、（4）のようにアオリストの ἔγραψεν を使うと「書いた」のが「言っている」よりも前であることが、（5）のように未来形の γράψει だと「書く」のが「言っている」よりも後であることが示されます。完了の γέγραφεν を使って「もうすでに書き終えている」の意味を表すこともできます。

これらは ὅτι 節の動詞がいずれも直説法ですが、主文の λέγει を過去系統の時制（未完了過去／アオリスト／過去完了）にすると、ὅτι 節の動詞が以下のように希求法に変わります。ここではアオリスト εἶπεν（見出し

語は λέγω）を使った例文を見ておきましょう。

(6) ὁ βασιλεὺς εἶπεν ὅτι τὴν ἐπιστολὴν **γράφοι**.
  王はその手紙を（今）書いていると言った。

(7) ὁ βασιλεὺς εἶπεν ὅτι τὴν ἐπιστολὴν **γράψαι**.
  王はその手紙を（以前に）書いたと言った。

(8) ὁ βασιλεὺς εἶπεν ὅτι τὴν ἐπιστολὴν **γράψοι**.
  王はその手紙を（これから）書くと言った。

ὅτι 節の動詞に注目してください。例文（6）の γράφοι は希求法・現在、
（7）の γράψαι は希求法・アオリスト、（8）の γράψοι は希求法・未来で
すね。先ほどの例文（3）〜（5）と比べると違いは希求法になっている
ことだけで、時制と意味との対応関係はそのまま保存されています。以上
を確認したうえで、**主動詞が過去時制の間接話法では ὅτι 節の動詞が希求
法になる**と覚えておいてください。ただしこのルールは絶対的なものでは
なく、直説法のまま ὁ βασιλεὺς εἶπεν ὅτι τὴν ἐπιστολὴν **γράφει**. などと
することもよくあります。

このような間接話法の文では、ὅτι 節内の否定を οὐ で行います。たと
えば上記の（6）を否定すれば ὁ βασιλεὺς εἶπεν ὅτι τὴν ἐπιστολὴν **οὐ
γράφοι**. で、「王はその手紙を書いていないと言った」の意味を表します。
また、**希求法・未来が使われるのは間接話法の場合だけ**ということも覚え
ておくとよいでしょう。

それでは次の用例に進みましょう。「...するために」という**意図や目的**、
あるいは「...ではないか」という**恐れや不安**の表現に接続法が使われるこ
とは第44課で学びました。これらの構文においても、主文の動詞が過去
系統の時制になると「...するために／...ではないか」の接続法が希求法に
変わります。例文を見ておきましょう。

(9) τοὺς πολεμίους ἐδιώξαμεν **ἵνα ἕλοιμεν**.
  私たちは敵を捕まえるために追いかけた。

(10) ἐφοβούμην **μὴ** ὁ λέων με **φάγοι**.
  そのライオンが私を食うのではないかと恐ろしかった。

例文（9）は、233ページの例文（4）の主動詞 διώκομεν（直説法・現在

244

の1人称・複数）をアオリストの ἐδιώξαμεν「私たちは追いかけた」に変えた文です。その変更に伴い、ἵνα 節の動詞が接続法の ἕλωμεν から希求法の ἕλοιμεν になっていることを確認してください。

同じことは（10）でも起きています。これは234ページの例文（6）の主動詞 φοβοῦμαι（直説法・現在の1人称・単数）を未完了過去の ἐφοβούμην「そのとき私は恐れていた」に変えた文ですが、主動詞の時制変更に伴って μή 節の動詞が接続法の φάγῃ から希求法の φάγοι になっていることが重要です。

なお、先ほどの間接話法の場合と同じく、このような希求法への変更は必須のものではありません。ἕλωμεν / φάγῃ という接続法が保たれることもよくあるので、柔軟に対応するようにしてください。

練習問題46-2 各文を発音したうえで、希求法（太字）の用法に注意して訳してください。4の ἀποθανοῖτο は ἀποθνήσκω の希求法・未来です。

1. αὐτοῦ ἐμείναμεν ὅπως μὴ οἱ βάρβαροι ἡμᾶς **εὕροιεν**.
2. ἐφοβήθημεν μὴ ὁ ἡμέτερος φίλος ἐκ τῆς μάχης οὐκ **ἐπανέρχοιτο**.
3. ἐφοβήθημεν μὴ ὁ ἡμέτερος φίλος ἐν τῇ μάχῃ **ἀποθάνοι**.
4. οἱ ἡμέτεροι ἑταῖροι εἶπον ὅτι ὁ φίλος οὐκ **ἀποθανοῖτο**.

[現在や過去のことへの恐れ]
未来の事柄に対する恐れ（…ではないか）は〈μή ＋ 接続法／希求法〉で表しますが、今まさに起きていることやすでに起きたことへの恐れは μή に直説法を続けて表現します。たとえば「そのライオンが私の友人を今まさに食っているのではないか」は直説法・現在の ἐσθίει を使って φοβοῦμαι μὴ ὁ λέων τὸν ἐμὸν φίλον νῦν ἐσθίει. と表現し、「昨日食ったのではないか」は直説法・アオリストの ἔφαγεν を使って φοβοῦμαι μὴ ὁ λέων τὸν ἐμὸν φίλον ἐχθὲς ἔφαγεν. と表現します。このような直説法の表現では、アスペクトだけでなく時の違いも表現されることに注目してください。

3　副文における希求法②（条件文）
未来のことを鮮明にイメージする条件文が〈ἐάν [ā] ＋ 接続法〉の形式

をとり、発言者の「おそらくそうなるだろう」という期待を示唆すること
は235ページで学びました。それに対して、発言者が「そうはなりそうに
ない」と思いながら**未来のことを漠然とイメージする**場合には、「...なら
ば」の条件文が〈εἰ ＋ 希求法〉の形式になります。その際、**主文（帰結文）
は〈ἄν ＋ 希求法〉**という可能性の表現になることも確認してください。

(11) εἰ ταῦτα **ποιήσαις**, ὁ στρατηγός σε **ἐπαινέσαι ἄν**.
　　　もし君がそうするのであれば、将軍は君を称賛するだろう。

翻訳でニュアンスを伝えるのは難しいのですが、235ページの例文（8）
と比べると、この文からは発言者の「君はそうしないと思うけれど」とい
う気分が感じられます。そのような事柄は漠然としかイメージできないの
で、その帰結が可能性の表現になると捉えておいてください。〈ἐάν［ā］
＋ 接続法〉の条件文に対しては、帰結文が直説法（事実として述べる）
か命令法（相手への要求）になることも確認しておきましょう。これは条
件文の内容を鮮明にイメージしているからこそ可能な形式です。
　〈εἰ ＋ 希求法〉にはもうひとつ**過去の反復的な条件**を表す用法がありま
す。これは235ページの例文（9）の内容を過去に移したもので、**主文に
は直説法・未完了過去**（過去における反復を示す語形）が使われます。例
文で確認しましょう。

(12) εἰ ταῦτα **ποιήσαις**, ὁ στρατηγός σε **ἐπῄνει**.
　　　君がそうするたびに、将軍は君を称賛した。

練習問題46-3 各文を発音したうえで、希求法（太字）の用法に注意
して訳してください。3の ὅτε (when) は εἰ (if) に置き換えても OK です。

1. εἰ **ἐπίοιεν** οἱ Ἀθηναῖοι, οἱ Συρᾱκόσιοι ἂν **ὑποχωρήσαιεν**.
2. εἰ **ἐπίοιεν** οἱ Ἀθηναῖοι, οἱ Συρᾱκόσιοι ὑπεχώρουν.
3. ὅτε **ἔχοιμεν** χρήματα, εἴχομεν φίλους.

［反事実的な条件文（反実仮想の表現）］

　事実に反することを仮定して「もし仮に（いま）...ならば...だろうに」や「もし仮に（あのとき）...したならば...だっただろうに」と言うとき、条件文（εἰ ...）にも帰結文（主文）にも直説法の過去形が使われます。このような用法を可能性の直説法と呼びますが、以下でその基本的な形式を確認しておきましょう。

　　1. 条件文（...ならば）の形式
　　　　現在の事実に反する想定　⇒　εἰ ＋ 未完了過去
　　　　過去の事実に反する想定　⇒　εἰ ＋ アオリスト

　　2. 帰結文（...だろうに／だっただろうに）の形式
　　　　現在についての想定　⇒　ἄν ＋ 未完了過去
　　　　過去についての想定　⇒　ἄν ＋ アオリスト

　たとえば「もし仮にいま君がそれをしているならば、将軍は君を称賛するだろうに」という文は、現在の事実に反する想定なので未完了過去を使って εἰ ταῦτα ἐποίεις, ὁ στρατηγός σε ἐπήνει ἄν. になり、「もし仮にあのとき君がそれをしたならば、将軍は君を称賛しただろうに」という過去の事実に反する想定は、アオリストを使って εἰ ταῦτα ἐποίησας, ὁ στρατηγός σε ἐπήνεσεν ἄν. になります。ただし過去の事実に反する想定であっても、継続や反復のアスペクトを示す際には未完了過去が使われるので注意してください。εἰ 節の代わりに前置詞句を使って、σὺν ἐκείνῳ τῷ ἀνδρὶ τοὺς πολεμίους ἐδιώκομεν ἄν.「もしあの男がいれば私たちは敵を追っているのに」などと表現することもできます。

　上記の条件文の形式を使って反事実的な願望を表現できることも確認しておきましょう。未完了過去を使った εἰ γὰρ ταῦτα ἐποίεις. なら「いま君がそれをしていればな（実際にはしていない）」の意味、アオリストの εἰ γὰρ ταῦτα ἐποίησας. なら「あのとき君がそれをしていればな（実際にはしていない）」の意味を表します。εἰ γάρ のほかに εἴθε を使うこともできます。

第47課 | μι 動詞の接続法と希求法

1 μι 動詞の接続法

この課では μι 動詞の接続法と希求法を、とくに重要な現在とアオリストに絞って確認します。ほかの語形はいずれも規則的につくられるので、ω 動詞について学んだことを応用すれば対応できるはずです。もちろん習熟するには練習が必要ですが、その練習は今後の学習のなかで少しずつ進めていってください。

まずは δίδωμι（与える）と τίθημι（置く）を例にして、**接続法・現在**の活用を観察してみましょう。

	接・現在（能動態）		接・現在（中動／受動態）	
	単数	複数	単数	複数
1人称	διδῶ	διδῶμεν	διδῶμαι	διδώμεθα
2人称	διδῷς	διδῶτε	διδῷ	διδῶσθε
3人称	διδῷ	διδῶσι(ν)	διδῶται	διδῶνται

	単数	複数	単数	複数
1人称	τιθῶ	τιθῶμεν	τιθῶμαι	τιθώμεθα
2人称	τιθῇς	τιθῆτε	τιθῇ	τιθῆσθε
3人称	τιθῇ	τιθῶσι(ν)	τιθῆται	τιθῶνται

いずれの変化表も、短母音の語幹 διδο- / τιθε- に接続法の基本語尾（228ページ）を付けて構成されます。ただしその際、διδο- / τιθε- の末尾の母音が語尾の母音と接触して **διδό-ω ⇒ διδῶ** や **διδό-ῃς ⇒ διδῷς** といった母音融合が起きます。その結果 δίδωμι の方は太字部分が独特の見ためになりますが、τίθημι の太字部分には基本語尾の音（-ω, -ῃς, -ῃ ...）がそのまま残るので覚えやすいと思います。

上記の変化表から語頭の δι- / τι- を外すと、**接続法・アオリスト**の能動態と中動態の語形になります。つまり δίδωμι を例にすれば、能動態が δῶ、δῷς, δῷ ... に、中動態が δῶμαι, δῷ, δῶται ... です。先ほどの語形を覚え

てしまえばこちらも覚えたようなものですね。τίθημι も同様ですが、これについては下の練習問題で確認しましょう。

　受動態は、直説法（1人称・単数）の ἐδόθην や ἐτέθην から規則的に（228ページで示した παυθῶ と同様に）語形をつくります。δίδωμι であれば上記の ἐδόθην の下線部に -ω、-ῃς、-ῃ ... を付けて、δοθῶ、δοθῇς、δοθῇ ... のように活用することを確認してください。

練習問題47-1　ここまでの説明を参考に、τίθημι の接続法・アオリストの活用（能動態、中動態、受動態の3種類）を書いてください。

　ἵημι [ῑ]（放つ）の接続法・現在は、やはり短母音の語幹 ἱε- [ῐ] に上と同様の基本語尾を付けてつくります。ἱέ-ω ⇒ ἱῶ や ἱέ-ῃς ⇒ ἱῇς などの母音融合は τίθημι の場合（τιθε- に語尾が付く）と同じなので、能動態は ἱῶ、ἱῇς、ἱῇ、ἱῶμεν、ἱῆτε、ἱῶσι(ν) と、中動／受動態の活用は ἱῶμαι、ἱῇ、ἱῆται、ἱώμεθα、ἱῆσθε、ἱῶνται と活用します。語頭の ἱ- はすべて長く伸ばして読んでください。

　接続法・アオリストの能動態と中動態はそこから ἱ- を外してつくりますが、その際 [h] の音が保存され、能動は ὧ、ᾗς、ᾗ、ὧμεν、ἧτε、ὧσι(ν) に、中動は ὧμαι、ᾗ、ἧται、ὥμεθα、ἧσθε、ὧνται になります。受動態が直説法の -εῐθην（206ページ）の下線部から加音 ἐ- を外して、-εθῶ、-εθῇς、-εθῇ ... と活用することも確認しておいてください。

　ἵστημι（立てる）の接続法・現在は能動態が ἱστῶ、ἱστῇς、ἱστῇ、ἱστῶμεν、ἱστῆτε、ἱστῶσι(ν) で、中動／受動態が ἱστῶμαι、ἱστῇ、ἱστῆται、ἱστώμεθα、ἱστῆσθε、ἱστῶνται です。τίθημι や ἵημι [ῑ] の変化と見比べて覚えてしまいましょう。

　この動詞の接続法・アオリストは注意が必要です。まずは前提として、直説法では他動詞の意味（立てた）は ἔστησα で、自動詞の意味（立った）は ἔστην で表現されることを確認してください（201ページ）。このうち ἔστησα は規則動詞の ἔπαυσα（< παύω）と同様の形式なので、接続法も παύω と同じく上記の下線部に基本語尾を付けて στήσω、στήσῃς、στήσῃ ... と活用します。中動態（自分のために立てる）の活用はこれと規則的に対応して στήσωμαι、στήσῃ、στήσηται ... になり、受動態（立て

られる）は直説法の <u>ἐ</u>στάθην から規則的に σταθῶ、σταθῇς、σταθῇ ... に
なります。

　一方の ἔστην に対応する接続法（立つ）は、接続法・現在の能動態か
ら ι- を外して στῶ、στῇς、στῇ ... と活用します。

(練習問題47-2)　上の説明を参考にして、以下の意味を表す接続法・ア
オリストの活用を複数形まで書いてください。

　1．立てる　　　2．自分のために立てる　　　3．立つ

2　μι 動詞の希求法

　続いて δίδωμι と τίθημι の希求法・現在の活用を観察します。まずは下
の変化表を見てください。

	希・現在（能動態）		希・現在（中動／受動態）	
	単数	複数	単数	複数
1人称	διδοίην	διδοῖμεν	διδοίμην	διδοίμεθα
2人称	διδοίης	διδοῖτε	διδοῖο	διδοῖσθε
3人称	διδοίη	διδοῖεν	διδοῖτο	διδοῖντο

	単数	複数	単数	複数
1人称	τιθείην	τιθεῖμεν	τιθείμην	τιθείμεθα
2人称	τιθείης	τιθεῖτε	τιθεῖο	τιθεῖσθε
3人称	τιθείη	τιθεῖεν	τιθεῖτο	τιθεῖντο

　いずれも短母音の語幹 διδο- / τιθε- に -ι- を加えて希求法らしい διδοι- /
τιθει- をつくり、それに能動態は -ην、-ης、-η、-μεν、-τε、-εν（240ページ
の βαίην と γνοίην と同じ語尾）を、中動／受動態は -μην、-σο、-το、-μεθα、
-σθε、-ντο（204ページなどを参照）を付けます。中動／受動の2人称・単
数で、διδοῖσο ⇒ διδοῖο のようにな σ の脱落が起こることも要確認です。
また、238ページの παυθείην などと同様に、能動態の複数は **διδοίημεν**、
διδοίητε、**διδοίησαν** や **τιθείημεν**、**τιθείητε**、**τιθείησαν**（単数と規則的に
対応する語形）になることもあります。

希求法・アオリストの能動態と中動態は、接続法の場合と同じく先ほど
の変化表から δι- / τι- を外してつくります。つまり δίδωμι を例にすれば、
能動態が δοίην、δοίης、δοίη ... に、中動態が δοίμην、δοῖο、δοῖτο ... にな
ります。受動態は直説法の ἐδόθην から規則的に、δοθείην、δοθείης、
δοθείη ... と活用します。τίθημι についても同様に考えてください。

練習問題47-3 ここまでの説明を参考に、τίθημι の希求法・アオリス
トの活用（能動態、中動態、受動態の3種類）を書いてください。

ἵημι [ῑ]（放つ）と ἵστημι（立てる）の希求法・現在も、短母音の語幹
に -ι- を加えた ἱει- [ῑ] / ἱσται- に先ほどと同じ語尾を付けて活用します。
つまり ἵημι（以下、語頭の i- はすべて長く伸ばして読む）は、能動態が
ἱείην、ἱείης、ἱείη、ἱεῖμεν、ἱεῖτε、ἱεῖεν（複数には **ἱείημεν、ἱείητε、ἱείησαν**
という語形もある）、中動／受動態が **ἱείμην、ἱεῖο**（< ἱεῖσο）、**ἱεῖτο、
ἱείμεθα、ἱεῖσθε、ἱεῖντο** になります。これを参考にして、ἵστημι の希求
法・現在も活用させてみてください。練習問題で確認しましょう。

練習問題47-4 上記の説明を参考に、ἵστημι の希求法・現在の活用
（能動態と中動／受動態）を書いてください。

ἵημι の希求法・アオリストの能動態と中動態は、上記の語形から i- を
外してつくります。能動が **εἵην、εἵης、εἵη、εἷμεν、εἷτε、εἷεν**（複数には
εἵημεν、εἵητε、εἵησαν という語形もある）に、中動が **εἵμην、εἷο、εἷτο、
εἵμεθα、εἷσθε、εἷντο** になることを確認してください。受動態は直説法の
-εἵθην から規則的に、**ἑθείην、ἑθείης、ἑθείη** ... と活用します。
ἵστημι の希求法・アオリストは、ἱσταίην などから i- を外した **σταίην、
σταίης、σταίη** ... が自動詞の意味（立つ）であることが重要です。他動
詞の意味（立てる）のアオリストは直説法が ἔστησα なので、希求法はそ
こから **στήσαιμι、στήσαις（-σειας）、στήσαι（-σειε(ν)）、στήσαιμεν、
στήσαιτε、στήσαιεν（-σειαν）** と活用します。238ページで見た規則動
詞の ἔπαυσα（< παύω）と同様の形式であることを確認してください。
中動態（自分のために立てる）の活用はこれと対応して **στησαίμην、**

στήσαιο（< στήσαισο）、στήσαιτο、στησαίμεθα、στήσαισθε、στήσαιντο
で、受動態（立てられる）は直説法の ἐστάθην から規則的に σταθείην、
σταθείης、σταθείη ... と活用します。

　この課ではとても多くの語形を学びました。活用などの語形変化を確認
するのは大変な作業ですが、ひとつひとつ根気強く取り組むことが大切で
す。その際、規則的なものと特殊なものとを区別しながら、覚えるべきポ
イントを自分で見つけていくようにしてください。変化表をあれこれ見比
べることも有効でしょう。その作業によって、ギリシャ語文法の大きな仕
組みが少しずつ見えてくるはずです。

［規則的な μι 動詞の接続法と希求法］
δείκνῡμι（提示する）など見出し語が -νῡμι で終わる動詞は、接続法も希求法も
規則的に活用します。まずは接続法・現在と希求法・現在の語形を確認しましょ
う。いずれも短母音の語幹 δεικνυ- に、παύω と同じ語尾（228ページと237ペー
ジを参照）を付けて活用させます。

　　接続法・能動態　　δεικνύω, δεικνύῃς, δεικνύῃ ...
　　　〃　　中／受動態　δεικνύωμαι, δεικνύῃ, δεικνύηται ...
　　希求法・能動態　　δεικνύοιμι, δεικνύοις, δεικνύοι ...
　　　〃　　中／受動態　δεικνυοίμην, δεικνύοιο, δεικνύοιτο ...

アオリストは直説法の語形から、やはり規則的に活用します。すなわち能動態が
ἔδειξα（< ἔδεικ-σα）から接続法 δείξω, δείξῃς, δείξῃ ...、希求法 δείξαιμι,
δείξαις, δείξαι ... で、中動態が ἐδειξάμην（< ἐδεικ-σάμην）から接続法
δείξωμαι, δείξῃ, δείξηται ...、希求法 δειξαίμην, δείξαιο, δείξαιτο ...、受動態が
ἐδείχθην から接続法 δειχθῶ, δειχθῇς, δειχθῇ ...、希求法 δειχθείην, δειχθείης,
δειχθείη ... です。

第48課 命令法

1 ω動詞の命令法

第43課で見たように、命令法は「...せよ／してくれ」のような他者への要求を表します。まずは παύω（止める）を例にして、進行や反復のアスペクトを示す**命令法・現在**の語形を確認しましょう。

	能動態		中動／受動態	
	単数	複数	単数	複数
2人称	παῦε	παύετε	παύου	παύεσθε
3人称	παυέτω	παυόντων	παυέσθω	παυέσθων

対話の相手に対して「...せよ／してくれ」と要求する場合には、上記のうち2人称の語形を使います。相手が1人（単数）なのか2人以上（複数）かに応じて、語形を使い分けることを確認してください。3人称の語形は「疫病は去れ」のように、対話相手ではない人やものを主語にして「...は...せよ」の意味を表すのに使います。

いつものように太字部分を命令法・現在の語尾として覚えてください。その際、動詞のアクセントが後退的であること（112ページ）は確認しておくとよいでしょう。その結果、能動態の2人称・単数は παῦε という曲アクセントになっています。曲アクセントなので「パウ」の前半のみを高く読み、その全体を最後まで高く読む παύω よりもアクセントが前に出ていることを確認してください（54ページの（3）も参照）。ἀκούω（聞く）のように3音節以上の語の場合には、アクセントが前の音節に移動して ἄκουε になります。

続いて、端的な命令を示す**命令法・アオリスト**の語形を確認します。直説法・アオリスト（1人称・単数）は能動が ἔπαυσα、中動が ἐπαυσάμην、受動が ἐπαύθην でした。命令法ではこの下線部に語尾を付けて、次ページの変化表のように活用します。2人称・単数（παῦσον／παῦσαι／παύθητι）は特殊な語形として覚えてしまってください。それ以外の語形は、先ほどの命令法・現在と見比べておくのがよいでしょう。上の表から太字部分の

	能動態		中動態	
	単数	複数	単数	複数
2人称	παῦσον	παύσατε	παῦσαι	παύσασθε
3人称	παυσάτω	παυσάντων	παυσάσθω	παυσάσθων

	受動態	
	単数	複数
2人称	παύθητι	παύθητε
3人称	παυθήτω	παυθέντων

先頭の -ε- / -ο- を -σα- に変えるとアオリストの能動態と中動態の語形になり、同じ部分を -θη- / -θε- に変えると受動態の語形になります。

練習問題48-1 ここまでの説明を踏まえて、ἀκούω の命令法・現在（能動態と中動／受動態）の活用を書いてください。

練習問題48-2 同様に ἀκούω の命令法・アオリスト（能動態、中動態、受動態）の活用を書いてください。直説法の語形（1人称・単数）は能動態が **ἤκουσα**、中動態が **ἠκουσάμην**、受動態が **ἠκούσθην** です。

　第二アオリストの命令法には、前ページで見た現在形と同じ語尾を使います。たとえば βάλλω（投げる）なら直説法 ἔβαλον の下線部に語尾を付けて、能動態は2人称が βάλε、βάλετε に、3人称が βαλέτω、βαλόντων になります。中動態も同様に2人称が βάλου、βάλεσθε で、3人称が βαλέσθω、βαλέσθων です。受動態は直説法の ἐβλήθην から、παύω の場合と同様に活用させてください。

　第二アオリストのうち、εἶπον（λέγω 言う）、ἦλθον（ἔρχομαι 行く）、ηὗρον（εὑρίσκω 見つける）、εἶδον（ὁράω 見る）、ἔλαβον（λαμβάνω つかむ）の命令法は、能動態の2人称・単数でアクセントが特別に語末にきます（カッコ内は見出し語と意味）。**εἰπέ**（言え）、**ἐλθέ**（行け）、**εὑρέ**（見つけよ）、**ἰδέ**（見よ）、**λαβέ**（つかめ）のように並べて覚えてください。複数形は εἴπετε、ἔλθετε、εὕρετε、ἴδετε、λάβετε で原則どおりです。

　第三アオリストの命令法（能動態）は以下のように活用します。直説法の ἔβην と ἔγνων（148ページ）から βη- と γνω- を取り出して、それに2人称・単数は -θι を、それ以外の語形はこれまでに見た命令法と同じ語尾（ただし -ε- / -o- や -σα- はない）を付けて活用させます。3人称・複数が短母音の語幹 βα- と γνο- になることに注意してください。γνῶθι σεαυτόν.（汝自身を知れ）などの例文を覚えるのも変化表を学ぶ助けになります。

　なお、先ほど見た παύθητι（命令法・アオリスト・受動態の2人称・単数）の -τι は、βῆθι や γνῶθι の -θι がグラスマンの法則（105ページ）によって変わったものです。

	βαίνω（歩く）		γιγνώσκω（知る）	
	単数	複数	単数	複数
2人称	βῆθι	βῆτε	γνῶθι	γνῶτε
3人称	βήτω	βάντων	γνώτω	γνόντων

練習問題48-3　ここまでの説明を踏まえて、λαμβάνω（つかむ）の命令法・アオリストの活用（能動態、中動態、受動態）を書いてください。直説法の語形は能動が ἔλαβον、中動が ἐλαβόμην、受動が ἐλήφθην です。

2　μι 動詞の命令法

　次に δίδωμι（与える）と τίθημι（置く）を例に、μι 動詞の命令法を確認します。次ページに現在とアオリストの語形を並べるので、全体を大きく見ながら特徴を観察しましょう。

　命令法・現在は、短母音の語幹 διδο- と τιθε- に ω 動詞と同じ語尾（ただし -ε- / -o- や -σα- がない）を付けて活用させます。その際、能動態の2人称・単数で δίδο-ε ⇒ δίδου / τίθε-ε ⇒ τίθει という母音融合が起きることを確認してください。中動／受動態の2人称・単数は -σο ですが、παύω の命令法・現在・中動／受動態の2人称・単数 παύου（253ページ）は、じつはこれと同じ語尾を使った παύε-**σο** から出来ています。母音間の σ が落ちて、両側の母音が ε ＋ o ⇒ ου の融合をすることを確認してください。

● 命令法・現在

	能動態		中動／受動態	
	単数	複数	単数	複数
2人称	δίδου	δίδοτε	δίδοσο	δίδοσθε
3人称	διδότω	διδόντων	διδόσθω	διδόσθων

2人称	τίθει	τίθετε	τίθεσο	τίθεσθε
3人称	τιθέτω	τιθέντων	τιθέσθω	τιθέσθων

● 命令法・アオリスト

	能動態		中動態	
	単数	複数	単数	複数
2人称	δός[*]	δότε	δοῦ[*]	δόσθε
3人称	δότω	δόντων	δόσθω	δόσθων

2人称	θές[*]	θέτε	θοῦ[*]	θέσθε
3人称	θέτω	θέντων	θέσθω	θέσθων

　命令法・アオリストは基本的に、先ほどの現在形から畳音の δι- / τι- を外した語形になります。ただし能動態も中動態も、2人称・単数だけは特別な語形として覚えてください。受動態は直説法の ἐδόθην と ἐτέθην から規則的に（παύω の場合と同様に）活用させます。

　μι 動詞の命令法については他にも確認すべきことがありますが、本書では説明を省略します。上記のパターンをしっかり覚えて、それとの類似や違いを意識しながら少しずつ学んでいってください。ここではもうひとつだけ、**εἰμί の命令法・現在**（...であれ）の活用を確認しておきます。

	単数	複数
2人称	ἴσθι	ἔστε
3人称	ἔστω	ὄντων

256

3　命令法を使った文

　最後に例文を見ておきましょう。命令法は「…せよ／するな」の意味を表すため、格言などでもよく使われます。

　(1) **σπεῦδε** βραδέως.　　　ゆっくり急ぎなさい。

　(2) ἀλλοτρίων **ἀπέχου**.　　他人のものに触れてはならない。

　両方とも命令法・現在の例文です。(1) の σπεῦδε は能動態で、2人称・単数なので主語は「あなた」です。複数の主語を想定して「あなたたちはゆっくり急ぎなさい」と言う場合には、2人称・複数の語尾を使って **σπεύδετε** βραδέως. になります。もとの文のラテン語版 festina lente.（フェスティーナー・レンテー）もよく知られています。ギリシャ語の学習にも有用なアドバイスかもしれません。

　例文 (2) の ἀπέχου は中動態で、やはり2人称・単数の語形です。動詞 ἀπ|έχω の現在形は「…を…から離しておく」の意味ですが、その際「…を」を対格で「…から」を属格で表現します。今回の文は中動態なので、71ページの1を参考に「自身を…から離しておく」の意味で解釈してください。ἀλλοτρίων（形容詞 ἀλλότριος の名詞用法［中性・複数・属格］）と合わせて、直訳は「自身を他人のものから離しておけ」です。

　「…せよ／するな」という命令は未来を意識した表現なので、現在とアオリストとの語形の違いがアスペクトの区別を示します。命令法・現在は**進行や反復**のアスペクトを示し、人生訓（反復性を意識する）や差し迫った要求（すでに進行している感じ）などに使われます。それに対して命令法・アオリストは、**1回限りの事柄**を念頭に置いた命令を表します。以上を踏まえると (1) はいかにも人生訓（いつでも心掛けておくべきこと）という響きがしますが、それをアオリストで **σπεῦσον** βραδέως. と書き換えると、眼前の相手に今回限りのアドバイスをしている感じの文になります。

　(3) **γνῶθι** σεαυτόν.　　　あなた自身を知れ。

　(4) ὁ ἀνὴρ **γνώτω** ἑαυτόν.　その男は身のほどを知れ。

　例文 (3) の γνῶθι は第三アオリストの命令法（255ページ）です。デルポイのアポッローン神殿の入口に刻まれていた言葉で、これから神殿に入

る者に向かって「あなたは神ではない（分をわきまえよ）」ということを意識させる働きがあったようです。(4)の γνώτω は同じ命令法の3人称・単数で、3人称の主語 ὁ ἀνήρ を立てて「その男は自分自身を知れ」と要求する文です。この直訳をもとにして、訳例では先ほどのアッポローン神殿の言葉を踏まえて訳してみました。

「...するな／してはいけない」という否定的な命令（禁止）は、それを進行や反復のアスペクトで提示したければ〈**μή** + **命令法・現在**〉の形式で表現します。それに対して、1回限りの事柄を念頭に置いた端的なアスペクトの場合には〈**μή** + **接続法・アオリスト**〉の形式で表現するので注意してください（232-233ページ）。例文で確認しましょう。

(5) ἐπὶ νεκρῷ **μὴ γέλᾱ**.　　死者を笑ってはいけない。
(6) ἐπὶ νεκρῷ **μὴ γελάσῃς**.　　死者を笑ってはいけない。

いずれも γελάω（笑う）を使った文で、ἐπὶ νεκρῷ（死者に対して）が笑う対象を表しています。例文（5）の γέλᾱ は命令法・現在の2人称・単数（この語形については次ページの囲みを参照）で、否定語 μή とセットで「笑ってはいけない」という否定的な命令を表現しています。現在形なのでアスペクトは進行的または反復的で、今まさに笑っている人に対して命じる（進行的）とか、いつでも妥当する人生訓（反復的）としての文として解釈できます。例文（6）の γελάσῃς は接続法・アオリストなので、そのようなニュアンスを伴わない端的な命令として解釈してください。

練習問題48-4　各文を発音したうえで、命令法（太字）に注意して訳してください。2の λάλει と3の φοβοῦ は次ページも参照すること。1の μηδ'（μηδέ）は μή と δέ を合わせた語です。

1. τὸν φίλον κακῶς μὴ **λέγε**, μηδ' εὖ τὸν ἐχθρόν.
2. πίνων μὴ πολλὰ **λάλει**.　　* πίνων [ῑ]
3. **φοβοῦ** τὸ γῆρας· οὐ γὰρ ἔρχεται μόνον.
4. **φαγέτω** με λέων καὶ μὴ ἀλώπηξ.

[母音融合動詞の命令法]

見出し語が -εω / -αω / -οω で終わる動詞の命令法・現在は、語幹末の母音 ε / α /
ο が語尾の母音と融合して以下のような活用をします。それぞれ φιλε- / τῑμα- /
δηλο- の母音と語尾の母音（253 ページ）との融合を確認しながら、変化表を観察
してください。

1. φιλέω（愛する）の命・現在 [ε ＋ ε ⇒ ει / ε ＋ ο ⇒ ου]

	能動態		中動／受動態	
	単数	複数	単数	複数
2人称	φίλει	φιλεῖτε	φιλοῦ	φιλεῖσθε
3人称	φιλείτω	φιλούντων	φιλείσθω	φιλείσθων

2. τῑμάω（尊重する）の命・現在 [α ＋ ε ⇒ ᾱ / α ＋ ο ⇒ ω]

	能動態		中動／受動態	
	単数	複数	単数	複数
2人称	τίμᾱ　　[ῑ]	τῑμᾶτε	τῑμῶ	τῑμᾶσθε
3人称	τῑμάτω　[ᾱ]	τῑμώντων	τῑμάσθω　[ᾱ]	τῑμάσθων　[ᾱ]

3. δηλόω（明らかにする）の命・現在 [ο ＋ ε ⇒ ου / ο ＋ ο ⇒ ου]

	能動態		中動／受動態	
	単数	複数	単数	複数
2人称	δήλου	δηλοῦτε	δηλοῦ	δηλοῦσθε
3人称	δηλούτω	δηλούντων	δηλούσθω	δηλούσθων

なお、命令法・アオリストは直説法の ἐφίλησα から φίλησον（2 人称・単数）や
φιλήσατε（2 人称・複数）のように形成するため、母音融合は起きません。

【付録1】ギリシャ・アルファベットの書き方

　ギリシャ・アルファベットには決まった書き方がなく、どのように書いても構いません。しかし大文字と小文字のそれぞれに一定の特徴があるので、それを意識すると書きやすいかもしれません。以下の説明を参考にして練習してください。

[大文字] じつは古代には大文字しかなく、この文字が石に刻まれたり、ごく簡素な筆記具（葦の茎を切って尖らせたペンなど）を使って書かれたりしました。そのような状況をイメージして、1画ずつ刻み込むような感じで書いてみてください。

$$A \quad B \quad \Gamma \quad \Delta \quad E \quad Z \quad H \quad \Theta \quad I \quad K \quad \Lambda \quad M \quad N$$

$$\Xi \quad O \quad \Pi \quad P \quad \Sigma \quad T \quad Y \quad \Phi \quad X \quad \Psi \quad \Omega$$

[小文字] 筆記具が改良され滑らかな筆記ができるようになると、そのような筆記をしやすくするために小文字が発明されました（中世に入ってからのことです）。大文字に比べて丸みを帯びていて、石などに刻み込むよりも紙への筆記に適した文字です。滑らかさを意識して練習するとよいでしょう。

$$\alpha \quad \beta \quad \gamma \quad \delta \quad \varepsilon \quad \zeta \quad \eta \quad \theta \quad \iota \quad \kappa \quad \lambda \quad \mu \quad \nu$$

$$\xi \quad o \quad \pi \quad \rho \quad \sigma/\varsigma \quad \tau \quad \upsilon \quad \varphi \quad \chi \quad \psi \quad \omega$$

[注] 現在では小文字の方がよく使われるので、そちらを中心に練習しましょう。とくに ν（下を尖らせる）と υ（下を丸める）は意識的に区別するようにしてください。また ζ と ξ や、γ と ν なども見誤ることが多いようです。

【付録2】 双数の語形

ギリシャ語には単数（singular）と複数（plural）のほか、双数（dual）と呼ばれる語形があります。これは「両眼」や「双子の兄弟」のように「2つ」であることを特別に明示する語形ですが、古典ギリシャ語の時代にはすでに廃れて、複数形で代用されるようになりました。そのため本書の変化表には載せませんでしたが、プラトーンなど双数形を好んで使う書き手もいるので、ここでその語尾を確認することにします。

［名詞・形容詞の語尾］

	第一変化	第二変化	第三変化
主／対格	-ᾱ	-ω	-ε （ときに -ει）
属／与格	-αιν	-οιν	-οιν

定冠詞は男／女／中性すべてに共通で、主／対格が τώ、属／与格が τοῖν です。**τὼ καλὼ ἀνθρώπω**（その2人の美しい人は／を）や **τοῖν καλαῖν κόραιν**（その2人の美しい少女の／に）などの例で確認しておくとよいでしょう。

［動詞の語尾］

	現在・未来系統		過去系統	
	能動	中／受動	能動	中／受動
2人称	-τον	-σθον	-τον	-σθον
3人称	-τον	-σθον	-την	-σθην

1人称には双数形がなく、現在・未来系統の時制（現在、未来、完了、未来完了）と過去系統の時制（未完了過去、アオリスト、過去完了）で3人称の語尾を使い分けます。παύω を例にすると直説法・現在の能動態・3人称が **παύετον**（その二人は止める／止めつつある）、それを未完了過去にすると **ἐπαυέτην**（その二人は止めていた／止めつつあった）、アオリストなら **ἐπαυσάτην**（その二人は止めた）といった感じです。

接続法と希求法は時制（またはアスペクト）の区別によらず、前者が現在・未来系統の語尾を、後者が過去系統の語尾を持ちます。たとえば能動態の3人称・双数形は、接続法が **παύητον**（現在）や **παύσητον**（アオリスト）のように、希求法が **παυοίτην**（現在）や **παυσαίτην**（アオリスト）のようになります。

【付録3】 主要動詞の語形一覧

　本書に出てくる動詞を中心に、活用の基本となる語形（直説法の1人称・単数）をまとめました。まず規則性の高い動詞をいくつか挙げて、それから不規則な語形を含む動詞（これを「不規則動詞」とします）を確認します。このリストは網羅的なものではありませんが、ここに挙げた動詞の語形に習熟することで、今後の学習がスムーズに進むはずです。繰り返し練習して覚えるように努めてください。

[規則動詞]

現在		未来	アオリスト
παύω	止める	παύσω	ἔπαυσα
γράφω	書く	γράψω	ἔγραψα
ἐρωτάω	尋ねる	ἐρωτήσω	ἠρώτησα
κτάομαι	手に入れる	κτήσομαι	ἐκτησάμην

[不規則動詞]

ἀγγέλλω	報告する	ἀγγελῶ	ἤγγειλα
ἄγω	導く	ἄξω	ἤγαγον
αἱρέω	手にとる [1]	αἱρήσω	εἷλον
αἰσθάνομαι	見聞する	αἰσθήσομαι	ᾐσθόμην
ἀκούω	聞く	ἀκούσομαι	ἤκουσα
ἁλίσκομαι	捕まる	ἁλώσομαι	ἑάλων [ā]
ἄρχω	始める	ἄρξω	ἦρξα
ἀφ|ικνέομαι	到着する	ἀφίξομαι	ἀφικόμην
βαίνω	進む	-βήσομαι	-ἔβην
βάλλω	投げる	βαλῶ	ἔβαλον
βούλομαι	望む	βουλήσομαι	——
γαμέω	妻にとる [2]	γαμῶ	ἔγημα
γελάω	笑う	γελάσομαι	ἐγέλασα
γίγνομαι	生じる	γενήσομαι	ἐγενόμην
γιγνώσκω	知る	γνώσομαι	ἔγνων
δάκνω	咬む	δήξομαι	ἔδακον

1）中動態は「選ぶ」の意味。

2）中動態は「妻になる」の意味。

完了	完了・中／受動態	アオ・受動態	未来・受動態
πέπαυκα	πέπαυμαι	ἐπαύθην	παυθήσομαι
γέγραφα	γέγραμμαι	ἐγράφην	γραφήσομαι
ἠρώτηκα	ἠρώτημαι	ἠρωτήθην	——
——	κέκτημαι	ἐκτήθην	——

ἤγγελκα	ἤγγελμαι	ἠγγέλθην	ἀγγελθήσομαι
-ῆχα	ἦγμαι	ἤχθην	ἀχθήσομαι
ᾕρηκα	ᾕρημαι	ᾑρέθην	αἱρεθήσομαι
——	ᾔσθημαι (tr.)	——	——
ἀκήκοα	——	ἠκούσθην	ἀκουσθήσομαι
ἑάλωκα	——	——	——
——	ἦργμαι	ἤρχθην	——
——	ἀφῖγμαι	——	——
βέβηκα	——	——	——
βέβληκα	βέβλημαι	ἐβλήθην	βληθήσομαι
——	βεβούλημαι	ἐβουλήθην	——
γεγάμηκα	γεγάμημαι	——	——
——	——	ἐγελάσθην	——
γέγονα	γεγένημαι	——	——
ἔγνωκα	ἔγνωσμαι	ἐγνώσθην	γνωσθήσομαι
——	δέδηγμαι	ἐδήχθην	δηχθήσομαι

現在		未来	アオリスト
δεῖ	必要である[3]	δεήσει	ἐδέησε
δείκνῡμι	提示する	δείξω	ἔδειξα
διδάσκω	教える	διδάξω	ἐδίδαξα
δίδωμι	与える	δώσω	ἔδωκα
διώκω	追う	διώξομαι	ἐδίωξα
δοκέω	思われる	δόξω	ἔδοξα
δύναμαι	力がある	δυνήσομαι	——
ἐγείρω	目覚めさせる	ἐγερῶ	ἤγειρα
ἐθέλω	欲する	ἐθελήσω	ἠθέλησα
εἰμί	…である	ἔσομαι	——
(impf. ἦν)			
ἕπομαι	ついて行く	ἕψομαι	ἑσπόμην
(impf. εἱπόμην)			
ἔρχομαι	行く／来る	εἶμι[4]	ἦλθον
ἐσθίω	食べる	ἔδομαι	ἔφαγον
εὑρίσκω	見つける	εὑρήσω	ηὗρον
			or εὗρον
ἔχω	持つ[6]	ἕξω	ἔσχον
(impf. εἶχον)		σχήσω	
θάπτω	埋葬する	θάψω	ἔθαψα
θνήσκω	死ぬ[7]	θανοῦμαι	ἔθανον
ἵημι [ῐ]	放つ	ἥσω	ἧκα
ἵστημι	立てる	στήσω	ἔστησα (tr.)
			ἔστην (intr.)
καίω	火をつける	καύσω	ἔκαυσα
καλέω	呼ぶ	καλῶ	ἐκάλεσα
κλέπτω	盗む	κλέψω	ἔκλεψα
κρίνω [ῑ]	判断する	κρινῶ	ἔκρῑνα
κτείνω	殺す[8]	κτενῶ	ἔκτεινα

---

3) 非人称動詞（第31課）。

4) 203ページの説明を参照。

5)「(すでに) 来ている」の意味では ἥκω が使われる。

264

完了	完了・中／受動態	アオ・受動態	未来・受動態
—	—	—	—
δέδειχα	δέδειγμαι	ἐδείχθην	δειχθήσομαι
δεδίδαχα	δεδίδαγμαι	ἐδιδάχθην	διδάξομαι
δέδωκα	δέδομαι	ἐδόθην	δοθήσομαι
δεδίωχα	—	ἐδιώχθην	διωχθήσομαι
—	δέδογμαι	—	—
—	δεδύνημαι	ἐδυνήθην	—
ἐγρήγορα (intr.)	—	ἠγέρθην	ἐγερθήσομαι
ἠθέληκα	—	—	—
—	—	—	—
ἐλήλυθα[5)	—	—	—
ἐδήδοκα	-ἐδήδεσμαι	ἠδέσθην	—
ηὕρηκα	ηὕρημαι	ηὑρέθην	εὑρεθήσομαι
or εὕρηκα	or εὕρημαι	or εὑρέθην	
ἔσχηκα	-ἔσχημαι	—	
—	τέθαμμαι	ἐτάφην	ταφήσομαι
τέθνηκα	—	—	—
εἶκα	εἶμαι	εἵθην	ἑθήσομαι
ἕστηκα (intr.)	—	ἐστάθην	σταθήσομαι
κέκαυκα	κέκαυμαι	ἐκαύθην	καυθήσομαι
κέκληκα	κέκλημαι	ἐκλήθην	κληθήσομαι
κέκλοφα	κέκλεμμαι	ἐκλάπην	
κέκρικα	κέκριμαι	ἐκρίθην	κριθήσομαι
-ἔκτονα			

---

6) 「手にする」という動作には σχ- の語形が使われる。

7) 現在、未来、アオリストには通常 ἀπο|θνήσκω のように接頭辞 ἀπο- が付く。

8) 通常は ἀπο|κτείνω のように接頭辞 ἀπο- が付く。この動詞の受動態には ἀπο|θνήσκω が使われる。

現在		未来	アオリスト
λαμβάνω	つかむ	λήψομαι	ἔλαβον
λέγω	語る	ἐρῶ	εἶπον
		or λέξω	or ἔλεξα
λείπω	たち去る	λείψω	ἔλιπον
μανθάνω	学ぶ	μαθήσομαι	ἔμαθον
μάχομαι	戦う	μαχοῦμαι	ἐμαχεσάμην
μέλλω	きっと...⁹⁾	μελλήσω	ἐμέλλησα
μένω	留まる	μενῶ	ἔμεινα
μιμνήσκω	思い出させる¹⁰⁾	-μνήσω	-ἔμνησα
νέμω	分配する	νεμῶ	ἔνειμα
νομίζω	思う、考える	νομιῶ	ἐνόμισα
οἴγνῡμι	開ける¹¹⁾	-οἴξω	-ἔῳξα
(pf. οἶδα)	知っている	εἴσομαι	——
ὄλλῡμι	破壊する¹²⁾	-ὀλῶ	-ὤλεσα
			-ὠλόμην (mid.)
ὄμνῡμι	誓う	ὀμοῦμαι	ὤμοσα
ὁράω	見る	ὄψομαι	εἶδον
ὀφείλω	借りている	ὀφειλήσω	ὠφείλησα
πάσχω	身に受ける	πείσομαι	ἔπαθον
πείθω	説得する¹³⁾	πείσω	ἔπεισα
		πείσομαι (mid.)	ἐπιθόμην (mid.)
πέμπω	送る	πέμψω	ἔπεμψα
πίμπλημι	満たす¹⁵⁾	-πλήσω	-ἔπλησα
πίνω [ῐ]	飲む	πίομαι [ῐ]	ἔπιον
πίπτω [ῐ]	落ちる	πεσοῦμαι	ἔπεσον

---

9) 「きっと...する／...だ」という強い蓋然性のほか、「(まさに)...しようとする」という近い未来や「...するのをためらう」などの意味を表す。

10) 中動態は「思い出す」の意味。能動態は通常 ἀνα|μιμνήσκω のように接頭辞 ἀνα- が付く。

11) 通常は ἀν|οίγνῡμι のように接頭辞 ἀνα- が付く。

12) 通常は ἀπ|όλλῡμι のように接頭辞 ἀπο- が付く。中動態は「破滅する／死ぬ」の意味。

266

完了	完了・中／受動態	アオ・受動態	未来・受動態
εἴληφα	εἴλημμαι	ἐλήφθην	ληφθήσομαι
εἴρηκα	εἴρημαι	ἐρρήθην	εἰρήσομαι
	or λέλεγμαι	or ἐλέχθην	or λεχθήσομαι
λέλοιπα	λέλειμμαι	ἐλείφθην	λειφθήσομαι
μεμάθηκα	—	—	—
—	μεμάχημαι	—	—
—	—	—	—
μεμένηκα	—	—	—
—	μέμνημαι	ἐμνήσθην	μνησθήσομαι
-νενέμηκα	νενέμημαι	ἐνεμήθην	—
νενόμικα	νενόμισμαι	ἐνομίσθην	νομισθήσομαι
-ἔῳχα	-ἔῳγμαι	-ἐῴχθην	—
οἶδα	—	—	—
ᾔδη (plpf.)			
-ὀλώλεκα (tr.)	—	—	—
-ὄλωλα (intr.)			
ὀμώμοκα	—	ὠμό(σ)θην	ὀμοσθήσομαι
ἑόρᾱκα	ἑώρᾱμαι	ὤφθην	ὀφθήσομαι
or ἑώρᾱκα	or ὦμμαι		
ὠφείληκα	—	—	—
πέπονθα	—	—	—
πέπεικα	πέπεισμαι	ἐπείσθην	πεισθήσομαι
πέποιθα[14]			
πέπομφα	πέπεμμαι	ἐπέμφθην	πεμφθήσομαι
-πέπληκα	-πέπλησμαι	-ἐπλήσθην	πλησθήσομαι
πέπωκα	-πέπομαι	-ἐπόθην	-ποθήσομαι
πέπτωκα	—	—	—

---

13) 中動態は「納得する／従う」の意味。未来の中動態は πείσομαι（πάσχω の未来と同形）なので注意。

14) この語形は「信じる／信頼する」の意味。

15) 通常は ἐμ|πίμπλημι のように接頭辞 ἐν- が付く。

現在		未来	アオリスト
πλέω	航行する	πλεύσομαι	ἔπλευσα
		or πλευσοῦμαι	
πράττω [ᾱ]	実行する	πράξω [ᾱ]	ἔπρᾱξα
πυνθάνομαι	聞き知る	πεύσομαι	ἐπυθόμην
ῥήγνῡμι	砕く	-ρήξω	ἔρρηξα
σῴζω	救う	σώσω	ἔσωσα
τέμνω	切る	τεμῶ	ἔτεμον
τίθημι	置く	θήσω	ἔθηκα
τίκτω	産む	τέξομαι	ἔτεκον
τρέπω	向きを変える	τρέψω	ἔτρεψα
			ἐτραπόμην[17]
τρέφω	養う	θρέψω	ἔθρεψα
τρέχω	走る	δραμοῦμαι	ἔδραμον
τυγχάνω	射当てる[18]	τεύξομαι	ἔτυχον
φαίνω	姿を示す[19]	φανῶ	ἔφηνα
φέρω	運ぶ、耐える	οἴσω	ἤνεγκα
			or ἤνεγκον
φεύγω	逃げる	φεύξομαι	ἔφυγον
φημί	言う、思う	φήσω	ἔφησα
(impf. ἔφην)			
φοβέομαι	恐れる	φοβήσομαι	——
φύω [ῡ]	生み出す[20]	φύσω [ῡ] (tr.)	ἔφῡσα (tr.)
			ἔφῡν (intr.)
ὠνέομαι	買う	ὠνήσομαι	ἐπριάμην

---

16) 225ページを参照。

17) この語形は「敗走する」の意味.

18) 「たまたま出会う／手に入れる」や「首尾よく達成する」のほか、分詞とセットで「たまたま／まさに...する」の意味を表す。

19) 中動態は「現れる／...に見える」の意味。

20) 自動詞として「生まれつき...である」の意味も表す。

21) 「（すでに）買っている」という能動の意味（語形は中動態）でも、「買われている」という受動の意味でも使う。

完了	完了・中／受動態	アオ・受動態	未来・受動態
πέπλευκα	——	——	——
πέπρᾱχα	πέπρᾱγμαι	ἐπράχθην [ᾱ]	πρᾱχθήσομαι
——	πέπυσμαι	——	——
-ἔρρωγα (intr.)	——	ἐρράγην	-ραγήσομαι
σέσωκα	σέσωσμαι	ἐσώθην	σωθήσομαι
-τέτμηκα	τέτμημαι	ἐτμήθην	——
τέθηκα	κεῖμαι[16]	ἐτέθην	τεθήσομαι
τέτοκα	——	——	——
τέτροφα	τέτραμμαι	ἐτρέφθην	——
		ἐτράπην (intr.)	
τέτροφα	τέθραμμαι	ἐτράφην	τραφήσομαι
-δεδράμηκα	——	——	——
τετύχηκα	——	——	——
πέφηνα (intr.)	πέφασμαι	ἐφάνθην	φανήσομαι
		ἐφάνην (intr.)	
ἐνήνοχα	ἐνήνεγμαι	ἠνέχθην	-ενεχθήσομαι
			or οἰσθήσομαι
πέφευγα	——	——	——
——			
——	πεφόβημαι	ἐφοβήθην	——
——	——	——	——
πέφῡκα (intr.)			
——	ἐώνημαι[21]	ἐωνήθην	——

[略号の意味]

impf.	未完了過去 (imperfect)	mid.	中動態 (middle)
pf.	完了 (perfect)	tr.	他動詞 (transitive)
plpf.	過去完了 (pluperfect)	intr.	自動詞 (intransitive)

　本書での学習がひと通り終わったら、より詳細な事項までを扱った教本に取り組むことをお勧めします。基本文法を確認しながら練習問題を解き進めて、あわせて語彙の習得に励んでください。解答付きの教科書としては以下のものがあります。

　池田黎太郎『古典ギリシア語入門』白水社 2018.

　古川晴風『ギリシヤ語四週間』大学書林 1958.

　G. Betts & A. Henry, *Complete Ancient Greek*, John Murray Press 2017.

　ほかに田中美知太郎・松平千秋『ギリシア語入門　新装版』や水谷智洋『古典ギリシア語初歩』などがありますが、解答が付いていないため独習には不向きかもしれません。英語が苦にならないようであれば、最後に挙げた G. Betts & A. Henry の本をお勧めします。

　まとまった文章を読みながら学習を進めたいなら、Cambridge University Press から出ている *Reading Greek* のシリーズに取り組むのもよいでしょう。読解編（Text and Vocabulary）と文法編（Grammar and Exercises）に分かれていて、独習のために学習ガイド（An Independent Study Guide）を購入することもできます。

　辞書としてはたとえば以下のものがあります。Liddell & Scott のものが標準的ですが、はじめのうちはこれに基づいた小型版（Abridged）や中型版（Intermediate）を使う方がよいでしょう。ただし粗悪な印刷のリプリント版も出回っているようなので、購入の際は注意が必要です。

　H. Liddell, R. Scott, H. S. Jones, *A Greek-English Lexicon*, Ninth Edition with a Revised Supplement. Oxford 1996.

　古川晴風『ギリシャ語辞典』大学書林 1989.

　アウグスチン・シュタウブ『シュタウブ希和辞典』リトン 2010.

　より簡便なものとして J. Morwood & J. Taylor の *Pocket Oxford Classical Greek Dictionary*（Oxford University Press 2002）もあります。例文などは付いておらず語法の説明も最小限ですが、希―英に加えて英―希のパートがあり

意外と有用です。編者のひとり J. Morwood による *Oxford Grammar of Classical Greek*（Oxford University Press 2001）も文法事項の簡便なレファレンスとして優れています。学習が進んできたら、このレファレンスと辞書を頼りに原典講読にチャレンジするのもよいでしょう。

　より詳細な文法書もいろいろ出版されていますが、まずは以下の本をお勧めします。古典ギリシャ語（紀元前5-4世紀のアッティカ方言）を読むために必要十分な知識を分かりやすくまとめた好著です。

　マルティン・チエシュコ（著）、平山晃司（訳）『古典ギリシア語文典』白水社 2016.

　この本の巻末にある「付録3 参考書について」はとても充実しています。学習の仕方に迷ったらぜひ参照するとよいでしょう。高度な参考書だけでなく、学習用の読本や語彙集、ギリシャ語作文のための教本、ギリシャ文学・文化に関する参考書など、じつに広範囲の書籍が紹介されています。ギリシャ語文法を体系的に捉えるためのコンパクトな本としては、シャルル・ギロー（著）、有田潤（訳）『ギリシア文法　改訳新版』白水社 2004（文庫クセジュの一冊）も有用です。

　語彙の学習のためには、私も翻訳に関わった次の書籍がお勧めです。はじめに基本語1500を学習したうえで、歴史、哲学、文学といった分野別の語彙を必要に応じて学ぶことができます。また、派生語や合成語をまとめて覚えられるように工夫がなされ、語根（単語を構成する根本的な要素）や語構成に留意した体系的な学習ができるのも特長です。

　T. Meyer & H. Steinthal（編）、山口義久（監訳）『古代ギリシャ語語彙集　基本語から歴史／哲学／文学／新約聖書まで』改訂版、大阪公立大学共同出版会 2016.

　ほかにも様々な書籍が出版されているので、あれこれ調べてみるとよいでしょう。気に入ったものを見つけて徹底的にやり込むことが、実力向上の近道だと思います。ぜひ皆さんそれぞれの仕方で、楽しみながら勉強を続けてください。

練習問題の解答

練習問題 1

1. ロゴス［logos］ 2. プロロゴス［prologos］ 3. ポイエーテース［poiɛːtɛːs］ 4. ミュートス［myːtʰos］ 5. ソピアー［sopʰiaː］ 6. アウトス［autos］ 7. ドゥーロス［duːlos］ 8. デスポテース［despotɛːs］ 9. ポーネー［pʰɔːnɛː］ 10. プシューケー［psyːkʰɛː］ 11. オルケーストラー［orkʰɛːstraː］ 12. アンゲロス［aŋgelos］

【注】カナ表記よりも発音記号の方が正確な音を示しますが、本書では基本的にカナ表記を採用します。発音記号に抵抗がない方は、それを書き込みながら学習するとよいでしょう。

練習問題 2-1

1. ソピアー 2. ポーネー 3. プシューケー 4. オルケーストラー 5. アンゲロス 6. ハルモニアー 7. アウトス 8. オイコス 9. ホイオス

【注】鋭アクセント（下線部）を高く読んでください。曲アクセント（二重下線部）は前半を高く、後半を低く読みます。

練習問題 2-2

1. ソークラテース 2. プラトーン 3. アリストテレース 4. ホメーロス 5. ヘーラクレース 6. オイディプース 7. アポッローン 8. ヘルメース

【注】人名や地名などの固有名詞は語頭を大文字にします。

練習問題 3-1

1. 単数 λέγω, λέγεις, λέγει　複数 λέγομεν, λέγετε, λέγουσι(ν)
2. 単数 ἀκούω, ἀκούεις, ἀκούει　複数 ἀκούομεν, ἀκούετε, ἀκούουσι(ν)
3. 単数 γράφω, γράφεις, γράφει　複数 γράφομεν, γράφετε, γράφουσι(ν)
4. 単数 βαίνω, βαίνεις, βαίνει　複数 βαίνομεν, βαίνετε, βαίνουσι(ν)

【注】-ω、-εις、-ει ... のように語尾だけ取り出して覚えておくことも有効です。

練習問題 3-2

1. ἔχω（持つ） 2. φέρω（運ぶ） 3. βάλλω（投げる） 4. λείπω（たち去る） 5. πέμπω（送る） 6. λαμβάνω（つかむ）

【注】動詞の意味を調べるときには、このように語尾を -ω に戻して辞書を引いてください。

練習問題 3-3

1. 私たちはいつもその歌を聴いている。（トン・ヒュムノン・アーエイ・アクーオメ

272

ン） 2．あなたたちは／君たちはいつもその歌を聴いている。（トン・ヒュムノン・アーエイ・アクーエテ） 3．彼は／彼女はいまその手紙を書いている。（テーン・エピストレーン・<u>ニューン</u>・グラペイ） 4．あなたは／君はいまその手紙を書いていますか？（アーラ・テーン・エピストレーン・<u>ニューン</u>・グラペイス）

【注】文を読む際は発音を必ず確認しましょう。発音は（　）内で示します。4の；が疑問符（クエッションマーク）であることも確認してください。

練習問題 4-1

1．単数 πόνος, πόνον, πόνου, πόνῳ　複数 πόνοι, πόνους, πόνων, πόνοις　2．単数 δένδρον, δένδρον, δένδρου, δένδρῳ　複数 δένδρα, δένδρα, δένδρων, δένδροις

【注】動詞と同じく、語尾に注目して格変化のパターンを確認しましょう。解答はスペースの関係でこのように記しますが、25ページのような変化表の形式で書き出す方がよいかもしれません。

練習問題 4-2

1．男性・単数・対格　2．男性・単数・与格　3．男性・複数・対格　4．中性・単数・属格　5．中性・単数・主格または対格　6．中性・複数・主格または対格

【注】中性名詞は主格（…は）と対格（…を）が同形なので、文脈から意味を判断する必要があります。

練習問題 4-3

1．その法律**を**　2．その子供**を**　3．その子供**に**一冊の本**を**

【注】日本語では「を」や「に」という助詞（格助詞）を加えて表現することが、ギリシャ語では名詞の語形（特に語尾）を変えて表現されます。

練習問題 4-4

1．その本の言葉（複数）は私を説得する。（ホイ・<u>ロゴイ</u>・<u>トゥー</u>・ビブリウー・メ・ペイトゥーシン）　2．その本の言葉（複数）をいま私は読んでいる。（<u>トゥース</u>・ログース・<u>トゥー</u>・ビブリウー・<u>ニューン</u>・アナギグ<u>ノースコ</u>）　3．あなたは誰に／誰のためにその弓を運んでいるのか？（ティニ・<u>ト</u>・<u>トクソン</u>・ペレイス）　4．苦しみは苦しみに苦しみを運ぶ／苦しみは続々とやってくる。（ポノス・ポノーイ・ポノン・ペレイ）

【注】文を訳すときには主語を明示してください。とくに2が「私は」で3が「あなたは」であることを確認しましょう（動詞の語形から判断する）。与格「…に」は「…のために」と訳すこともできます。

練習問題 5-1

1. 単数 πόλεμ**ος**, πόλεμ**ον**, πολέμ**ου**, πολέμ**ῳ**　複数 πόλεμ**οι**, πολέμ**ους**, πολέμ**ων**, πολέμ**οις**

2. 単数 δῆμ**ος**, δῆμ**ον**, δήμ**ου**, δήμ**ῳ**　複数 δῆμ**οι**, δήμ**ους**, δήμ**ων**, δήμ**οις**

3. 単数 ὄργαν**ον**, ὄργαν**ον**, ὀργάν**ου**, ὀργάν**ῳ**　複数 ὄργαν**α**, ὄργαν**α**, ὀργάν**ων**, ὀργάν**οις**

4. 単数 δῶρ**ον**, δῶρ**ον**, δώρ**ου**, δώρ**ῳ**　複数 δῶρ**α**, δῶρ**α**, δώρ**ων**, δώρ**οις**

【注】語尾（太字部分）を覚えることが最優先。そのうえで余力があればアクセントの移動も確認しましょう。原理的な説明は、後ほど53–54ページで行います。

練習問題 5-2

1. 単数 θεός, θεόν, θεοῦ, θεῷ　複数 θεοί, θεούς, θεῶν, θεοῖς

2. 単数 ἱερόν, ἱερόν, ἱεροῦ, ἱερῷ　複数 ἱερά, ἱερά, ἱερῶν, ἱεροῖς

【注】属格と与格が曲アクセントになることを確認しましょう。

練習問題 6-1

1. **τὸν** οἶνον　2. **τοῦ** οἴνου　3. **τὴν** νόσον　4. **αἱ** νόσοι　5. **τοῖς** δώροις　6. **ταῖς** ψήφοις

【注】必ず名詞の性・数・格を確認して、それに一致した定冠詞を使ってください。

練習問題 6-2

1. その神々に私たちはいつも贈り物（複数）を捧げている。（トイス・テオイス・アーエイ・ドーラ・パレコメン）　2. その贈り物（複数）を今日私たちは捧げない。（タ・ドーラ・セーメロン・ウー・パレコメン）　3. その神はその弓で獣を殺す。（ホ・テオス・トーイ・トクソーイ・テーリア・アポクテイネイ）　4. しかし（その神は）その獣を今日は殺さない。（アッラ・ト・テーリオン・セーメロン・ウーク・アポクテイネイ）

【注】3の τῷ τόξῳ は「その弓で／を使って」の意味です（手段の与格）。「彼の弓で（with his bow）」と訳しても構いません。4のように文脈から主語が明らかな場合には、3人称でも主語を書かないことがよくあります。

練習問題 7

1. あなたは哲学者ですか？ ── 私は哲学者です。（アーラ・ピロソポス・エイ ──ピロソポス・エイミ）　2. その教師には3人の息子がいる。（トーイ・ディダスカローイ・トレイス・ヒュイオイ・エイシン）　3. ゼウスは人間ではなく神である。（ホ・ズデウス・ウーク・アントロポス・エスティン・アッラ・テオス）　4. 私は哲学者で

あることを欲する／哲学者でありたい。（ピロソポス・エイナイ・エテロー）　5. 賢者
ではなく哲学者であることを私は欲する／賢者よりも哲学者でありたい。（ウー・ソポ
ス・アッラ・ピロソポス・エイナイ・エテロー）

【注】1の主語「あなた」と「私」は、動詞の語形（εἶ / εἰμί）から判断してください。
3の ὁ Ζεύς は「あなたも知っているあのゼウス」の意味。定冠詞の意味合いを35–36
ページで確認しましょう。5は οὐ から εἶναι までの全体を、ἐθέλω の目的語として捉
えます。

練習問題8-1

1. 単数 μάχη, μάχην, μάχης, μάχῃ　複数 μάχαι, μάχᾱς, μαχῶν, μάχαις
2. 単数 φιλίᾱ, φιλίᾱν, φιλίᾱς, φιλίᾳ　複数 φιλίαι, φιλίᾱς, φιλιῶν, φιλίαις
3. 単数 γνώμη, γνώμην, γνώμης, γνώμῃ　複数 γνῶμαι, γνώμᾱς, γνωμῶν, γνώμαις
4. 単数 ἀνδρείᾱ, ἀνδρείᾱν, ἀνδρείᾱς, ἀνδρείᾳ　複数 ἀνδρεῖαι, ἀνδρείᾱς, ἀνδρειῶν,
   ἀνδρείαις

【注】まずは語尾（太字部分）のパターンを覚えてください。そのうえで余力があれば、
アクセントの移動も確認しましょう。2と4では -ᾱς の語尾が2カ所に現われます。

練習問題8-2

1. 単数 ἀρχή, ἀρχήν, ἀρχῆς, ἀρχῇ　複数 ἀρχαί, ἀρχάς [ᾱ], ἀρχῶν, ἀρχαῖς
2. 単数 θεά [ᾱ], θεάν [ᾱ], θεᾶς, θεᾷ　複数 θεαί, θεάς [ᾱ], θεῶν, θεαῖς
3. 単数 υἱός, υἱόν, υἱοῦ, υἱῷ　複数 υἱοί, υἱούς, υἱῶν, υἱοῖς

【注】アクセントのパターンは音読しながら練習してください。

練習問題8-3

1. 貧しさ／欠乏は（諸々の）技術を目覚めさせる。（ヘー・ペニアー・テクナース・
エゲイレイ）　2.（諸々の）技術は貧しさの子供である。（ハイ・テクナイ・パイディ
ア・エイシ・テース・ペニアース）　3. 声というものは魂の影である。（ヘー・ポー
ネー・プシューケース・スキアー・エスティン）

【注】名詞の格を確認して、24ページの訳し方に従うことが大切です。3の ψῡχῆς（単
数・属格）は前の φωνή にかけるか後の σκιά [ᾱ] にかけるか迷いますが、意味を考
えて σκιά にかけます（要するに「心は声に表れる」の意味）。

練習問題9-1　解答は省略。
練習問題9-2　解答は省略。

練習問題9-3

1. 単数 μάχαιρα, μάχαιραν, μαχαίρᾱς, μαχαίρᾳ　複数 μάχαιραι, μαχαίρᾱς, μαχαιρῶν, μαχαίραις

2. 単数 γλῶττα, γλῶτταν, γλώττης, γλώττῃ　複数 γλῶτται, γλώττᾱς, γλωττῶν, γλώτταις

3. 単数 δόξα, δόξαν, δόξης, δόξῃ　複数 δόξαι, δόξᾱς, δοξῶν, δόξαις

【注】正解を確認したら、アクセントに気をつけて音読しましょう。

練習問題9-4

1. 単数 ὑποκριτής, ὑποκριτήν, ὑποκριτοῦ, ὑποκριτῇ　複数 ὑποκριταί, ὑποκριτάς [ᾱ], ὑποκριτῶν, ὑποκριταῖς

2. 単数 ναύτης, ναύτην, ναύτου, ναύτῃ　複数 ναῦται, ναύτᾱς, ναυτῶν, ναύταις

【注】単数・主格の -της が「人」を表すことを確認してください。

練習問題10-1

1. テーブルの下**から**　2. テーブルの下**へ**　3. テーブルの下**で**／**に**

練習問題10-2

1. μετά　2. διά　3. ἀπό　4. ἀπό

【注】2の ἡμέρᾱς は単数・属格です（1日を通して⇒1日じゅう）。

練習問題10-3

1. イ　2. ウ　3. エ　4. ア

【注】1は「中から外に投げる」、2は「中に投げる」（ἐμ- が ἐν であることに注意）、3は「（体の）周りに投げる」、4は「下に投げる」から考えます。

練習問題11-1　解答は省略。

練習問題11-2

1. ［男性］単数 κακός, κακόν, κακοῦ, κακῷ　複数 κακοί, κακούς, κακῶν, κακοῖς
［女性］単数 κακή, κακήν, κακῆς, κακῇ　複数 κακαί, κακάς [ᾱ], κακῶν, κακαῖς
［中性］単数 κακόν, κακόν, κακοῦ, κακῷ　複数 κακά, κακά, κακῶν, κακοῖς

2. ［男性］単数 μῑκρός, μῑκρόν, μῑκροῦ, μῑκρῷ　複数 μῑκροί, μῑκρούς, μῑκρῶν, μῑκροῖς　［女性］単数 μῑκρά [ᾱ], μῑκράν [ᾱ], μῑκρᾶς, μῑκρᾷ　複数 μῑκραί, μῑκράς [ᾱ], μῑκρῶν, μῑκραῖς　［中性］単数 μῑκρόν, μῑκρόν, μῑκροῦ, μῑκρῷ　複数 μῑκρά, μῑκρά, μῑκρῶν, μῑκροῖς

【注】上記の情報から変化表を書いてみてください。中性・複数・主／対格の -α は短母音です。

練習問題 11-3

1. ［男性］単数 ὅμοιος, ὅμοιον, ὁμοίου, ὁμοίῳ　複数 ὅμοιοι, ὁμοίους, ὁμοίων, ὁμοίοις　［女性］単数 ὁμοίᾱ, ὁμοίᾱν, ὁμοίᾱς, ὁμοίᾳ　複数 ὅμοιαι, ὁμοίᾱς, ὁμοίων, ὁμοίαις　［中性］単数 ὅμοιον, ὅμοιον, ὁμοίου, ὁμοίῳ　複数 ὅμοια, ὅμοια, ὁμοίων, ὁμοίοις

2. ［男性］単数 οἰκεῖος, οἰκεῖον, οἰκείου, οἰκείῳ　複数 οἰκεῖοι, οἰκείους, οἰκείων, οἰκείοις　［女性］単数 οἰκείᾱ, οἰκείᾱν, οἰκείᾱς, οἰκείᾳ　複数 οἰκεῖαι, οἰκείᾱς, οἰκείων, οἰκείαις　［中性］単数 οἰκεῖον, οἰκεῖον, οἰκείου, οἰκείῳ　複数 οἰκεῖα, οἰκεῖα, οἰκείων, οἰκείοις

3. ［男性］単数 δεινός, δεινόν, δεινοῦ, δεινῷ　複数 δεινοί, δεινούς, δεινῶν, δεινοῖς　［女性］単数 δεινή, δεινήν, δεινῆς, δεινῇ　複数 δειναί, δεινάς ［ᾱ］, δεινῶν, δειναῖς　［中性］単数 δεινόν, δεινόν, δεινοῦ, δεινῷ　複数 δεινά, δεινά, δεινῶν, δεινοῖς

4. ［男性］単数 μέσος, μέσον, μέσου, μέσῳ　複数 μέσοι, μέσους, μέσων, μέσοις　［女性］単数 μέση, μέσην, μέσης, μέσῃ　複数 μέσαι, μέσᾱς, μέσων, μέσαις　［中性］単数 μέσον, μέσον, μέσου, μέσῳ　複数 μέσα, μέσα, μέσων, μέσοις

【注】やはり変化表の形式で確認してください。書き出したものを音読して、どのような場合にアクセントが移動するのかを観察しましょう。

練習問題 12-1

1. νῆσον **καλήν**　2. ἐν νήσῳ **καλῇ**　3. νεᾱνίαι **καλοί**　4. νεᾱνίᾱς **καλούς**

【注】名詞の性・数・格を確認して、それに合致する語形を選んでください。語尾が一致するとは限りません。

練習問題 12-2

1. 快楽は死すべきものである／いつまでも続かない。（ハイ・ヘードナイ・トゥネータイ・エイシン）　2. 人間はポリス的な動物である。（ホ・アントローポス・ポリーティコン・ズドーイオン・エスティン）　3. 悪い友人は悪い果実を運んでくる。（ホイ・カコイ・ピロイ・カコン・カルポン・ペルーシン）　4. 私たちはその若者の言葉（複数）を美しい／立派だと思う。（トゥース・トゥー・ネアーニウー・ログース・カルース・ノミズドメン）

【注】4 の τοὺς τοῦ νεᾱνίου λόγους は、複数・対格の τοὺς ... λόγους（これが表現の枠をつくる）に単数・属格の τοῦ νεᾱνίου が組み込まれた表現です。属格を後置して

τοὺς λόγους τοῦ νεανίου とすることもできます。

練習問題12-3

1. その**賢い男を**あなたは追放しようとしている。 2. その**賢い女を**あなたは追放しようとしているのか？

練習問題13-1

1. 単数 λούομαι, λούῃ, λούεται　複数 λουόμεθα, λούεσθε, λούονται（不定詞は λούεσθαι）

2. 単数 νέμομαι, νέμῃ, νέμεται　複数 νεμόμεθα, νέμεσθε, νέμονται（不定詞は νέμεσθαι）

【注】νέμω の中動態は「お互いに分配し合う」のほか、「自分のために分配する」という発想から「（自分で）所有する」の意味でも使います。2人称・単数には λούει / νέμει という形もあります。

練習問題13-2

1. 狩猟の後でよくその女神はその川の中で自身を洗う／水浴する。（メタ・テーラース・ポッラキス・ヘー・テオス・エン・トーイ・ポタモーイ・ルーエタイ） 2. その兵士たちはいま美しい贈り物を分配し合っている。（ホイ・ストラティオータイ・ニューン・カラ・ドーラ・ネモンタイ）

【注】1は「自分に対して…する」の意味、2は「自分たちの間で…する」の意味です。

練習問題13-3

1. 私たちはその兵士たちによって追われている。（ヒュポ・トーン・ストラティオートーン・ディオーコメタ） 2. 黄金は汚れない／汚されない。（ホ・クリューソス・ウー・ミアイネタイ） 3. それらの美しい贈り物はいま分配されている。（タ・カラ・ドーラ・ニューン・ネメタイ）

【注】2の μιαίνεται は中動態で「自身を汚す」⇒「汚れる」とも、受動態で「他から汚される」とも解釈できます。

練習問題13-4

単数 γίγνομαι, γίγνῃ, γίγνεται　複数 γιγνόμεθα, γίγνεσθε, γίγνονται（不定詞 γίγνεσθαι）

【注】2人称・単数には γίγνει という形もあります。

練習問題14-1

1．私たちはあなたたちの援助を欲している／助けてもらいたい。（オーペレイアー
ス・ヒューモーン・エテロメン）　2．その異民族たちはいま私たちを追いかけている。
（ホイ・バルバロイ・ニューン・ヘーマース・ディオークーシン）　3．私ではなくあな
たをその異民族たちは追いかけている。（ウーク・エメ・アッラ・セ・ディオークーシ
ン・ホイ・バルバロイ）
【注】3はοὐκ ἐμέ と ἀλλὰ σέ を対応させて読んでください。

練習問題14-2

1．あなたは**その将軍自身を**／**他でもないその将軍を**殺そうとしているのか？
2．私もまた**その同じ将軍を**殺そうとしている。
【注】1は強意代名詞としての用法、2は形容詞としての用法です（78ページ）。

練習問題14-3

1．αὐτὸ τὸ βιβλίον ζητῶ.（アウト・ト・ビブリオン・ズデートー）　2．καὶ ἐγὼ τὴν
αὐτὴν γνώμην ἔχω.（カイ・エゴー・テーン・アウテーン・グノーメーン・エコー）
3．πολλοὶ **αὐτῇ** υἱοί εἰσιν.（ポッロイ・アウテーイ・ヒュイオイ・エイシン）
【注】2の文を「あなたと同じ考えを」にしたければ与格 σοί を加えます。3のような「3
人称代名詞としての用法」が文頭には立てないことも、覚えておくとよいでしょう。

練習問題15-1

1．単数・属格 ἀσπίδος　語幹 ἀσπιδ-　2．単数・属格 ἔρωτος　語幹 ἐρωτ-
【注】単数・属格から語尾 -ος を外したものが語幹です。

練習問題15-2

1．単数 ἀσπίς, ἀσπίδα, ἀσπίδος, ἀσπίδι　複数 ἀσπίδες, ἀσπίδας, ἀσπίδων, ἀσπίσι(ν)
2．単数 ἔρως, ἔρωτα, ἔρωτος, ἔρωτι　複数 ἔρωτες, ἔρωτας, ἐρώτων, ἔρωσι(ν)
【注】ἔρως の複数・属格のアクセントに注意してください（53ページの (1)）。

練習問題15-3

1．身に受けたこと／苦しみは教訓である。（パテーマタ・マテーマタ・エスティン）
2．運命は予期に反して進んでくる。（パレルピダス・モイラ・バイネイ）　3．賢者とい
うものは自身の人生を希望の中に持っている／保っておく。（エン・エルピシン・ホ
イ・ソポイ・トン・ビオン・エクーシン）　4．不幸の中にあって人間は希望で／によ
って救われる。（エン・アテュキアイス・ホイ・アントローポイ・ソーイズドンタイ・
エルピシン）

【注】1の文から ἐστίν を省略すると、短く引き締まった格言的な文になります。παθήματα μαθήματα. で覚えておいてください。3は「その賢者たちは」としても OK です。

練習問題 16-1

1. 単数・属格 ἄρχοντος　語幹 ἀρχοντ-　2. 単数・属格 λιμένος　語幹 λιμεν-

練習問題 16-2

1. 単数 ἄρχων, ἄρχοντα, ἄρχοντος, ἄρχοντι　複数 ἄρχοντες, ἄρχοντας, ἀρχόντων, ἄρχουσι(ν)

2. 単数 λιμήν, λιμένα, λιμένος, λιμένι　複数 λιμένες, λιμένας, λιμένων, λιμέσι(ν)

【注】ἄρχων（ντ 語幹）は複数・与格で代償延長が起きますが、λιμήν（ν 語幹）では それが起きません（86ページ）。

練習問題 16-3

1. 単数 ἔρις, ἔριν, ἔριδος, ἔριδι　複数 ἔριδες, ἔριδας, ἐρίδων, ἔρισι(ν)

2. 単数 θυγάτηρ, θυγατέρα, θυγατρός, θυγατρί　複数 θυγατέρες, θυγατέρας, θυγατέρων, θυγατράσι(ν)

【注】θυγάτηρ の格変化は、πατήρ と μήτηρ と並べて覚えてください。

練習問題 17-1

1. そのオイディプースとはいったい誰か？（ティス・ポテ・ホ・オイディプース・エスティン）　2. 父はその国へ誰を送ろうとしているのか？（ティナ・ホ・パテール・エイス・テーン・コーラーン・ペンペイ）　3. どんな男たちをあなたはその国へ送るのか／送ろうとしているのか？（ティナス・アンドラス・エイス・テーン・コーラーン・ペンペイス）　4. どんな本／どの本についてあなたは話しているのか？（ペリ・ティノス・ビブリウー・レゲイス）

【注】1の τίς と2の τίνα が代名詞の用法、3の τίνας と4の τίνος が名詞とセットになる（形容詞的な）用法です。

練習問題 17-2

1. ある神がいまあなたを殺そうとしている。（テオス・ティス・ニューン・セ・アポクテイネイ）　2. ある旅人／商人を私たちはいま殺そうとしている。（エンポロン・ティナ・ニューン・アポクテイノメン）　3. 私はある小さな家に母親と一緒に住んでいる。（エン・オイキアーイ・ティニ・ミークラーイ・メタ・テース・メートロス・エノイコー）　4. ある人が言うにはそのオイディプースは恐ろしい。（レゲイ・ティス・ホ

ティ・ホ・オイディプース・デイノス・エスティン）

【注】不定代名詞（ある…）が名詞の後に添えて使われることを確認しましょう。4の
ὅτι 以下は英語の that 節に相当します。「ある人は…と言う／言っている」と訳しても
OK です。

練習問題 18-1

1. ［能動態］単数 ποιῶ, ποιεῖς, ποιεῖ　複数 ποιοῦμεν, ποιεῖτε, ποιοῦσι(ν)　［中動／
   受動態］単数 ποιοῦμαι, ποιῇ, ποιεῖται　複数 ποιούμεθα, ποιεῖσθε, ποιοῦνται

2. ［能動態］単数 κῑνῶ, κῑνεῖς, κῑνεῖ　複数 κῑνοῦμεν, κῑνεῖτε, κῑνοῦσι(ν)　［中動／
   受動態］単数 κῑνοῦμαι, κῑνῇ, κῑνεῖται　複数 κῑνούμεθα, κῑνεῖσθε, κῑνοῦνται

【注】母音の足し算を確認しながら、少しずつ覚えていきましょう。次の練習問題18-
2と18-3も同様です。

練習問題 18-2

1. ［能動態］単数 νῑκῶ, νῑκᾷς, νῑκᾷ　複数 νῑκῶμεν, νῑκᾶτε, νῑκῶσι(ν)　［中動／受
   動態］単数 νῑκῶμαι, νῑκᾷ, νῑκᾶται　複数 νῑκώμεθα, νῑκᾶσθε, νῑκῶνται

2. ［能動態］単数 ἐρωτῶ, ἐρωτᾷς, ἐρωτᾷ　複数 ἐρωτῶμεν, ἐρωτᾶτε, ἐρωτῶσι(ν)
   ［中動／受動態］単数 ἐρωτῶμαι, ἐρωτᾷ, ἐρωτᾶται　複数 ἐρωτώμεθα, ἐρωτᾶσθε,
   ἐρωτῶνται

練習問題 18-3

1. ［能動態］単数 δουλῶ, δουλοῖς, δουλοῖ　複数 δουλοῦμεν, δουλοῦτε, δουλοῦσι(ν)
   ［中動／受動態］単数 δουλοῦμαι, δουλοῖ, δουλοῦται　複数 δουλούμεθα,
   δουλοῦσθε, δουλοῦνται

2. ［能動態］単数 ὀρθῶ, ὀρθοῖς, ὀρθοῖ　複数 ὀρθοῦμεν, ὀρθοῦτε, ὀρθοῦσι(ν)　［中
   動／受動態］単数 ὀρθοῦμαι, ὀρθοῖ, ὀρθοῦται　複数 ὀρθούμεθα, ὀρθοῦσθε,
   ὀρθοῦνται

練習問題 19-1

1. ぶどう酒は心の鏡である。（ホ・オイノス・ヌー・カトプトロン・エスティン）　2.
彼ら／彼女らはそれらの驚くべきもの／ことに心を向けている。（プロス・タ・タウマ
タ・ヌース・エクーシン）　3. 理性というものは私たちにとって、それぞれの内にあ
る神である。（ホ・ヌース・ヘーミーン・エスティン・エン・ヘカストーイ・テオス）
【注】1の「心の鏡」は「心を映すもの」の意味。2の νοῦς は複数・対格で、3の νοῦς
は単数・主格です。述語動詞との意味的な関係を考えて判断してください。なお、与
格は3のように「…にとって」の意味になることがあります。

練習問題 19-2

［男性］単数 χαλκοῦς, χαλκοῦν, χαλκοῦ, χαλκῷ　複数 χαλκοῖ, χαλκοῦς, χαλκῶν, χαλκοῖς　［女性］単数 χαλκῆ, χαλκῆν, χαλκῆς, χαλκῇ　複数 χαλκαῖ, χαλκᾶς, χαλκῶν, χαλκαῖς　［中性］単数 χαλκοῦν, χαλκοῦν, χαλκοῦ, χαλκῷ　複数 χαλκᾶ, χαλκᾶ, χαλκῶν, χαλκοῖς

【注】とくに男性と中性の単数・主／対格に気をつけてください。

練習問題 19-3

［男性］単数 ἁπλοῦς, ἁπλοῦν, ἁπλοῦ, ἁπλῷ　複数 ἁπλοῖ, ἁπλοῦς, ἁπλῶν, ἁπλοῖς　［女性］単数 ἁπλῆ, ἁπλῆν, ἁπλῆς, ἁπλῇ　複数 ἁπλαῖ, ἁπλᾶς, ἁπλῶν, ἁπλαῖς　［中性］単数 ἁπλοῦν, ἁπλοῦν, ἁπλοῦ, ἁπλῷ　複数 ἁπλᾶ, ἁπλᾶ, ἁπλῶν, ἁπλοῖς

【注】語頭の ἁ- を δι- に変えると「二重の／二倍の（double）」の意味に、τρι- に変えると「三重の／三倍の（triple）」の意味になります。

練習問題 19-4

1. 真実の言葉は単純である。（ハプルース・エスティン・ホ・テース・アレーテイアース・ロゴス）　2. あなたはその黄金の馬を隠しているのか？（アーラ・クリュプテイス・トン・クリュースーン・ヒッポン）　3. 声／発言は銀であるが、沈黙は金である。（ヘー・メン・ポーネー・エスティン・アルギュラー・ヘー・デ・シーゲー・クリューセー）

【注】3は後半に ἐστίν を補って解釈してください。

練習問題 20-1

1. あなた自身を知りなさい。（グノーティ・セアウトン）　2. 私は私自身について語ることを望まない／語りたくない。（ペリ・エマウトゥー・レゲイン・ウーク・エテロー）　3. あなたたちはあなたたち自身を褒めているのか？（アーラ・ヒューマース・アウトゥース・エパイネイテ）

【注】1の文は γνῶθι σαυτόν. という形でよく目にします。「汝自身を知れ」と訳してもよいですね。

練習問題 20-2

1. 賢者は自身の中に財産を持ち運ぶ。（ホ・ソポス・エン・ヘアウトーイ・ペリペレイ・テーン・ウーシアーン）　2. その娘は自分自身をその鏡の中に見ている。（ヘー・テュガテール・ヘアウテーン・ホラーイ・エン・トーイ・カトプトローイ）　3. 劣悪な者たちは自分自身を愛し、優れた者たちは他者を愛する。（ヘアウトゥース・メン・ピルーシン・ホイ・カコイ・トゥース・ダッルース・ホイ・アガトイ）

【注】1の ὁ σοφός は「その賢者は」とも解釈できます。3は ἑαυτοὺς μὲν … τοὺς δ᾽ ἄλλους … の部分が対比なので「自身を愛するのは劣悪な者たちで、他者を愛するのは優れた者たちだ」と訳してもよいでしょう。

練習問題20-3

1. その兵士たちはお互いを傷つけている。(ホイ・ストラティオータイ・アッレールース・ブラプトゥーシン)　2. その三人の／三柱の女神は互いに争っている。(ハイ・トレイス・テオイ・アッレーライス・エリズドゥーシン)　3. 私たちはこの上なく美しい贈り物を互いに与えようとしている。(カッリスタ・ドーラ・パレコメン・アッレーロイス)

【注】2の三柱(みはしら)は神を数える際のいい方です。

練習問題21-1

1. 単数 μάντις, μάντιν, μάντεως, μάντει　複数 μάντεις, μάντεις, μάντεων, μάντεσι(ν)
2. 単数 δύναμις, δύναμιν, δυνάμεως, δυνάμει　複数 δυνάμεις, δυνάμεις, δυνάμεων, δυνάμεσι(ν)

練習問題21-2

Διογένης, Διογένη, Διογένους, Διογένει (呼格 Διόγενες)
Ἡρακλῆς, Ἡρακλέᾱ, Ἡρακλέους, Ἡρακλεῖ (呼格 Ἡράκλεις)

練習問題21-3

1. 単数 ἱερεύς, ἱερέᾱ, ἱερέως, ἱερεῖ　複数 ἱερῆς, ἱερέᾱς, ἱερέων, ἱερεῦσι(ν)
2. 単数 φονεύς, φονέᾱ, φονέως, φονεῖ　複数 φονῆς, φονέᾱς, φονέων, φονεῦσι(ν)

練習問題22-1

1. [男／女性] 単数 σώφρων, σώφρονα, σώφρονος, σώφρονι　複数 σώφρονες, σώφρονας, σωφρόνων, σώφροσι(ν)　[中性] 単数 σῶφρον, σῶφρον, σώφρονος, σώφρονι　複数 σώφρονα, σώφρονα, σωφρόνων, σώφροσι(ν)
2. [男／女性] 単数 σαφής, σαφῆ, σαφοῦς, σαφεῖ　複数 σαφεῖς, σαφεῖς, σαφῶν, σαφέσι(ν)　[中性] 単数 σαφές, σαφές, σαφοῦς, σαφεῖ　複数 σαφῆ, σαφῆ, σαφῶν, σαφέσι(ν)

練習問題22-2

1. [男性] 単数 ὀξύς, ὀξύν, ὀξέος, ὀξεῖ　複数 ὀξεῖς, ὀξεῖς, ὀξέων, ὀξέσι(ν)
　[女性] 単数 ὀξεῖα, ὀξεῖαν, ὀξείᾱς, ὀξείᾳ　複数 ὀξεῖαι, ὀξείᾱς, ὀξειῶν, ὀξείαις

［中性］単数 ὀξύ, ὀξύ, ὀξέος, ὀξεῖ 複数 ὀξέα, ὀξέα, ὀξέων, ὀξέσι(ν)

2. ［男性］単数 γράφων, γράφοντα, γράφοντος, γράφοντι 複数 γράφοντες, γράφοντας, γραφόντων, γράφουσι(ν) ［女性］単数 γράφουσα, γράφουσαν, γραφούσης, γραφούσῃ 複数 γράφουσαι, γραφούσᾱς, γραφουσῶν, γραφούσαις ［中性］単数 γράφον, γράφον, γράφοντος, γράφοντι 複数 γράφοντα, γράφοντα, γραφόντων, γράφουσι(ν)

練習問題 22-3

［男性］単数 τάλᾱς, τάλανα, τάλανος, τάλανι 複数 τάλανες, τάλανας, ταλάνων, τάλασι(ν) ［女性］単数 τάλαινα, τάλαιναν, ταλαίνης, ταλαίνῃ 複数 τάλαιναι, ταλαίνᾱς, ταλαινῶν, ταλαίναις ［中性］単数 τάλαν, τάλαν, τάλανος, τάλανι 複数 τάλανα, τάλανα, ταλάνων, τάλασι(ν)

練習問題 22-4

1. 人生は短いが、技術は長い。（ホ・ビオス・ブラキュス・ヘー・デ・テクネー・マクラー） 2. 私は記憶力のよい飲み仲間を嫌う。（ミーソー・ムネーモナ・シュンポテーン） 3. 隣人たちの目は悪意があると考えよ。（ノミズデ・デュズメネー・トン・トーン・ゲイトノーン・オプタルモン） 4. その黒い男たちの中に君はアキッレウスを見ているか？（アーラ・エン・トイス・メラシン・アンドラシン・トン・アキッレアー・ホラーイス） 5. 無学な者たちはちょうど大海と夜の中でのように、人生の中を運ばれてゆく。（ホイ・アマテイス・ホースペル・エン・ペラゲイ・カイ・ニュクティ・ペロンタイ・エン・トーイ・ビオーイ）

【注】3は英語のSVOCに相当する構文。5の ἐν πελάγει καὶ νυκτί は上記が直訳ですが、要するに「夜の大海の中で」ということです。

練習問題 23-1

1. 男性・複数・属格 καλῶν［第11課］ 副詞形 καλῶς（美しく、立派に）
2. 男性・複数・属格 σαφῶν［第22課］ 副詞形 σαφῶς（明らかに）
3. 男性・複数・属格 εὐφρόνων［第22課］ 副詞形 εὐφρόνως（陽気に、楽しく）
4. 男性・複数・属格 ταχέων［第22課］ 副詞形 ταχέως（速く）

練習問題 23-2

1. そして／だが私たちはいま三日三晩のあいだ（ずっと）放浪している。（ニューン・デ・プラノーメタ・トレイス・ヘーメラース・カイ・トレイス・ニュクタス） 2. すなわち／なぜならアテーナイはその町から3スタディオン離れているのだ。（ハイ・ガル・アテーナイ・アポ・トゥー・アステオース・トリア・スタディア・アペクーシン）

3. いったいなぜ君は今日（ここに）来ているのか？ ── 君と話をしたいからだよ。（ティ・ポテ・セーメロン・ヘーケイス ── ディオティ・ソイ・ディアレゲスタイ・エテロー）

【注】1の δέ や2の γάρ の訳は文脈がないと確定できないので、ひとまず上記のように処理しておきます。115ページの囲みも参照してください。

練習問題23-3

1. オリュンピアーで　2. オリュンピアーへ　3. オリュンピアーから　4. まさにその場所へ（そこへ）　5. まさにその場所から（そこから）　6. まさにその場所で（そこで）

練習問題23-4

1. あなたはどのような状態ですか／調子はどうですか？ ── 私はよい状態です／元気です。（ポース・エケイス ── カロース・エコー）　2. すなわち／なぜなら青春は夢のように素早くあなたを通り過ぎるのだ。（タカ・ガル・セ・パレルケタイ・ホース・オナル・ヘーベー）　3. その男のもとへ私たちはしばしば行く／訪れる。（パラ・トン・アンドラ・ポッラキス・ポイトーメン）　4. ソークラテースによると、誰もみずから進んで間違いを犯さない／進んで間違いを犯す人などいない。（カタ・トン・ソークラテー・ウーデイス・ヘクーシオース・ハマルタネイ）

練習問題24-1

1. δεινός – δεινότερος – δεινότατος　2. σοφός – σοφώτερος – σοφώτατος　3. φίλος – φίλτερος – φίλτατος　4. κακός – κακίων [ῑ] – κάκιστος　5. ἡδύς – ἡδίων [ῑ] – ἥδιστος　6. καλός – καλλίων [ῑ] – κάλλιστος　7. αἰσχρός – αἰσχίων [ῑ] – αἴσχιστος　8. ῥᾴδιος – ῥᾴων – ῥᾷστος

練習問題24-2

比較級：[男／女性] 単数 καλλίων [ῑ], καλλίονα [ῑ], καλλίονος [ῑ], καλλίονι [ῑ]　複数 καλλίονες [ῑ], καλλίονας [ῑ], καλλῑόνων, καλλίοσι(ν) [ῑ]　[中性] 単数 κάλλῑον, κάλλῑον, καλλίονος [ῑ], καλλίονι [ῑ]　複数 καλλίονα [ῑ], καλλίονα [ῑ], καλλῑόνων, καλλίοσι(ν) [ῑ]

最上級：[男性] 単数 κάλλιστος, κάλλιστον, καλλίστου, καλλίστῳ　複数 κάλλιστοι, καλλίστους, καλλίστων, καλλίστοις　[女性] 単数 καλλίστη, καλλίστην, καλλίστης, καλλίστῃ　複数 κάλλισται, καλλίστᾱς, καλλίστων, καλλίσταις　[中性] 単数 κάλλιστον, κάλλιστον, καλλίστου, καλλίστῳ　複数 κάλλιστα, κάλλιστα, καλλίστων, καλλίστοις

285

練習問題 24-3

［男／女性］単数 μείζων, μείζονα, μείζονος, μείζονι　複数 μείζονες, μείζονας, μειζόνων, μείζοσι(ν)　［中性］単数 μεῖζον, μεῖζον, μείζονος, μείζονι　複数 μείζονα, μείζονα, μειζόνων, μείζοσι(ν)

練習問題 24-4

1．ソークラテースよりも賢い者は誰もいない。（ウーデイス・ソポーテロス・エスティン・エー・ホ・ソークラテース）　2．そして／だが技術は必然よりも力が弱い。（テクネー・ダナンケース・アステネステラー・エスティン）　3．この大地の中で必然がもっとも強力である。（ヘー・アナンケー・クラティステー・エスティン・エン・テーイ・ゲーイ）　4．自分の間違いを見つけることは非常に難しい。（カレポータトン・エスティ・タ・イディア・ハマルテーマタ・ヘウレイン）

【注】4 の χαλεπώτατον は「もっとも難しい」としても OK です。

練習問題 25-1

1．1 羽のツバメは春をつくらない。（ミア・ケリードーン・ウーク・エアル・ポイエイ）　2．あなたは 2 つの物の中に 3 つの物を見ている／見ようとしている。（エン・デュオイン・トリア・ブレペイス）　3．ムーサたちは 9 人である／9 人いる。（ハイ・ムーサイ・エンネア・エイシン）　4．私たちのなかで誰もその敵たちを恐れていない。（ウーデイス・ヘーモーン・トゥース・ポレミウース・ポベイタイ）

【注】4 の οὐδεὶς ἡμῶν は英語の none of us（私たちのなかで誰も…ない）と見比べてください。of us が複数・属格の ἡμῶν に対応します。

練習問題 25-2

1．私たちはこれから 7 日目にヘッラスに着きます／着くだろう。（テーイ・ヘブドメーイ・ヘーメラーイ・エス・テーン・ヘッラダ・アピクソメタ）　2．サッポーはとても美しく歌い、まるで 10 番目のムーサのようだ。（ヘー・サッポー・マラ・カロース・アーイデイ・カイ・パイネタイ・デカテー・ムーサ）　3．老人というのは 2 度目の子供である。（ディス・パイデス・エイシン・ホイ・ゲロンテス）

練習問題 26-1

λούω の未来：［能動態］単数 λούσω, λούσεις, λούσει　複数 λούσομεν, λούσετε, λούσουσι(ν)　［中動態］単数 λούσομαι, λούσῃ（または λούσει）, λούσεται　複数 λουσόμεθα, λούσεσθε, λούσονται

πέμπω の未来：［能動態］単数 πέμψω（< πέμπ-σω）, πέμψεις, πέμψει　複数 πέμψομεν, πέμψετε, πέμψουσι(ν)　［中動態］単数 πέμψομαι, πέμψῃ（または

練習問題 26-2

ἄγω の未来：[能動態] 単数 ἄξω（< ἄγ-σω），ἄξεις，ἄξει　複数 ἄξομεν，ἄξετε，
ἄξουσι(ν)　[中動態] 単数 ἄξομαι，ἄξῃ（または ἄξει），ἄξεται　複数 ἀξόμεθα，
ἄξεσθε，ἄξονται

πείθω の未来：[能動態] 単数 πείσω，πείσεις，πείσει　複数 πείσομεν，πείσετε，
πείσουσι(ν)　[中動態] 単数 πείσομαι，πείσῃ（または πείσει），πείσεται　複数
πεισόμεθα，πείσεσθε，πείσονται

練習問題 26-3

εὑρίσκω の未来：[能動態] 単数 εὑρήσω，εὑρήσεις，εὑρήσει　複数 εὑρήσομεν，
εὑρήσετε，εὑρήσουσι(ν)　[中動態] 単数 εὑρήσομαι，εὑρήσῃ（または εὑρήσει），
εὑρήσεται　複数 εὑρησόμεθα，εὑρήσεσθε，εὑρήσονται

φυλάττω の未来：[能動態] 単数 φυλάξω，φυλάξεις，φυλάξει　複数 φυλάξομεν，
φυλάξετε，φυλάξουσι(ν)　[中動態] 単数 φυλάξομαι，φυλάξῃ（または φυλάξει），
φυλάξεται　複数 φυλαξόμεθα，φυλάξεσθε，φυλάξονται

練習問題 26-4

ἀγγέλλω の未来・能動態：単数 ἀγγελῶ，ἀγγελεῖς，ἀγγελεῖ　複数 ἀγγελοῦμεν，
ἀγγελεῖτε，ἀγγελοῦσι(ν)

ἀποθνήσκω の未来・中動態：単数 ἀποθανοῦμαι，ἀποθανῇ（または ἀποθανεῖ），
ἀποθανεῖται　複数 ἀποθανούμεθα，ἀποθανεῖσθε，ἀποθανοῦνται

練習問題 26-5

1. あなたたちはデルポイでアポッローンの神託を聞くでしょう／聞きなさい。（エン・
デルポイス・クレーステーリオン・トゥー・アポッローノス・アクーセステ）　2. あ
なたはその盾をアレクサンドロスのもとへ（これから）運ぶのか？（テーン・アスピ
ダ・オイセイス・プロス・トン・アレクサンドロン）　3. 誰が（これから）あなたた
ちと一緒にこの場所に留まるのか？（ティネス・メヌーシン・エン・テーイ・コー
ラーイ・メテューモーン）　4. ヘッラスに至るまでの私たちの帰国の旅は困難だろう。
（カレポス・エスタイ・ホ・ヘーメテロス・ノストス・ホ・エイス・テーン・ヘッラダ）
【注】4の ὁ εἰς τὴν Ἑλλάδα のように定冠詞の付いた前置詞句は、名詞を修飾する句
として解釈します。定冠詞の性・数・格（今回は男性・単数・主格）に従って修飾す
る相手を確定してください。

練習問題27-1

[能動態] 単数 ἔγραφον, ἔγραφες, ἔγραφε(ν)　複数 ἐγράφομεν, ἐγράφετε, ἔγραφον

[中動／受動態] 単数 ἐγραφόμην, ἐγράφου, ἐγράφετο　複数 ἐγραφόμεθα, ἐγράφεσθε, ἐγράφοντο

練習問題27-2

[能動態] 単数 γράφω, γράφεις, γράφει　複数 γράφομεν, γράφετε, γράφουσι(ν)

[中動／受動態] 単数 γράφομαι, γράφῃ（または γράφει）, γράφεται　複数 γραφόμεθα, γράφεσθε, γράφονται

【注】先ほどの未完了過去と見比べて、語尾の違いと共通点を確認してください。

練習問題27-3

ἐσθίω の未完了過去（能動態 1st. sg.）：ἤσθιον

ὀφείλω の未完了過去（能動態 1st. sg.）：ὤφειλον

練習問題27-4

1. その海辺でナウシカアーは仲間たちと遊んでいた。(パラ・テーイ・タラッテーイ・ヘー・ナウシカアー・エパイズデ・メタ・トーン・ヘタイローン)　2. そしてそのときオデュッセウスは故郷に向かって帰ろうとしていた。(カイ・トテ・ホ・オデュッセウス・アネールケト・プロス・テーン・パトリダ)　3. その物乞いはパンを持っていないのにチーズを買おうとしていた。(アルトン・ウーク・エイケン・ホ・プトーコス・カイ・テューロン・エーゴラズデン)　4. 始まりの中に／はじめに言葉があった。(エン・アルケーイ・エーン・ホ・ロゴス)

【注】未完了過去は「…していた／しようとしていた」のように過去の状態を表します。3は「パンを持っていなかった」と「チーズを買おうとしていた」を καί（and）で繋いだ文ですが、意味関係を考えて上のように訳しました。

練習問題28-1

[能動態] 単数 ἤκουσα, ἤκουσας, ἤκουσε(ν)　複数 ἠκούσαμεν, ἠκούσατε, ἤκουσαν　[中動態] 単数 ἠκουσάμην, ἠκούσω, ἠκούσατο　複数 ἠκουσάμεθα, ἠκούσασθε, ἠκούσαντο

練習問題28-2

[能動態] 単数 ἔγραψα（< ἔγραφ-σα）, ἔγραψας, ἔγραψε(ν)　複数 ἐγράψαμεν, ἐγράψατε, ἔγραψαν　[中動態] 単数 ἐγραψάμην（< ἐγραφ-σάμην）, ἐγράψω, ἐγράψατο　複数 ἐγραψάμεθα, ἐγράψασθε, ἐγράψαντο

練習問題 28-3

[能動態] 単数 ἔβαλον, ἔβαλες, ἔβαλε(ν)　複数 ἐβάλομεν, ἐβάλετε, ἔβαλον　[中動態] 単数 ἐβαλόμην, ἐβάλου, ἐβάλετο　複数 ἐβαλόμεθα, ἐβάλεσθε, ἐβάλοντο

練習問題 28-4

1．その海辺で昨日ナウシカアーは遊んだ。（パラ・テーイ・タラッテーイ・クテス・ヘー・ナウシカアー・エパイセン）　2．あなたは誰にその子供たちを見守ることを命じたのか。（ティナ・エケレウサス・タ・パイディア・ピュラッテイン）　3．その物乞いはチーズを買おうとしたが、買わずにたち去った。（ホ・プトーコス・テューロン・エーゴラズデン・アッルーク・エーゴラセ・カイ・アペールテン）　4．舌は多くの人々を破滅の中へ導くものだ。（ヘー・グローッタ・ポッルース・エイス・オレトロン・エーガゲン）　5．ギリシャ人は馴染みのない神々を異国の諸部族から導き入れた。（ホイ・ヘッレーネス・テウース・クセヌース・エイセーガゴント・エクス・アッロトリオーン・エトノーン）

【注】練習問題 27-4 と見比べて、未完了過去とアオリストとの訳し方の違いを確認してください。4 の ἤγαγεν は格言的アオリスト（156 ページ）の用法です。5 の εἰσηγάγοντο は中動態なので「自分たちに対して／のために」という意味合いがあります。

練習問題 29-1

「生み出した」：単数 ἔφῡσα, ἔφῡσας, ἔφῡσε(ν)　複数 ἐφύσαμεν [ῡ], ἐφύσατε [ῡ], ἔφῡσαν

「生まれた」：単数 ἔφῡν, ἔφῡς, ἔφῡ　複数 ἔφῡμεν, ἔφῡτε, ἔφῡσαν

練習問題 29-2

1．世界は舞台、人生は（そこへの）登場。あなたは来て、見て、たち去る。（ホ・コズモス・スケーネー・ホ・ビオス・パロドス・エールテス・エイデス・アペールテス）　2．僭主の地位／権力は不正の母である。（ヘー・テュランニス・アディキアース・メーテール・エピュー）　3．私たちは（これから）ご主人様に打撃によって罰せられる。（コラステーソメタ・プレーガイス・ヒュポ・トゥー・デスポトゥー）　4．その奴隷たちは主人／所有者によって罰せられた。（ヒュポ・トゥー・デスポトゥー・ホイ・ドゥーロイ・エコラステーサン）　5．ぶどう酒の神ディオニューソスはニューサでニンフたちに育てられた。（ディオニューソス・ホ・テオス・オイヌー・エン・ニューセーイ・ヒュポ・トーン・ニュンポーン・アネトラペー）

【注】1 の前半は ἐστίν（...である）を補って解釈してください。後半は「あなたは来て、見て、たち去った」と訳しても OK です。そうすると格言ではなく特定の個人を念頭に置いた文になります。

練習問題 30-1

［現在］能動態 γράφειν　中動態 γράφεσθαι　受動態 γράφεσθαι

［未来］能動態 γράψειν（< γράφ-σειν）　中動態 γράψεσθαι（< γράφ-σεσθαι）
受動態 γραφήσεσθαι（直説法1st. sg. が γραφήσομαι なので θ が入らない）

［アオリスト］能動態 γράψαι（< γράφ-σαι）　中動態 γράψασθαι（< γράφ-σασθαι）
受動態 γραφῆναι（直説法 1st. sg. が ἐγράφην なので θ が入らない）

練習問題 30-2

1. 悪い性質を変えることは容易ではない。（ピュシン・ポネーラーン・メタバレイン・ウー・ラーイディオン・エスティン）　2. 賢い／優れたことを学ぶことは若者にとっても老人にとってもよい。（カロン・エスティン・カイ・ネアーニアーイ・カイ・ゲロンティ・ト・マンタネイン・ソパ）　3. 驚くことゆえに人間は哲学することを始める。（ディア・ト・タウマズデイン・ホイ・アントローポイ・エールクサント・ピロソペイン）　4. 見つめることから人間たちに恋することが生じる。（エク・トゥー・エイソラーン・ギグネタイ・アントローポイス・エラーン）

【注】3の「驚くこと」は「驚き」と、4の「恋すること」は「恋」と訳してもよいでしょう。このように不定詞は名詞的な意味を表します。

練習問題 31-1

1. τὸν στρατὸν αὔριον **ἀφίξεσθαι** νομίζομεν.（内容叙述の不定詞）

2. τὸν στρατὸν αὔριον **ἀφικνεῖσθαι** ἐθέλομεν.（可能性の不定詞）

練習問題 31-2

1. τὸν ποιητὴν **μὴ** ᾄδειν ᾔτησα.

2. τὸν ποιητὴν ᾄσεσθαι **οὐ** νομίζω.

練習問題 31-3

1. その子供たちが嘘をついていることは明白だ。（プロデーロン・エスティン・ホティ・ホイ・パイデス・プセウドンタイ）　2. 不可能なことを願ってはならない。（ウー・クレー・アデュナタ・エウケスタイ）　3. 戦争においては2度失敗することはできない。（エン・ポレモーイ・ウーク・エネスティ・ディス・ハマルテイン）　4. だが私が思うに、賢明さと正反対のものは2つある。性急さと激情だ。（ノミズドー・デ・デュオ・タ・エナンティオータタ・エウブーリアーイ・エイナイ・タコス・テ・カイ・オルゲーン）

【注】4は τάχος と ὀργήν が対格であることに注目して、τὰ ἐναντιώτατα（中性・複数・対格で不定詞 εἶναι の主語）との「イコール関係」を捉えることが大切です。

練習問題32-1

能動態：［男性］単数 λούων, λούοντα, λούοντος, λούοντι　複数 λούοντες, λούοντας, λουόντων, λούουσι(ν)　［女性］単数 λούουσα, λούουσαν, λουούσης, λουούσῃ　複数 λούουσαι, λουούσᾱς, λουουσῶν, λουούσαις　［中性］単数 λοῦον, λοῦον, λούοντος, λούοντι　複数 λούοντα, λούοντα, λουόντων, λούουσι(ν)

中動／受動態：［男性］単数 λουόμενος, λουόμενον, λουομένου, λουομένῳ　複数 λουόμενοι, λουομένους, λουομένων, λουομένοις　［女性］単数 λουομένη, λουομένην, λουομένης, λουομένῃ　複数 λουόμεναι, λουομένᾱς, λουομένων, λουομέναις　［中性］単数 λουόμενον, λουόμενον, λουομένου, λουομένῳ　複数 λουόμενα, λουόμενα, λουομένων, λουομένοις

練習問題32-2

1. あなたは煙を逃れながら／逃れようとしてその火の中に落ちた。（カプノン・ペウゴーン・エイス・ト・ピュール・エネペセス）　2. 誰も空腹でありながら美しいことを／美しく歌わない。（ウーデイス・ペイノーン・カラ・アーイデイ）　3. 自身を養っていないのに彼は犬たちを養っている。（ヘアウトン・ウー・トレポーン・キュナス・トレペイ）　4. あなた自身が死すべき者であると知れ。（グノーティ・セアウトン・トゥネートン・オンタ）　5. 腹に向かって語ることは難しい。腹は耳を持たないから。（カレポン・エスティ・プロス・ガステラ・レゲイン・オータ・ウーク・エクーサン）

【注】現在分詞の性・数・格を確認して、何を説明しているかを特定してください。1から3は主格なので主語に対する説明、4と5は対格なので対格の名詞を説明していると判断します。

練習問題33-1

能動態 γράψᾱς, γράψᾱσα, γράψαν　中動態 γραψάμενος, γραψαμένη, γραψάμενον
受動態 γραφείς, γραφεῖσα, γραφέν

練習問題33-2

能動態：［男性］単数 γράψᾱς, γράψαντα, γράψαντος, γράψαντι　複数 γράψαντες, γράψαντας, γραψάντων, γράψᾱσι(ν)　［女性］単数 γράψᾱσα, γράψᾱσαν, γραψάσης [ā], γραψάσῃ [ā]　複数 γράψᾱσαι, γραψάσᾱς [ā], γραψῡσῶν, γραψάσαις [ā]　［中性］単数 γράψαν, γράψαν, γράψαντος, γράψαντι　複数 γράψαντα, γράψαντα, γραψάντων, γράψᾱσι(ν)

中動態：［男性］単数 γραψάμενος, γραψάμενον, γραψαμένου, γραψαμένῳ　複数 γραψάμενοι, γραψαμένους, γραψαμένων, γραψαμένοις　［女性］単数 γραψαμένη, γραψαμένην, γραψαμένης, γραψαμένῃ　複数 γραψάμεναι, γραψαμένᾱς, γραψαμένων, γραψαμέναις ［中性］単数 γραψάμενον, γραψάμενον, γραψαμένου, γραψαμένῳ 複数 γραψάμενα, γραψάμενα, γραψαμένων, γραψαμένοις

受動態：［男性］単数 γραφείς, γραφέντα, γραφέντος, γραφέντι 複数 γραφέντες, γραφέντας, γραφέντων, γραφεῖσι(ν) ［女性］単数 γραφεῖσα, γραφεῖσαν, γραφείσης, γραφείσῃ 複数 γραφεῖσαι, γραφείσᾱς, γραφεισῶν, γραφείσαις ［中性］単数 γραφέν, γραφέν, γραφέντος, γραφέντι 複数 γραφέντα, γραφέντα, γραφέντων, γραφεῖσι(ν)

練習問題33-3

1．その子供が死につつあるので私たちは悲しんでいる。（アポトゥネーイスコントス・トゥー・パイディウー・リュープーメタ） 2．私たちが悲しんでいるなかその子供は死んだ。（ヘーモーン・リュープーメノーン・ト・パイディオン・アペタネン） 3．将軍が命じたので私たちは逃げた。（トゥー・ストラテーグー・ケレウサントス・エピュゴメン） 4．水が悪かったので私たちはその村を去った。（アポ・テース・コーメース・アペベーメン・トゥー・ヒュダトス・カクー・オントス）

【注】まず独立属格の部分とそれ以外の部分（文の中心）とを別々に捉えて、それから両者の意味関係を考えるのがよいと思います。現在分詞が主動詞と同時並行的なことを示し、アオリスト分詞が主動詞と連続的なこと（基本的には主動詞の前の出来事）を示すことも確認しましょう。

練習問題34-1

能動態：［男性］単数 λαβών, λαβόντα, λαβόντος, λαβόντι 複数 λαβόντες, λαβόντας, λαβόντων, λαβοῦσι(ν) ［女性］単数 λαβοῦσα, λαβοῦσαν, λαβούσης, λαβούσῃ 複数 λαβοῦσαι, λαβούσᾱς, λαβουσῶν, λαβούσαις ［中性］単数 λαβόν, λαβόν, λαβόντος, λαβόντι 複数 λαβόντα, λαβόντα, λαβόντων, λαβοῦσι(ν)

中動態：［男性］単数 λαβόμενος, λαβόμενον, λαβομένου, λαβομένῳ 複数 λαβόμενοι, λαβομένους, λαβομένων, λαβομένοις ［女性］単数 λαβομένη, λαβομένην, λαβομένης, λαβομένῃ 複数 λαβόμεναι, λαβομένᾱς, λαβομένων, λαβομέναις ［中性］単数 λαβόμενον, λαβόμενον, λαβομένου, λαβομένῳ 複数 λαβόμενα, λαβόμενα, λαβομένων, λαβομένοις

受動態：［男性］単数 ληφθείς, ληφθέντα, ληφθέντος, ληφθέντι 複数 ληφθέντες, ληφθέντας, ληφθέντων, ληφθεῖσι(ν) ［女性］単数 ληφθεῖσα, ληφθεῖσαν, ληφθείσης, ληφθείσῃ 複数 ληφθεῖσαι, ληφθείσᾱς, ληφθεισῶν, ληφθείσαις ［中性］単数 ληφθέν, ληφθέν, ληφθέντος, ληφθέντι 複数 ληφθέντα, ληφθέντα, ληφθέντων, ληφθεῖσι(ν)

練習問題34-2

［男性］単数 γνούς, γνόντα, γνόντος, γνόντι　複数 γνόντες, γνόντας, γνόντων, γνοῦσι(ν)　［女性］単数 γνοῦσα, γνοῦσαν, γνούσης, γνούσῃ　複数 γνοῦσαι, γνούσᾱς, γνουσῶν, γνούσαις　［中性］単数 γνόν, γνόν, γνόντος, γνόντι　複数 γνόντα, γνόντα, γνόντων, γνοῦσι(ν)

練習問題34-3

能動態 γράψων, γράψουσα, γράψον　中動態 γραψόμενος, γραψομένη, γραψόμενον
受動態 γραφησόμενος, γραφησομένη, γραφησόμενον

練習問題34-4

能動態 καλῶν, καλοῦσα, καλοῦν　中動態 καλούμενος, καλουμένη, καλούμενον
受動態 κληθησόμενος, κληθησομένη, κληθησόμενον

練習問題34-5

1. その尖った短刀をつかんで、父は戸外へ駆け出した。（テーン・オクセイアン・マカイラン・ラボーン・ホ・パテール・テュラーズデ・エクセドラメン）　2. その奴隷が去ったら私たちは本当のことをすべて話そう。（トゥー・ドゥールー・アポバントス・パンタ・ターレーテー・レクソメン）　3. なぜなら私はその男を称賛するためではなく、埋葬するために来ているからだ。（タプソーン・ガル・ヘーコー・トン・アンドルーク・エパイネソーン）　4. 蛇にかまれた男はロープさえも恐れる。（ホ・デークテイス・ヒュポ・オペオース・カイ・スコイニオン・ポベイタイ）　5. 犬たちは1度でも火傷をすると火を恐がると言われている。（ホイ・キュネス・ハパクス・デー・カウテンテス・レゴンタイ・ポベイスタイ・ト・ピュール）
【注】3以外はアオリスト分詞なので、主動詞との連続性を確認しましょう。

練習問題35-1

［男性］単数 ἐκεῖνος, ἐκεῖνον, ἐκείνου, ἐκείνῳ　複数 ἐκεῖνοι, ἐκείνους, ἐκείνων, ἐκείνοις　［女性］単数 ἐκείνη, ἐκείνην, ἐκείνης, ἐκείνῃ　複数 ἐκεῖναι, ἐκείνᾱς, ἐκείνων, ἐκείναις　［中性］単数 ἐκεῖνο, ἐκεῖνο, ἐκείνου, ἐκείνῳ　複数 ἐκεῖνα, ἐκεῖνα, ἐκείνων, ἐκείνοις

練習問題35-2

1. **οὗτος** ὁ ποιητὴς φιλεῖ σε.　2. **τοῦτον** τὸν ποιητὴν φιλεῖς.　3. **αὗται** αἱ γυναῖκες αὐτοὺς ἐφίλουν.

練習問題35-3

1．私たちはあの詩人をおおいに称賛している。（エケイノン・トン・ポイエーテーン・マラ・エパイヌーメン）　2．この女たちは（あなたの言う）その男を信じていない。（ハイデ・ハイ・ギュナイケス・ウー・ピステウウーシ・トゥートーイ・トーイ・アンドリ）　3．（あなたの言う）その告訴人たちはポリスの中に大勢いる。（フートイ・ホイ・カテーゴロイ・ポッロイ・エイシン・エン・テーイ・ポレイ）　4．あなたは以上のことを言ったが、以下のことを行なった。（タウタ・メン・エレクサス・エドラーサス・デ・タデ）

【注】184ページの図を参考に、指示代名詞の意味合いを捉えましょう。4は要するに「言葉と行動がちぐはぐだ」の意味です。

練習問題36-1　解答は省略。

練習問題36-2

1. ὁ νεᾱνίᾱς **ὃν** μῑσεῖς φίλος μοί ἐστιν.　2. τὴν παρθένον **ἣν** φιλεῖς καὶ ἐγὼ φιλῶ.　3. ὁ στρατηγὸς **ᾧ** πειθόμεθα κράτιστός ἐστιν.

【注】関係代名詞の性・数は先行詞に一致させ、格は関係節内での働きを考えて決めてください。

練習問題36-3

1．あなたが追い求めているその希望は力を持たない。（ヘー・エルピス・ヘーン・ディオーケイス・テーン・デュナミン・ウーク・エケイ）　2．市民たちが正しいポリスは堅固である。（ベバイアー・ヘー・ポリス・ヘース・ディカイオイ・ホイ・ポリータイ）　3．アクタイオーンを切り裂いたのは彼が育てた犬たちだった。（トン・アクタイオーナ・ディエスパサント・ホイ・キュネス・フース・エトレプサト）　4．神々が愛する男は若くして死ぬ。（ホン・ホイ・テオイ・ピルーシン・アポトゥネーイスケイ・ネオス）　5．生きることで傲慢になる者たちにとって死ぬことは美しい。（カロン・エスティ・ト・トゥネーイスケイン・ホイス・ヒュブリン・ト・ズデーン・ペレイ）

【注】関係代名詞の格を保存したまま〈定冠詞＋先行詞〉に置き換えると、関係節の内部での意味関係を確認できます。1なら **τὴν ἐλπὶν** διώκεις（**その希望を**あなたは追い求めている）、2なら **τῆς πόλεως** δίκαιοι οἱ πολῖται（**その**ポリスの市民たちは正しい［εἰσίν を補って解釈する]）、3なら **τοὺς κύνας** ἐθρέψατο（彼は**その犬たちを**育てた）の意味関係を確認しましょう。そこから太字部分を性・数・格の対応する関係代名詞に変えると、問題にある関係文になります。4と5はそれぞれ、**τὸν ἄνδρα** οἱ θεοὶ φιλοῦσιν（神々は**その男を**愛している）と **τοῖς ἀνδράσιν** ὕβριν τὸ ζῆν φέρει（生きることは**その男たちに**傲慢さを運ぶ）の太字部分を関係代名詞に変えてみてくださ

294

い。

練習問題37-1

1. 財産と分別を持つような者は幸福である。（マカリオス・エスティン・ホスティス・ウーシアーン・カイ・ヌーン・エケイ）　2. その使節は私たちの指揮官は誰かと尋ねた。（ホ・ケーリュクス・エーローテーセン・ホスティス・ホ・ヘーメテロス・ヘーゲモーン・エスティン）　3. あなたが愛するような人を、私も愛することを望む。（ホンティナ・ピレイス・カイ・エゴー・ピレイン・エテロー）　4. あなたが愛しているまさにその詩人を、あの少女もまた愛している。（トン・ポイエーテーン・ホンペル・ピレイス・カイ・エケイネー・ヘー・パルテノス・ピレイ）

【注】1は「財産と分別を持つ者なら誰でも」と、3は「あなたが愛する人なら誰でも」と訳しても OK です。

練習問題38-1　解答は省略。
練習問題38-2　解答は省略。

練習問題38-3

ἔστησα：単数 ἔστησα, ἔστησας, ἔστησε(ν)　複数 ἐστήσαμεν, ἐστήσατε, ἔστησαν
ἔστην：単数 ἔστην, ἔστης, ἔστη　複数 ἔστημεν, ἔστητε, ἔστησαν

練習問題38-4

1. あなたは犬に籾殻を、驢馬に骨を与えている。（キュニ・ディドース・アキュラ・オノーイ・デ・オスター）　2. ただ時間だけが正しい男を明らかにする。（モノス・ホ・クロノス・ディカイオン・アンドラ・デイクニューシン）　3. 放浪は人生をより賢くしてくれる。（ヘー・プラネー・ビオン・ティテーシ・ソポーテロン）　4. 恩人を裏切ることは恥ずべきことだ。（アイスクロン・エスティン・エウエルゲタース・プロドゥーナイ）

【注】μι 動詞はこれまで学んできた ω 動詞とは異なる語尾を持つので注意しましょう。1は要するに「ちぐはぐなことをしている」という意味ですね。

練習問題39-1

ἵημι [ῐ] の中動／受動態：［現在］単数 ἵεμαι [ῐ], ἵεσαι [ῐ], ἵεται [ῐ]　複数 ἱέμεθα [ῐ], ἵεσθε [ῐ], ἵενται [ῐ]　［未完了過去］単数 ἱέμην [ῐ], ἵεσο [ῐ], ἵετο [ῐ]　複数 ἱέμεθα [ῐ], ἵεσθε [ῐ], ἵεντο [ῐ]

ἵστημι の中動／受動態：［現在］単数 ἵσταμαι, ἵστασαι, ἵσταται　複数 ἱστάμεθα, ἵστασθε, ἵστανται　［未完了過去］単数 ἱστάμην [ῐ], ἵστασο [ῐ], ἵστατο [ῐ]　複数

295

ἱστάμεθα [ῑ], ἵστασθε [ῑ], ἵσταντο [ῑ]

δείκνῡμι の中動／受動態：［現在］単数 δείκνυμαι, δείκνυσαι, δείκνυται　複数 δεικνύμεθα, δείκνυσθε, δείκνυνται　［未完了過去］単数 ἐδεικνύμην, ἐδείκνυσο, ἐδείκνυτο　複数 ἐδεικνύμεθα, ἐδείκνυσθε, ἐδείκνυντο

練習問題 39-2

［現在］単数 δύναμαι, δύνασαι, δύναται　複数 δυνάμεθα, δύνασθε, δύνανται

［未完了過去］単数 ἐδυνάμην, ἐδύνασο, ἐδύνατο　複数 ἐδυνάμεθα, ἐδύνασθε, ἐδύναντο

練習問題 39-3

「中動態］単数 δώσομαι, δώσῃ（または δώσει）, δώσεται　複数 δωσόμεθα, δώσεσθε, δώσονται　［受動態］単数 δοθήσομαι, δοθήσῃ（または δοθήσει）, δοθήσεται　複数 δοθησόμεθα, δοθήσεσθε, δοθήσονται

練習問題 39-4　解答は省略。

練習問題 39-5

単数 ἐστησάμην, ἐστήσω, ἐστήσατο　複数 ἐστησάμεθα, ἐστήσασθε, ἐστήσαντο

練習問題 39-6

単数 ἐστάθην, ἐστάθης, ἐστάθη　複数 ἐστάθημεν, ἐστάθητε, ἐστάθησαν

練習問題 40-1

βαίνω の完了・能動態：単数 βέβηκα, βέβηκας, βέβηκε(ν)　複数 βεβήκαμεν, βεβήκατε, βεβήκᾱσι(ν)

γράφω の完了・能動態：単数 γέγραφα, γέγραφας, γέγραφε(ν)　複数 γεγράφαμεν, γεγράφατε, γεγράφᾱσι(ν)

【注】完了の語形は畳音に気をつけて練習しましょう。

練習問題 40-2

1. エ　2. ウ　3. イ　4. オ　5. カ　6. ア

練習問題 40-3

χορεύω の完了不定詞・能動態：κεχορευκέναι

γράφω の完了不定詞・能動態：γεγραφέναι

【注】畳音は加音と違って不定詞や分詞の語形にも付きます。

練習問題40-4

単数・主格：**κεχορευκώς, κεχορευκυῖα, κεχορευκός** ／ **γεγραφώς, γεγραφυῖα, γεγραφός**

χορεύω の完了分詞・能動態：［男性］単数 **κεχορευκώς, κεχορευκότα, κεχορευκότος, κεχορευκότι** 複数 **κεχορευκότες, κεχορευκότας, κεχορευκότων, κεχορευκόσι**(ν) ［女性］単数 **κεχορευκυῖα, κεχορευκυῖαν, κεχορευκυίᾱς, κεχορευκυίᾳ** 複数 **κεχορευκυῖαι, κεχορευκυίᾱς, κεχορευκυιῶν, κεχορευκυίαις** ［中性］単数 **κεχορευκός, κεχορευκός, κεχορευκότος, κεχορευκότι** 複数 **κεχορευκότα, κεχορευκότα, κεχορευκότων, κεχορευκόσι**(ν)

γράφω の完了分詞・能動態：［男性］単数 **γεγραφώς, γεγραφότα, γεγραφότος, γεγραφότι** 複数 **γεγραφότες, γεγραφότας, γεγραφότων, γεγραφόσι**(ν) ［女性］単数 **γεγραφυῖα, γεγραφυῖαν, γεγραφυίᾱς, γεγραφυίᾳ** 複数 **γεγραφυῖαι, γεγραφυίᾱς, γεγραφυιῶν, γεγραφυίαις** ［中性］単数 **γεγραφός, γεγραφός, γεγραφότος, γεγραφότι** 複数 **γεγραφότα, γεγραφότα, γεγραφότων, γεγραφόσι**(ν)

【注】先ほどの練習問題40-3への注記を参照してください。

練習問題40-5

1. 父祖伝来の神々に私たちはもう犠牲を捧げている。（トイス・パトリオイス・テオイス・エーデー・テテュカメン） 2. 蟹はまっすぐ歩くことを学んでいない。（カルキノス・オルタ・バディズデイン・ウー・メマテーケン） 3. 兄弟のためではなく子供たちのために私はその木々を植えた。（ウー・トイス・アデルポイス・アッラ・トイス・テクノイス・ペピュテウカ・タ・デンドラ） 4. その川を渡り終えたそのギリシャ人たちに敵（複数）が姿を現した。（トン・ポタモン・ディアベベーコシ・トイス・ヘッレーシン・エペーナント・ホイ・ポレミオイ）

【注】1の「捧げている」、2の「学んでいない」、3の「植えた」、4の「渡り終えた」が、いずれも完了の意味であることを確認しましょう。完了とは「すでに...した状態にある」ということです。2は「学んだ状態にある」の否定なので、「知らない」と訳してもよいと思います。

練習問題41-1

単数 βέβλημαι, βέβλησαι, βέβληται 複数 βεβλήμεθα, βέβλησθε, βέβληνται

練習問題41-2

単数 γέγρα**μμ**αι （< γέγραφ-μαι）, γέγρα**ψ**αι （< γέγραφ-σαι）, γέγρα**π**ται （<

297

γέγραφ-ται） 複数 γεγράμμεθα （＜ γεγράφ-μεθα）, γέγραφθε （＜ γέγραφ-σθε）, γεγραμμένοι εἰσί(ν)

練習問題41-3

単数 ἤλλαγμαι （＜ ἤλλακ-μαι）, ἤλλαξαι （＜ ἤλλακ-σαι）, ἤλλακται 複数 ἠλλάγμεθα （＜ ἠλλάκ-μεθα）, ἤλλαχθε （＜ ἤλλακ-σθε）, ἠλλαγμένοι εἰσί(ν)

練習問題41-4

単数 πέφρασμαι （＜ πέφραδ-μαι）, πέφρασαι （＜ πέφραδ-σαι）, πέφρασται （＜ πέφραδ-ται） 複数 πεφράσμεθα （＜ πεφράδ-μεθα）, πέφρασθε （＜ πέφραδ-σθε）, πεφρασμένοι εἰσί(ν)

練習問題41-5

［男性］単数 γεγραμμένος, γεγραμμένον, γεγραμμένου, γεγραμμένῳ 複数 γεγραμμένοι, γεγραμμένους, γεγραμμένων, γεγραμμένοις ［女性］単数 γεγραμμένη, γεγραμμένην, γεγραμμένης, γεγραμμένῃ 複数 γεγραμμέναι, γεγραμμένᾱς, γεγραμμένων, γεγραμμέναις ［中性］単数 γεγραμμένον, γεγραμμένον, γεγραμμένου, γεγραμμένῳ 複数 γεγραμμένα, γεγραμμένα, γεγραμμένων, γεγραμμένοις

練習問題41-6

1. 真実はすでに見出されている。だが私はそれを話すことを望まない。（ヘー・アレーテイア・ヘーウレータイ・アッラ・タウテーン・レゲイン・ウーク・エテロー） 2. 研いで鋭くされた短刀のところまでそのヤギは来ている。（エイス・エーコネーメナース・マカイラース・ヘー・アイクス・ヘーケイ） 3. もう思案している時ではなく、思案し終えているべき時だ。（ウー・ブーレウエスタイ・エティ・ホーラー・アッラ・ベブーレウスタイ） 4. なぜなら次の夜にはそれらのことがすべて実行されていなくてはならないからだ。（テース・ガル・エピウーセース・ニュクトス・パンタ・タウタ・デイ・ペプラークタイ）
【注】完了形は「すでに...している／されている」の意味を意識して解釈しましょう。3は現在不定詞 βουλεύεσθαι（まさに思案している）と完了不定詞 βεβουλεῦσθαι（すでに思案し終えている）との対比がポイントです。

練習問題42-1

［能動態］単数 ἐκεκλήκη, ἐκεκλήκης, ἐκεκλήκει(ν) 複数 ἐκεκλήκεμεν, ἐκεκλήκετε, ἐκεκλήκεσαν
［中動／受動態］単数 ἐκεκλήμην, ἐκέκλησο, ἐκέκλητο 複数 ἐκεκλήμεθα,

ἐκέκλη**σθε**, ἐκέκλη**ντο**

練習問題 42-2　解答は省略。
練習問題 42-3　解答は省略。

練習問題 42-4

1. そのギリシャ人たちはいまやペルシャ人（複数）に勝利している。（ニューン・ホイ・ヘッレーネス・トゥース・ペルサース・ネニーケーカーシン）　2. そのギリシャ人たちはそのときすでにペルシャ人（複数）に勝利していた。（トテ・ホイ・ヘッレーネス・トゥース・ペルサース・エネニーケーケサン）　3. 私はすでにその大いなる真実を発見していたが、それを話さなかった。（テーン・メガレーン・アレーテイアン・ヘーウレーケー・アッラ・タウテーン・ウーク・エイポン）　4. その男がその手紙を書き終えているのをあなたは知らないのか？（ウーク・オイスタ・トン・アンドラ・テーン・エピストレーン・ゲグラポタ）

【注】まずは1の νενῑκήκᾱσιν（完了）と2の ἐνενῑκήκεσαν（過去完了）との違いを確認しましょう。また、完了や過去完了はその語形に「すでに」の意味が含まれているので、2や3のように ἤδη がなくても「すでに」と訳して構いません。

練習問題 43-1

［能動態］単数 γράφω, γράφῃς, γράφῃ　複数 γράφωμεν, γράφητε, γράφωσι(ν)
［中動／受動態］単数 γράφωμαι, γράφῃ, γράφηται　複数 γραφώμεθα, γράφησθε, γράφωνται

練習問題 43-2

［能動態］単数 γράψω, γράψῃς, γράψῃ　複数 γράψωμεν, γράψητε, γράψωσι(ν)
［中動態］単数 γράψωμαι, γράψῃ, γράψηται　複数 γραψώμεθα, γράψησθε, γράψωνται
［受動態］単数 γραφῶ, γραφῇς, γραφῇ　複数 γραφῶμεν, γραφῆτε, γραφῶσι(ν)

練習問題 43-3

［能動態］単数 γεγράφω, γεγράφῃς, γεγράφῃ　複数 γεγράφωμεν, γεγράφητε, γεγράφωσι(ν)
［中動／受動態］単数 γεγραμμένος ὦ, γεγραμμένος ᾖς, γεγραμμένος ᾖ　複数 γεγραμμένοι ὦμεν, γεγραμμένοι ἦτε, γεγραμμένοι ὦσι(ν)

練習問題 43-4

［能動態］ 単数 λίπω, λίπῃς, λίπῃ　複数 λίπωμεν, λίπητε, λίπωσι(ν)

［中動態］ 単数 λίπωμαι, λίπῃ, λίπηται　複数 λιπώμεθα, λίπησθε, λίπωνται

［受動態］ 単数 λειφθῶ, λειφθῇς, λειφθῇ　複数 λειφθῶμεν, λειφθῆτε, λειφθῶσι(ν)

練習問題 44-1

1．私たちは話そうか、それとも黙っていようか。（エイポーメン・エー・シーゴーメン）　2．食べて飲もうではないか。なぜなら明日、私たちは死ぬのだから。（パゴーメン・カイ・ピオーメン・アウリオン・ガル・アポトゥネーイスコメン）　3．それではあなたたち自身の裏切り者にならないようにせよ／自身を裏切ってはいけない。（メー・ウーン・プロドタイ・ゲネーステ・ヒューモーン・アウトーン）

【注】接続法の用法は1が思案・熟慮、2が主語の意志、3が〈μή ＋ 接続法・アオリスト〉の禁止表現です。

練習問題 44-2

1．異民族たちが私たちを見つけないように、私たちはここに留まろう。（アウトゥー・メノーメン・ホポース・メー・ホイ・バルバロイ・ヘーマース・ヘウローシン）　2．多くの者たちは食べるために生きているが、私は生きるために食べている。（ホイ・ポッロイ・ズドーシン・ヒナ・エスティオーシン・エゴー・デ・エスティオー・ヒナ・ズドー）　3．その船乗りたちは出口を見つけられないのではないかと恐れている。（ホイ・ナウタイ・ポブーンタイ・メー・エクソドン・ウーク・ヘウローシン）　4．その男が逃げるとそのたびに兵士たちは彼を追いかける。（エアーン・ホ・アネール・ペウゲーイ・ホイ・ストラティオータイ・アウトン・ディオークーシン）　5．その男が逃げるならば、兵士たちは彼を追いかけるだろう。（エアーン・ホ・アネール・ペウゲーイ・ホイ・ストラティオータイ・アウトン・ディオークスーシン）

【注】1の μένωμεν は主文における接続法、それ以外の接続法は副文における用法です。本文の解説と上記の訳を参考にして、どれがどの用法かを確認してください。

練習問題 45-1

［能動態］ 単数 γράφοιμι, γράφοις, γράφοι　複数 γράφοιμεν, γράφοιτε, γράφοιεν

［中動／受動態］ 単数 γραφοίμην, γράφοιο, γράφοιτο　複数 γραφοίμεθα, γράφοισθε, γράφοιντο

練習問題 45-2

［能動態］ 単数 γράψαιμι, γράψαις（または γράψειας）, γράψαι（または γράψειε(ν)）

複数 γράψαιμεν, γράψαιτε, γράψαιεν（または γράψειαν）

［中動態］単数 γραψαίμην, γράψαιο, γράψαιτο　複数 γραψαίμεθα, γράψαισθε, γράψαιντο

［受動態］単数 γραφείην, γραφείης, γραφείη　複数 γραφεῖμεν, γραφεῖτε, γραφεῖεν（または γραφείημεν, γραφείητε, γραφείησαν）

練習問題 45-3

［能動態］単数 γεγράφοιμι, γεγράφοις, γεγράφοι　複数 γεγράφοιμεν, γεγράφοιτε, γεγράφοιεν

［中動／受動態］単数 γεγραμμένος εἴην, γεγραμμένος εἴης, γεγραμμένος εἴη　複数 γεγραμμένοι εἶμεν, γεγραμμένοι εἶτε, γεγραμμένοι εἶεν（または γεγραμμένοι ＋ εἴημεν, εἴητε, εἴησαν）

練習問題 45-4

［能動態］単数 λίποιμι, λίποις, λίποι　複数 λίποιμεν, λίποιτε, λίποιεν

［中動態］単数 λιποίμην, λίποιο, λίποιτο　複数 λιποίμεθα, λίποισθε, λίποιντο

［受動態］単数 λειφθείην, λειφθείης, λειφθείη　複数 λειφθεῖμεν, λειφθεῖτε, λειφθεῖεν（または λειφθείημεν, λειφθείητε, λειφθείησαν）

練習問題 45-5

単数 σταίην, σταίης, σταίη　複数 σταῖμεν, σταῖτε, σταῖεν

練習問題 46-1

1. あなたは同じ川に2度入ることはできない。（ディス・エイス・トン・アウトン・ポタモン・ウーク・アン・エンバイエース）　2. 私たちはできることなら／もし可能ならその川にまた入りたい。（ブーロイメタ・アン・エイス・トン・ポタモン・アウティス・エンベーナイ）　3. その川にまた入ることができればな。（エイ・ガル・アウティス・エンバイエーン・エイス・トン・ポタモン）
【注】希求法の用法は1が可能性、2が控えめな表現、3が願望です。

練習問題 46-2

1. 異民族たちが私たちを見つけないように、私たちはその場所に／ここに留まった。（アウトゥー・エメイナメン・ホポース・メー・ホイ・バルバロイ・ヘーマース・ヘウロイエン）　2. 私たちの友人がその戦いから帰ってこないのではないかと／帰ってこないことを私たちは恐れた。（エポベーテーメン・メー・ホ・ヘーメテロス・ピロス・エク・テース・マケース・ウーク・エパネルコイト）　3. 私たちの友人がその戦いで死ぬのではないかと／死ぬことを私たちは恐れた。（エポベーテーメン・メー・ホ・

301

ヘーメテロス・ピロス・エン・テーイ・マケーイ・アポタノイ） 4．その友人は死な
ない（だろう）と私たちの仲間は言った。（ホイ・ヘーメテロイ・ヘタイロイ・エイポ
ン・ホティ・ホ・ピロス・ウーク・アポタノイト）

【注】いずれの希求法も副文における用法です。4の ἀποθανοῖτο を ἀποθνῄσκοι（希
求法・現在）にすると「死に向かっていない／死にそうにない（と言った）」の意味に、
ἀποθάνοι（希求法・アオリスト）にすると「死ななかった（と言った）」の意味にな
ります。

練習問題46-3

1．もしアテーナイ人たちが攻め寄せるならば、シュラークーサイ人たちは退却するだ
ろう／かもしれない。（エイ・エピオイエン・ホイ・アテーナイオイ・ホイ・シュラー
コシオイ・アン・ヒュポコーレーサイエン） 2．アテーナイ人たちが攻め寄せると、
そのたびにシュラークーサイ人たちは退却した。（エイ・エピオイエン・ホイ・アテー
ナイオイ・ホイ・シュラーコシオイ・ヒュペコールーン） 3．私たちが金銭を持って
いたときには、私たちは友達を持っていた／友達がいた。（ホテ・エコイメン・クレー
マタ・エイコメン・ピルース）

【注】本文の解説と上記の訳を参考にして、どれがどの用法かを確認してください。

練習問題47-1

［能動態］単数 θῶ, θῇς, θῇ　複数 θῶμεν, θῆτε, θῶσι(ν)

［中動態］単数 θῶμαι, θῇ, θῆται　複数 θώμεθα, θῆσθε, θῶνται

［受動態］単数 τεθῶ, τεθῇς, τεθῇ　複数 τεθῶμεν, τεθῆτε, τεθῶσι(ν)

練習問題47-2

1．単数 στήσω, στήσῃς, στήσῃ　複数 στήσωμεν, στήσητε, στήσωσι(ν)

2．単数 στήσωμαι, στήσῃ, στήσηται　複数 στησώμεθα, στήσησθε, στήσωνται

3．単数 στῶ, στῇς, στῇ　複数 στῶμεν, στῆτε, στῶσι(ν)

練習問題47-3

［能動態］単数 θείην, θείης, θείη　複数 θεῖμεν, θεῖτε, θεῖεν（または θείημεν,
θείητε, θείησαν）

［中動態］単数 θείμην, θεῖο, θεῖτο　複数 θείμεθα, θεῖσθε, θεῖντο

［受動態］単数 τεθείην, τεθείης, τεθείη　複数 τεθεῖμεν, τεθεῖτε, τεθεῖεν（または
τεθείημεν, τεθείητε, τεθείησαν）

練習問題47-4

[能動態] 単数 ἱσταίην, ἱσταίης, ἱσταίη　複数 ἱσταῖμεν, ἱσταῖτε, ἱσταῖεν（または ἱσταίημεν, ἱσταίητε, ἱσταίησαν）

[中動／受動態] 単数 ἱσταίμην, ἱσταῖο, ἱσταῖτο　複数 ἱσταίμεθα, ἱσταῖσθε, ἱσταῖντο

練習問題48-1

[能動態] 2人称：単数 ἄκουε　複数 ἀκούετε　3人称：単数 ἀκουέτω　複数 ἀκουόντων

[中動／受動態] 2人称：単数 ἀκούου　複数 ἀκούεσθε　3人称：単数 ἀκουέσθω 複数 ἀκουέσθων

練習問題48-2

[能動態] 2人称：単数 ἄκουσον　複数 ἀκούσατε　3人称：単数 ἀκουσάτω　複数 ἀκουσάντων

[中動態] 2人称：単数 ἄκουσαι　複数 ἀκούσασθε　3人称：単数 ἀκουσάσθω 複数 ἀκουσάσθων

[受動態] 2人称：単数 ἀκούσθητι　複数 ἀκούσθητε　3人称：単数 ἀκουσθήτω 複数 ἀκουσθέντων

練習問題48-3

[能動態] 2人称：単数 λαβέ　複数 λάβετε　3人称：単数 λαβέτω　複数 λαβόντων

[中動態] 2人称：単数 λάβου　複数 λάβεσθε　3人称：単数 λαβέσθω　複数 λαβέσθων

[受動態] 2人称：単数 λήφθητι　複数 λήφθητε　3人称：単数 ληφθήτω　複数 ληφθέντων

練習問題48-4

1. 友人を悪く言わず、敵対者をよく言わないようにせよ。（トン・ピロン・カコース・メー・レゲ・メーデウ・トン・エクトロン）　2. 飲んでいるときに多くのことを話してはならない。（ピーノーン・メー・ポッラ・ラレイ）　3. 老年を恐れよ。なぜならそれは単独では来ないから。（ポブー・ト・ゲーラス・ウー・ガル・エルケタイ・モノン）　4. ライオンが私を食え、そしてキツネは（私を）食うな。（パゲトー・メ・レオーン・カイ・メー・アローペークス）

　本書の例文と練習問題に出てくる語彙のリストです。動詞は基本的に1人称・単数（1st. sg.）の語形で提示しています。* を付した動詞は各時制の基本形（直説法の1st. sg.）を262-269ページで確認できます。合成動詞は接頭辞を外した語形を調べてください。

■ α ■

ἀγαθός, -ή, -όν　よい、優れた

ἀγγέλλω*　報告する、知らせる

ἄγγελος, -ου, ὁ　使者、報告者

ἀγοράζω　（アゴラーで）買う［cf. ἀγορά［ā］
　アゴラー（人々の集まるポリス生活の中心）］

ἀγρός, -οῦ, ὁ　畑、原

ἄγω*　導く、もたらす

ἀδελφός, -ή, -όν　兄弟／姉妹の
　¶ ἀδελφός, -οῦ, ὁ　兄、弟
　¶ ἀδελφή, -ῆς, ἡ　姉、妹

ἀδικίᾱ, -ᾱς, ἡ　不正、悪行［cf. δίκη］

ἀδύνατος, -ον　力がない、無力な、不可能な［cf. δύναμις］

ᾄδω［< ἀείδω］　歌う

ἀεί［ā］　いつも、常に

ἀθάνατος, -ον　不死なる［cf. θάνατος　死］

Ἀθῆναι, -ῶν, αἱ　アテーナイ［都市名］
　¶ アッティカ地方の中心都市。常に複数形。

Ἀθηναῖος, -ᾱ, -ον　アテーナイの
　¶ Ἀθηναῖος, -ου, ὁ　アテーナイ人

αἴξ, αἰγός, ὁ／ἡ　山羊（ヤギ）

αἱρέω*　手に取る、つかむ、捕まえる；［中］選ぶ

αἰσχρός, -ά, -όν　醜い、恥ずべき、不名誉な

αἰτέω　求める、頼む

ἀκονάω　研ぐ、鋭くする

ἀκούσομαι　ἀκούω の直説法・未来
　¶ 中動態の語形だが意味は能動。

ἀκούω*　聞く／聴く

Ἀκταίων, -ωνος, ὁ　アクタイオーン［人名］
　¶ 女神アルテミスの裸身を目にして鹿に変えられ、自身の猟犬に襲われた。

Ἀλέξανδρος, -ου, ὁ　アレクサンドロス［人名］
　¶ トロイアーの王子パリスの別名。有名なマケドニア王の名でもある。

ἀλήθεια, -ᾱς, ἡ　真実

ἀληθῆ　ἀληθής の男性・単数・対格または中性・複数・主／対格

ἀληθής, -ές　真実の［cf. ἀλήθεια］

ἀλλά　だが、しかし［逆接を示す］
　¶ οὐ ... ἀλλά ... は「...ではなく...」の意味（not ... but ...）。

ἀλλήλους, -ᾱς, -α　お互い
　¶ 属格の ἀλλήλων が見出し語になることも多い。

ἄλλος, -η, -ο　他の...

ἀλλότριος, -ᾱ, -ον　他人の、異国の

ἀλώπηξ, -εκος, ἡ　狐（キツネ）

ἀμαθής, -ές　無学の、無知の［cf. μανθάνω］

ἁμαρτάνω　失敗する、間違いを犯す

ἁμαρτεῖν　ἁμαρτάνω のアオリスト不定詞

ἁμάρτημα, -ατος, τό　失敗、間違い

ἄν　236 ページの囲みを参照

ἀνα|γιγνώσκω*　読む、読み上げる

ἀνάγκη, -ης, ἡ　必然、必要、強制力

ἄναξ, ἄνακτος, ὁ　支配者、領主、王

ἀνα|τρέφω*　養う、育てる

ἄνδρα　ἀνήρ の単数・対格

ἄνδρας　ἀνήρ の複数・対格

ἀνδράσι(ν)　ἀνήρ の複数・与格

ἀνδρείᾱ, -ᾱς, ἡ　男らしさ、勇敢さ［cf. ἀνήρ］

ἀνδρείως　男らしく、勇敢に［cf. ἀνδρεῖος　男らしい］

ἀνδρί　ἀνήρ の単数・与格

ἄνεμος, -ου, ὁ　風

ἀν|έρχομαι*　帰る、戻る

ἀν|ετράφην　ἀνα|τρέφω の直説法・アオリスト（受動態）

ἀνήρ, ἀνδρός, ὁ　（一人前の）男、夫、人間
　¶ アクセントは πατήρ（87 ページ）に倣う。

ἀν|ηρχόμην　ἀν|έρχομαι の未完了過去

ἄνθρωπος, -ου, ὁ　人間

ἅπαξ　1 回、1 度だけ

ἀπ|έβην　ἀπο|βαίνω の直説法・アオリスト

ἀπ|έθανον　ἀπο|θνῄσκω の直説法・アオリスト

ἀπ|εκρῑνάμην　ἀπο|κρίνομαι [ῑ] の直説法・アオリスト

ἀπ|έρχομαι*　離れてゆく、たち去る

ἀπ|έχω*　1. 遠ざける、離しておく　2. 離れている

ἀπ|ῆλθον　ἀπ|έρχομαι の直説法・アオリスト

ἁπλόος, -η, -ον　単純な [第 19 課]

ἀπό（＋ 属格）…から、…から離れて

ἀπο|βαίνω*　離れる、去る

ἀπο|βάς [ᾱ], -βᾶσα, -βάν　ἀπο|βαίνω のアオリスト分詞

ἀπο|θανοίμην　ἀπο|θνῄσκω の希求法・未来

ἀπο|θάνοιμι　ἀπο|θνῄσκω の希求法・アオリスト

ἀπο|θανόντα　ἀπο|θανών の男性・単数・対格または中性・複数・主／対格

ἀπο|θανών, -οῦσα, -όν　ἀπο|θνῄσκω のアオリスト分詞

ἀπο|θανοῦμαι　ἀπο|θνῄσκω の直説法・未来
¶ 中動の語形で「死ぬ」の意味（能動の意味）を表す。

ἀπο|θανούμενος, -η, -ον　ἀπο|θνῄσκω の未来分詞 [cf. ἀπο|θανοῦμαι]

ἀπο|θνῄσκοντα　ἀπο|θνῄσκων の男性・単数・対格または中性・複数・主／対格

ἀπο|θνῄσκω*　死ぬ、殺される

ἀπο|θνῄσκων, -ουσα, -ον　ἀπο|θνῄσκω の現在分詞

ἀπο|κρίνομαι* [ῑ]　返事をする、答える

ἀπο|κτείνω*　殺す

ἀπο|κτενῶ　ἀπο|κτείνω の直説法・未来

ἀπο|κτενῶν, -οῦσα, -οῦν　ἀπο|κτείνω の未来分詞 [cf. ἀπο|κτενῶ]

Ἀπόλλων, -ωνος, ὁ　アポッローン [神名]
¶ 予言と弓術・医学などを司る神。

ἀπορέω　途方に暮れる、困惑する

ἀπο|φεύγω*　逃げる、逃れる

ἆρα　…か？（疑問文の目印）

ἀργύρεος, -ᾱ, -ον　銀の [第 19 課]

ἀρέσκω（＋ 与格）…を喜ばせる

Ἀριστοτέλης, -ους, ὁ　アリストテレース
¶ 古代ギリシャを代表する哲学者。

ἁρμονίᾱ, -ᾱς, ἡ　調和

ἄρτος, -ου, ὁ　パン

ἀρχή, -ῆς, ἡ　始まり、起源、原因

ἄρχω*　始める、先頭に立つ [cf. ἀρχή]

ἄρχων, -οντος, ὁ　統治者、第 1 番目の者 [cf. ἀρχή / ἄρχω]

ἀσθενέστερος, -ᾱ, -ον　ἀσθενής の比較級

ἀσθενής, -ές　力がない、弱い [cf. σθένος 力]

ἀσπίς, -ίδος, ἡ　（円い形状の）盾

ἄστυ, -εως, τό　町、都市

ἀτυχίᾱ, -ᾱς, ἡ　不幸、災難、運のなさ [cf. τύχη 運、偶然]

αὖθις　ふたたび、また

αὔριον　明日（tomorrow）

αὐτός, -ή, -ό　1. 自身、まさにその…　2. 同じ…　3. 彼、彼女、それ [第 14 課]

αὐτοῦ　まさにその場所で／に、ここで／に

ἀφ|ικνέομαι*　至る、到着する

Ἀφροδίτη [ῑ], -ης, ἡ　アプロディーテー [神名]
¶ 美と愛欲の女神。

Ἀχιλλεύς, -έως, ὁ　アキッレウス [人名]
¶ トロイアー戦争の英雄で『イーリアス』の主人公。

ἄχυρον, -ου, τό　籾殻（もみがら）

■ β ■

βαδίζειν　βαδίζω の現在不定詞

βαδίζω　歩く、走らずに進む

βαίνω*　歩く、進む

βάλλω*　投げる、（投げて）打ち当てる

βάρβαρος, -ον　非ギリシャの、異民族の
¶ βάρβαροι, -ων, οἱ　非ギリシャ人、異民族

βασιλεύς, -έως, ὁ　王、支配者

βέβαιος, -ᾱ, -ον　しっかりした、堅固な、確実な

βεβουλεῦσθαι　βουλεύω の完了不定詞（中

βιβλίον, -ου, τό　本、巻物

βίος, -ου, ὁ　生命、生活、人生

βλάπτω　害する、傷つける

βλέπω　見る、目を向ける

βουλεύεσθαι　βουλεύω の現在不定詞（中動／受動態）

βουλεύω　相談する、審議する、思案する

βουλοίμην　βούλομαι の希求法・現在

βούλομαι*　望む、...しようと思う

βραδέως　ゆっくり

βραχύς, -εῖα, -ύ　短い、小さい

■ γ ■

γάρ　すなわち，なぜなら［前文への説明を示す］

γαστέρα　γαστήρ の単数・対格

γαστήρ, -τρός, ἡ　腹、腹部

γεγραμμένος, -η, -ον　γράφω の完了分詞(中動／受動態)

γέγραφα　γράφω の直説法・完了

γεγραφότα　γεγραφώς の男性・単数・対格または中性・複数・主／対格

γεγραφώς, -υῖα, -ός　γράφω の完了分詞

γείτων, -ον　隣の、近隣の
¶ γείτων, -ονος ὁ / ἡ　隣人

γέλᾱ（＜ γέλα-ε）　γελάω の命令法・現在 2nd. sg.

γελάσω　γελάω の接続法・アオリスト

γελάω*　笑う

γένωμαι　γίγνομαι の接続法・アオリスト

γέρων, -οντος, ὁ　老人

γῆ, γῆς, ἡ　大地、世界

γῆρας, -ως, τό　老年、高齢

γίγνομαι*　生じる、...になる

γιγνώσκω*　知る、気づく

γλῶττα, -ης, ἡ　舌、言語

γνῶθι　γιγνώσκω の命令法・アオリスト 2nd. sg.

γνώμη, -ης, ἡ　知覚、判断、考え

γνώριμος, -η, -ον　よく知られた、有名な

γραπτέος, -ᾱ, -ον　γράφω の動形容詞［181 ページ］

γράφειν　γράφω の現在不定詞

γράφω　（文字や線画を）書く

γράφων, -ουσα, -ον　γράφω の現在分詞

γράψαι　γράφω のアオリスト不定詞

γράψᾱς, -ᾱσα, -αν　γράφω のアオリスト分詞

γράψειν　γράφω の未来不定詞

γράψω　γράφω の直説法・未来

γυνή, γυναικός, ἡ　女、妻

■ δ ■

δάκνω*　かむ、かみつく

δακρύω　涙を流す、泣く［cf. δάκρυον　涙］

δέ　1. そして、だが（軽い接続表現）　2. μέν とのコンビネーションで対比を示す。［76 ページ］

δεῖ*（＋ 不定詞）　...する必要がある、...しなければならない［非人称動詞］

δείκνῡμι*　提示する、示す、明らかにする

δεινός, -ή, -όν　恐ろしい、並外れた、巧みな

δεινότατος, -η, -ον　δεινός の最上級

δεινότερος, -ᾱ, -ον　δεινός の比較級

δέκατος, -η, -ον　第 10 の、10 番目の

Δελφοί, -ῶν, οἱ　デルポイ［地名］
¶ アポッローンの神託で名高い聖域。

δένδρον, -ου, τό　木、樹木

δεσπότης, -ου, ὁ　主人、所有者

δή　前の語を強調する小辞

δῆμος, -ου, ὁ　民衆、(行政的な) 区

δηχθείς, -εῖσα, -έν　δάκνω のアオリスト分詞（受動態）

διά（＋ 対格）　...のゆえに；（＋ 属格）...を通って／通して

δια|βαίνω*　（川などを）渡る、越える

δια|βεβηκόσι(ν)　δια|βεβηκώς の男性または中性・複数・与格

δια|βεβηκώς, -υῖα, -ός　δια|βαίνω の完了分詞

δια|λέγεσθαι　δια|λέγομαι の現在不定詞

δια|λέγομαι*（＋ 与格）　...と会話をする、話しあう

δια|σπάω　切り裂く、引き裂く

διδάσκαλος, -ου, ὁ　教師、指導者

διδάσκω*　教える

δίδωμι*　与える、許す

δι|έσπασα　δια|σπάω の直説法・アオリスト

δίκαιος, -ᾱ, -ον　正当な、正しい、公正な

δίκη, -ης, ἡ　正義、正しさ

Διογένης, -ους, ὁ　ディオゲネース［人名］
　　¶ 酒樽に住んだとされる犬儒派の哲学者。

Διόνῡσος, -ου, ὁ　ディオニューソス［神名］
　　¶ ぶどう酒と豊穣の神。

διότι　…だから（because）

δίς　2 回、2 倍

διώκω*　追いかける、追い求める

διώξω　διώκω の直説法・未来

δοκέω*（＋不定詞）…と思う／考える
　　¶ 非人称動詞 δοκεῖ として「よいと思われ
　　　る」や「決定する」の意味を表す。

δόξα, -ης, ἡ　（主観的な）考え、印象、名声

δοῦλος, -ου, ὁ／ἡ　奴隷

δουλόω　奴隷にする、隷属させる

δράω　行なう、実行する

δύναμαι　力がある、…できる

δύναμις, -εως, ἡ　力、価値、意味

δύο　2 つの、2 人の（two）

δυοῖν　δύο の属格または与格

δυσμενής, -ές　悪意のある、敵意を持つ

δῶρον, -ου, τό　贈り物、捧げ物

δώσω　δίδωμι の直説法・未来

■ ε ■

ἐάν [ᾱ]　εἰ + ἄν の縮約形

ἔαρ, ἔαρος, τό　春

ἑαυτόν, -ήν, -ό　彼自身、彼女自身、それ自体
　　¶ 属格の ἑαυτοῦ が見出し語になることも
　　　多い。

ἕβδομος, -η, -ον　第 7 の、7 番目の

ἐγείρω*　目覚めさせる

ἔγραψα　γράφω の直説法・アオリスト

ἐγώ　「私」の主格

ἐδίωκον　διώκω の未完了過去

ἐδίωξα　διώκω の直説法・アオリスト

ἔδομαι　ἐσθίω の直説法・未来（中動態）

ἔδοξε(ν)　δοκεῖ の直説法・アオリスト

ἔδρᾱσα　δράω の直説法・アオリスト

ἐθέλω*（または θέλω）望む、欲する

ἔθνος, -ους, τό　人々、部族、民族

ἔθρεψα　τρέφω の直説法・アオリスト
　　¶ グラスマンの法則［105 ページ］を確認。

εἰ　1. …ならば　2. …かどうか（if）
　　¶〈εἰ ἄν + 接続法〉で鮮明な未来の条件を
　　　表す。
　　¶〈εἰ γάρ + 希求法〉で未来に対する願望
　　　を表す。

εἶ　εἰμί の直説法・現在 2nd. sg.

εἶδον　ὁράω の直説法・アオリスト

εἴθε（＋ 希求法）未来に対する願望を表す。

εἰμί*　1. …である　2. …がある／いる［第
　　7 課］

εἶμι　203 ページ

εἶναι　εἰμί の現在不定詞（…であること）

εἶπον　λέγω の直説法・アオリスト

εἴπω　λέγω の接続法・アオリスト

εἰς（＋ 対格）…の中へ、…に至るまで

εἷς, μία, ἕν　1 つの、1 人の（one）

εἰσ|άγω*　導き入れる、持ち込む

εἰσ|έρχομαι*　中に入る／進む

εἰσ|ήγαγον　εἰσ|άγω の直説法・アオリスト

εἰσ|ῆλθον　εἰσ|έρχομαι の直説法・アオリス
　　ト

εἰσί(ν)　εἰμί の直説法・現在 3rd. pl.

εἰσ|οράω*　覗き込む、見つめる

εἶχον　ἔχω の未完了過去

ἐκ（＋ 属格）…の中から／外へ、…から
　　¶ 母音の前では ἐξ になる。

ἐκάλεσα　καλέω の直説法・アオリスト

ἕκαστος, -η, -ον　それぞれの…
　　¶ ἕκαστος, -ου, ὁ　それぞれの人、各人

ἐκ|βάλλω*　外に投げる、追放する

ἐκεῖνος, -η, -ο　あの…［第 35 課］

ἐκέλευσα　κελεύω の直説法・アオリスト

ἐκολάσθην　κολάζω の直説法・アオリスト
　　（受動態）

ἑκουσίως　自発的に、みずから進んで

ἐκ|τρέχω*　外へ駆ける、出撃する

ἔλαβον　λαμβάνω の直説法・アオリスト

ἔλεξα　λέγω の直説法・アオリスト

ἔλθω　ἔρχομαι の接続法・アオリスト

307

Ἑλλάς, -άδος, ἡ　ヘッラス[ギリシャの呼称]

Ἕλληνες, -ων, οἱ　ヘッレーネス［ギリシャ人の呼称］

Ἕλλησι(ν)　Ἕλληνες の与格

ἕλοιμι　αἱρέω の希求法・アオリスト

ἐλπίς, -ίδος, ἡ　希望、予期、不安

ἕλω　αἱρέω の接続法・アオリスト

ἐμαυτόν, -ήν　私自身

¶ 属格の ἐμαυτοῦ, -ῆς が見出し語になることも多い。

ἐμ|βαίην　ἐμ|βαίνω の希求法・アオリスト

ἐμ|βαίνω*　（歩いて）中に入る、踏みつける

ἐμ|βῆναι　ἐμ|βαίνω のアオリスト不定詞

ἐμέ　「私」の対格

ἔμεινα　μένω の直説法・アオリスト

ἐμοί　「私」の与格

ἐμός, -ή, -όν　私の...

ἐμοῦ　「私」の属格

ἐμ|πίπτω* [ῑ]　中に／上に落ちる、陥る、降りかかる

ἔμπορος, -ου, ὁ　旅人、商人

ἐν（＋ 与格）　...の中で／に

ἐναντίος, -ᾱ, -ον（＋ 与格）　...と反対の、対立する

ἐναντιώτατος, -η, -ον　ἐναντίος の最上級

ἐνενῑκήκη　νῑκάω の過去完了

ἐν|έπεσον　ἐμ|πίπτω [ῑ] の直説法・アオリスト

ἔν|εστι(ν)　...できる、可能である［非人称動詞］

ἔνθα　1. そこで、そのとき　2. そこへ

ἐννέα　9 つの、9 人の（nine）

ἐν|οικέω　（...の中に）住む［第 18 課］

ἐνόμιζον　νομίζω の未完了過去

ἐξ　ἐκ を参照

ἐξ|έδραμον　ἐκ|τρέχω の直説法・アオリスト

ἔξ|εστι(ν)　許されている、可能である［非人称動詞］

ἔξοδος, -ου, ἡ　外へ出る道、出口

ἔπαιζον　παίζω の未完了過去

ἐπ|αινέσαιμι　ἐπ|αινέω の希求法・アオリスト

ἐπ|αινέσω　ἐπ|αινέω の直説法・未来

ἐπ|αινέσων, -ουσα, -ον　ἐπ|αινέω の未来分詞

ἐπ|αινέω　褒める、称賛する、承認する

ἔπαισα　παίζω の直説法・アオリスト

ἐπαν|ερχοίμην　ἐπαν|έρχομαι の希求法・現在

ἐπαν|έρχομαι*　帰る、戻る［ἐπί ＋ ἀν|έρχομαι］

ἐπαυσάμην　παύω の直説法・アオリスト（中動態）

ἔπ|ειμι¹*（εἰμί）　上にある、すぐそこにある

ἔπ|ειμι²（εἶμι）　やって来る、近づく、攻め寄せる

ἔπεισα　πείθω の直説法・アオリスト

ἐπ|ῄνει　ἐπ|αινέω の未完了過去 3rd. sg.［142 ページ］

ἐπ|ῄνεσα　ἐπ|αινέω の直説法・アオリスト

ἐπί（＋ 対格）...の上へ；（＋ 属／与格）...の上で／に

ἔπῑον　πίνω [ῑ] の直説法・アオリスト

ἐπ|ίοιμι　ἔπ|ειμι² の希求法・現在

ἐπιστολή, -ῆς, ἡ　手紙

ἐπ|ιών, -οῦσα, -όν　ἔπ|ειμι² の現在分詞

¶ ἡ ἐπιοῦσα ἡμέρᾱ で「翌日」の意味。

ἐποίησα　ποιέω の直説法・アオリスト［145 ページ］

ἐποίουν　ποιέω の未完了過去［142 ページ］

ἐράω　愛する、恋する、熱望する

ἐρίζω（＋ 与格）　...と争う、張り合う

ἔρις, -ιδος, ἡ　争い、不和

Ἑρμῆς, -οῦ, ὁ　ヘルメース［神名］

¶ 境界を越える神。旅人や商人を守護する。

ἔρχομαι*　進む、行く、来る

ἔρως, -ωτος, ὁ　愛欲、欲望、（pl. で）情事

ἐρωτάω　尋ねる、求める

ἐρωτήσω　ἐρωτάω の直説法・未来

ἐς　前置詞 εἰς の別形

ἐσθίω*　食べる

ἐστί(ν)　εἰμί の直説法・現在 3rd. sg.

ἑταίρᾱ, -ᾱς, ἡ　（女の）友だち、仲間

ἑταῖρος, -ου, ὁ　（男の）友だち、仲間

ἔτι　相変わらず、依然として、まだ...

¶ οὐ ＋ ἔτι で「もう...ない」の意味［cf.

οὐκέτι]。

ἐτύγχανον　τυγχάνω の未完了過去

εὖ　よく、上手に、十分に

εὐβουλίᾱ, -ᾱς, ἡ　賢明さ、分別、熟慮

εὐεργέτης, -ου, ὁ　恩人、功労者

εὑρεῖν　εὑρίσκω のアオリスト不定詞

εὑρίσκω*　見つける、気づく

εὕροιμι　εὑρίσκω の希求法・アオリスト

εὕρω　εὑρίσκω の接続法・アオリスト

εὔφρων, -ον　陽気な、楽しい

εὔχεσθαι　εὔχομαι の現在不定詞

εὔχομαι　祈る、願う、誓う、約束する

ἔφαγον　ἐσθίω の直説法・アオリスト

ἐφηνάμην　φαίνω の直説法・アオリスト（中動態）

ἐφίλουν　φιλέω の未完了過去［142 ページ］

ἐφοβήθην　φοβέομαι の直説法・アオリスト（受動態）

ἐφοβούμην　φοβέομαι の未完了過去

ἔφυγον　φεύγω の直説法・アオリスト

ἔφῡν　φύω［ῡ］のアオリストで「生まれた」や「(生まれつき)...である」の意味

ἐχθές　χθές の別形

ἐχθρός, -ά, -όν　敵対する、敵意のある
　¶ ἐχθρός, -οῦ, ὁ　（個人的／政治的な）敵対者

ἔχοιμι　ἔχω の希求法・現在

ἔχουσαν　ἔχων の女性・単数・対格

ἔχω*　1. 持つ、保つ　2.（＋副詞）...な状態にある

ἔχων, -ουσα, -ον　ἔχω の現在分詞

■ ζ ■

ζάω　生きる、生活する［236 ページ］

Ζεύς, Διός, ὁ　ゼウス［神名］
　¶ 天候を司るギリシャ神話の最高神。

ζῆν　ζάω の現在不定詞

ζητέω　探し求める

ζῷον, -ου, τό　生き物、動物［cf. ζάω］

■ η ■

ἡ　定冠詞 ὁ の女性・単数・主格

ἤ　1. あるいは（or）　2. ...よりも（than）

ἥβη, -ης, ἡ　青春、若さの盛り

ἤγαγον　ἄγω の直説法・アオリスト

ἡγεμών, -όνος, ὁ　先導する者、案内人、指揮官

ἠγόραζον　ἀγοράζω の未完了過去

ἠγόρασα　ἀγοράζω の直説法・アオリスト

ἤδη　すでに、もう

ἡδονή, -ῆς, ἡ　快楽、快さ、喜び

ἡδύς, -εῖα, -ύ　快い、好ましい

ἠκονημένος, -η, -ον　ἀκονάω の完了分詞（中動／受動態）

ἤκουσα　ἀκούω の直説法・アオリスト

ἥκω　（ここに）来ている、達している
　¶ 現在完了的な意味（have come）を表す。

ἦλθον　ἔρχομαι の直説法・アオリスト

ἥμαρτον　ἁμαρτάνω の直説法・アオリスト

ἡμᾶς　「私たち」の対格

ἡμέρᾱ, -ᾱς, ἡ　日（day）、昼（明るい時間）

ἡμέτερος, -ᾱ, -ον　私たちの...

ἡμῖν　「私たち」の与格

ἡμῶν　「私たち」の属格

ἦν　εἰμί の未完了過去 1st. sg. または 3rd. sg.［141 ページ］

Ἡρακλῆς, -έους, ὁ　ヘーラクレース［人名］
　¶ 12 の難行で有名なギリシャ神話最大の英雄。

ἠρξάμην　ἄρχω の直説法・アオリスト（中動態）

ἠρώτησα　ἐρωτάω の直説法・アオリスト

ᾔτησα　αἰτέω の直説法・アオリスト

ηὑρήκη　εὑρίσκω の過去完了

ηὕρημαι（または εὕρημαι）　εὑρίσκω の直説法・完了（中動／受動態）

■ θ ■

θάλαττα, -ης, ἡ　海

θανών, -οῦσα, -όν　(ἀπο)θνῄσκω のアオリスト分詞

θαῦμα, -ατος, τό　驚くべきもの／こと、驚異、驚き

θαυμάζειν　θαυμάζω の現在不定詞

θαυμάζω　驚く、驚嘆／感嘆する

θάπτω　埋葬する、葬る

309

θάψων, -ουσα, -ον　θάπτω の未来分詞

θεά [ᾱ], -ᾶς, ἡ　女神［θεός の特別な女性形］

θεός, -οῦ, ὁ／ἡ　神

θήρᾱ, -ᾱς, ἡ　狩猟、狩り

θηρίον, -ου, τό　獣、野獣

θνῄσκειν　θνῄσκω の現在不定詞

θνῄσκω*　死ぬ［接頭辞 ἀπο- を伴うことが多い］

θνητός, -ή, -όν　（やがて）死すべき、永続しない

θυγάτηρ, -τρός, ἡ　娘

θύρᾱζε　戸口へ、戸外へ［cf. θύρᾱ　扉］

θύω [ῡ]¹　犠牲を捧げる

θύω [ῡ]²　激しく動く、荒れ狂う

■ ι ■

ἴδιος, -ᾱ, -ον　自分の、特有の

ἱερεύς, -έως, ὁ　神官、祭司［cf. ἱερός］

ἱερός, -ά, -όν　神聖な

¶ ἱερόν, -οῦ, τό　捧げ物、供物

ἵνα（＋ 接続法／希求法）　…するために／ように

ἵππος, -ου, ὁ／ἡ　馬

ἰσχῡρός, -ά, -όν　力が強い、強力な、激しい

■ κ ■

καί　1. そして（and）2. …も、…さえ（also／even）

¶ καὶ ... καὶ ...　…も…も（both ... and ...）

καίπερ（＋ 分詞）　…けれど、たとえ…でも

καίω*　火をつける、焼く

κακός, -ή, -όν　悪い、酷い、劣悪な

κακῶς　悪く、酷く

καλέω*　呼ぶ、呼び集める

κάλλιστος, -η, -ον　καλός の最上級

καλός, -ή, -όν　美しい、立派な

καλῶς　美しく、立派に、（状態が）よく

καπνός, -οῦ, ὁ　煙

καρκίνος, -ου, ὁ　蟹（カニ）

καρπός, -οῦ, ὁ　果実、作物

κατά（＋ 対格）…に沿って下へ、…に従って、…によれば；（＋ 属格）…から下へ

κατάσκοπος, -ου, ὁ　偵察者、密偵

κατήγορος, -ου, ὁ　告発者、告訴をする人

κάτοπτρον, -ου, τό　鏡（姿を映すもの）

καυθείς, -εῖσα, -έν　καίω のアオリスト分詞（受動態）

κελεύσᾱς, -ᾱσα, -αν　κελεύω のアオリスト分詞

κελεύω　命じる、…させる

κῆρυξ, -ῡκος, ὁ　使節、（集会の）触れ役

κῑνέω　動かす

κολάζω　抑える、罰する、矯正する

κολασθήσομαι　κολάζω の直説法・未来（受動態）

κόσμος, -ου, ὁ　秩序、飾り、世界

κράτιστος, -η, -ον　「力が強い」の最上級
¶ 比較級は κρείττων, κρεῖττον。

Κρής, Κρητός, ὁ　クレーテー人（クレタ人）

Κρήτη, -ης, ἡ　クレーテー（クレタ島）

κρύπτω　覆う、隠す

κύαμος, -ου, ὁ　豆

κύνας　κύων の複数・対格

κύνες　κύων の複数・主格

κυνί　κύων の単数・与格

Κύπρις, -ιδος, ἡ　キュプリス［Ἀφροδίτη [ῑ] の別名］

κύων, κυνός, ὁ／ἡ　犬

κώμη, -ης, ἡ　村

■ λ ■

λάβοιμι　λαμβάνω の希求法・アオリスト

λαβών, -οῦσα, -όν　λαμβάνω のアオリスト分詞

λάλει（< λάλε-ε）λαλέω の命令法・現在 2nd. sg.

λαλέω　話す、しゃべる、さえずる

λαμβάνω*　つかむ、捕える／捉える

λέγειν　λέγω の現在不定詞

λέγω*　語る、話す

λείπω*　（あとに残して）たち去る

λέξω　λέγω の未来

λέων, -οντος, ὁ　ライオン

λιμήν, -ένος, ὁ　入り江、港、避難所（波がなく安全な場所）

λόγος, -ου, ὁ　言葉、説明、理性

λούω 洗う；[中] 自身を洗う、水浴する

λῡπέομαι 悲しむ、悩む、苦悩する [cf. λύπη [ῡ] 悲しみ、苦悩]

■ μ ■

μάθημα, -ατος, τό 学ばれたこと、教訓 [cf. μανθάνω]

μακάριος, -ᾱ, -ον 幸福な、恵まれた

μακρός, -ά, -όν 長い、大きい

μάλα とても、おおいに、まったく、まさに

μανθάνειν μανθάνω の現在不定詞

μανθάνω* 学ぶ、覚える、身に付ける

μάντις, -εως, ὁ 予言者

μάχαιρα, -ᾱς, ἡ 短刀、大型のナイフ

μάχεσθαι μάχομαι の現在不定詞

μάχη, -ης, ἡ 戦い、争い、戦闘

μάχομαι* 戦う、争う

με 「私」の対格

μέγας, μεγάλη, μέγα 大きい、大いなる

μείζων, μεῖζον μέγας の比較級

μέλᾱς, μέλαινα, μέλαν 黒い

μέλει（+ 属格） ...のことが気にかかる、心配である

μεμάθηκα μανθάνω の直説法・完了

μέν δέ とのコンビネーションで対比を示す。[76 ページ]

μένω* （そのまま）留まる、持ちこたえる

μενῶ μένω の直説法・未来 [アクセントに注目]

μέσος, -η, -ον 中間の、真中の

μετά（+ 対格） ...の後で／に、...を求めて、...に従って；（+ 属格）...とともに／一緒に

μετα|βαλεῖν μετα|βάλλω のアオリスト不定詞

μετα|βάλλω* （向き／性質を）変える

μή 1. ...ない（not） 2. ...ないように 3. ...ではないかと（恐れる etc.）

μηκέτι もう...ない [μή + ἔτι]

μήτηρ, μητρός, ἡ 母 [87 ページ]

μία εἷς の女性・単数・主格

μιαίνω 染みをつける、汚す；[中] 汚れる

μῑκρός, -ά, -όν 小さい

μιμνήσκω* 思い出させる [通常 ἀνα- が付く]

μῑσέω 嫌う，憎む [cf. μῖσος 憎悪]

μνήμων, -ον 記憶力のよい、覚えている [cf. μιμνήσκω]

μοι 「私」の与格

μοῖρα, -ᾱς, ἡ （分け与えられた）運命、分け前

μόνος, -η, -ον ただ１つ／１人の、唯一の、単独の
¶ 述語的位置で「ただ...だけ」の意味を表す。

μου 「私」の属格

Μοῦσα, -ης, ἡ ムーサ（文芸の女神）

μῦθος, -ου, ὁ 神話、物語

■ ν ■

Ναυσικάᾱ, -ᾱς, ἡ ナウシカアー [人名]
¶『オデュッセイア』に登場するパイアーケス人の王女。

ναύτης, -ου, ὁ 船乗り [cf. ναῦς 船]

νεᾱνίᾱς, -ου, ὁ 若者 [cf. νέος]

νεκρός, -ά, -όν 死んでいる（dead）
¶ νεκρός, -οῦ, ὁ 死者

νέμω* 分ける、分配する；[中] 分け合う、所有する

νενίκηκα [ῑ] νῑκάω の直説法・完了

νέος, -ᾱ, -ον 若い

νῆσος, -ου, ἡ 島

νῑκάω 勝つ、勝利する；[受] 負ける

νομίζω* 思う、見なす；習慣にする

νόμος, -ου, ὁ 慣習、法、法律

νόος, -ου, ὁ 心、分別、理性 [97 ページ]

νόσος, -ου, ἡ 病

νόστος, -ου, ὁ 帰国、（帰国のための）旅

νύμφη, -ης, ἡ 花嫁、若妻、ニンフ

νῦν いま、まさに（now）

νύξ, νυκτός, ἡ 夜

Νῦσα, -ης, ἡ ニューサ [山名]

■ ξ ■

ξένος, -η, -ον 異国の、馴染みのない

■ o ■

ὁ, ἡ, τό　定冠詞［第6課］

ὅδε, ἥδε, τόδε　この…［第35課］

ὁδός, -οῦ, ἡ　道、やり方

Ὀδυσσεύς, -έως, ὁ　オデュッセウス［人名］
　¶トロイアー戦争の英雄で『オデュッセイ
　　ア』の主人公。

οἶδα*　知っている［224ページ］

Οἰδίπους, -ποδος, ὁ　オイディプース［人名］
　¶父を殺して母と交わったテーバイの王。

οἰκεῖος, -ᾱ, -ον　家の、親族の

οἰκέω　住む、暮らす［cf. οἶκος / οἰκίᾱ］

οἰκίᾱ, -ᾱς, ἡ　家、家屋、家庭

οἶκος, -ου, ὁ　家、住居

οἶνος, -ου, ὁ　ぶどう酒［< ϝοῖνος］

οἷος, -ᾱ, -ον　…ような

οἴσω　φέρω の直説法・未来

ὄλεθρος, -ου, ὁ　破滅［cf. ὄλλῡμι　破滅さ
　せる］

ὀλίγος, -η, -ον　少ない、わずかな
　¶δι' ὀλίγου で「まもなく」や「わずかに
　　離れて」の意味。

Ὅμηρος, -ου, ὁ　ホメーロス［人名］
　¶『イーリアス』『オデュッセイア』の作者
　　とされる伝説的な詩人。

ὅμοιος, -ᾱ, -ον　類似の、同じ

ὄναρ, τό　夢
　¶単数の主格と対格のみで使う。

ὀνειδίζω　非難する、責める

ὄνος, -ου, ὁ / ἡ　驢馬（ロバ）

ὄντα / ὄντας / ὄντος　166ページの囲みを参
　照

ὀξύς, -εῖα, -ύ　鋭い、尖った

ὅπως（＋接続法／希求法）　…するために／
　ように

ὁράω*　見る

ὄργανον, -ου, τό　道具、（身体の）器官

ὀργή, -ῆς, ἡ　気性、激情、怒り

ὀρθά　まっすぐに

ὀρθός, -ή, -όν　まっすぐな、直立した

ὀρθόω　まっすぐにする、立てる、正す

ὀρχήστρᾱ, -ᾱς, ἡ　（歌舞のための）舞台

ὅς, ἥ, ὅ　関係代名詞［第36課］

ὀστᾶ　ὀστέον の複数・主／対格

ὀστέον, -ου, τό　骨［97ページ］

ὅστις, ἥτις, ὅ τι　不定関係代名詞［第37課］

ὅτε　…するとき（when）

ὅτι　1. …ということ（that）　2. …なので
　（because）　3.（＋最上級）できるだけ…

οὐ　…ない［後ろの語句を否定する］
　¶母音の前では οὐκ に、［h］の前では οὐχ
　　になる。

οὐδείς, οὐδεμία, οὐδέν　誰も…ない、何も…
　ない、どんな…も…ない（nobody / nothing /
　no …）
　¶中性・対格の οὐδέν は副詞として「まっ
　　たく…ない」の意味でも使う。

οὐκέτι　もう…ない［οὐκ ＋ ἔτι］

οὖν　それから、それゆえ etc.

οὖς, ὠτός, τό　耳

οὐσίᾱ, -ᾱς, ἡ　財産、（哲学で）本質

οὗτος, αὕτη, τοῦτο　その…［第35課］

ὀφείλω*　借りている、（＋不定詞）…する
　義務がある

ὀφθαλμός, -οῦ, ὁ　眼

ὄφις, -εως, ὁ　蛇（ヘビ）

ὄψομαι　ὁράω の直説法・未来
　¶中動態の語形だが意味は能動。

■ π ■

πάθημα, -ατος, τό　身に受けたこと、苦しみ

παιδίον, -ου, τό　（小さな）子供

παίζω　遊ぶ［cf. παῖς］

παῖς, παιδός, ὁ / ἡ　子供

πάντα　πᾶς の男性・単数・対格または中性・
　複数・主／対格［88ページ］

παρά（＋対格）…のそばへ、…に反して；（＋
　属格）…のそばから；（＋与格）…のそば
　で／に、…と一緒に

παρα|χωρέω　わきへ寄る、場所を譲る

παρ|έρχομαι*　通り過ぎる、（時が）経過する

παρ|έχω*　与える、提供する

παρθένος, -ου, ἡ　（未婚の）乙女、少女

πάροδος, -ου, ἡ　（舞台に至る）通路、（舞
　台への）登場

πᾶς, πᾶσα, πᾶν　すべての、…全体［第16課］

πατήρ, πατρός, ὁ 父

πάτριος, -ᾱ, -ον 父の、父祖伝来の

πατρίς, -ίδος, ἡ 祖国、故郷

παύω 止める；[中] やめる、止まる

πείθω* 説得する；[中] 納得する、(＋ 与格) ...に従う

πεινάω 空腹である、飢えている、(＋ 属格) ...を切望する

πεινῶν, -ῶσα, -ῶν πεινάω の現在分詞

πείσομαι πείθω の直説法・未来 (中動態)

πέλαγος, -ους, τό 海、大海

πέμπω* 送る、送り出す

πέμψαι πέμπω のアオリスト不定詞

πενίᾱ, -ᾱς, ἡ 貧しさ、欠乏

πεπεισμένος, -η, -ον πείθω の完了分詞 (中動/受動態)

πεπρᾶχθαι πράττω [ᾱ] の完了不定詞 (中動/受動態)

περί (＋ 対格) ...のまわりで/に；(＋ 属格) ...について；(＋ 与格) ...をめぐって、... ゆえに

περι|φέρω* 持ち運ぶ、運んでまわる

Πέρσης, -ου, ὁ ペルシャ人

πεφύτευκα φυτεύω の直説法・完了

πίνω* [ῑ] 飲む

πίνων [ῑ], -ουσα, -ον πίνω [ῑ] の現在分詞

πίπτω* [ῑ] 落ちる、倒れる

πιστεύω (＋ 与格) 信用する、信頼する

πίω [ῑ] πίνω [ῑ] の接続法・アオリスト

πλανάομαι 放浪する、さまよう

πλάνη, -ης, ἡ 放浪、迷い歩くこと

Πλάτων, -ωνος, ὁ プラトーン [人名]
    ¶古代ギリシャを代表する哲学者。

πληγή, -ῆς, ἡ 打つこと、打撃

ποιέω 作る、行う、...を...にする

ποιήσαιμι ποιέω の希求法・アオリスト

ποιήσω ποιέω の接続法・アオリスト

ποιητής, -οῦ, ὁ 詩人

πολέμιος, -ᾱ, -ον 戦争の、敵の
    ¶πολέμιος, -ου, ὁ 敵

πόλεμος, -ου, ὁ 戦争

πόλις, -εως, ἡ ポリス、都市国家 [105 ページ]

πολίτης [ῑ], -ου, ὁ 市民 [51 ページ]

πολῑτικός, -ή, -όν ポリス的な、市民の、国の

πολλάκις 何回も、しばしば、頻繁に

πολλοί πολύς の男性・複数・主格

πολλούς πολύς の男性・複数・対格

πολύς, πολλή, πολύ 多くの、たくさんの [69 ページ]

πονηρός, -ά, -όν 悪い、苦しい、どうしようもない

πόνος, -ου, ὁ 苦しみ、労苦

πόρος, -ου, ὁ 通り道、(川の) 渡し場

ποταμός, -οῦ, ὁ 川

ποτε あるとき、いつか；(疑問詞とセットで) いったい...
    ¶πότε は「いつ...か？」の意味。

πότερος, -ᾱ, -ον どちらの...？
    ¶πότερον ... ἤ ... で「...か...か (どちらか)」の意味。

ποῦ どこで/に

πράττειν [ᾱ] πράττω の現在不定詞

πράττω* [ᾱ] 行動する、(最後まで) 実行/達成する

πρόδηλος, -ον 明白な、明らかな

προ|δίδωμι* 裏切る、敵の手に渡す

προδότης, -ου, ὁ 裏切り者

προ|δοῦναι προ|δίδωμι のアオリスト不定詞

πρόλογος, -ου, ὁ (劇の) プロローグ

πρός (＋ 対格) ...に向かって

πτωχός, -οῦ, ὁ / ἡ 物乞い、乞食

πῦρ, πυρός, τό 火

πῶς どのように？ (How?)

■ ρ ■

ῥᾴδιος, -ᾱ, -ον 容易な、簡単な、気楽な

■ σ ■

Σαπφώ, -οῦς, ἡ サッポー [人名]
    ¶レスボス島で活躍した有名な詩人。

σαφής, -ές 明らかな、明確な

σέ / σε 「あなた」の対格

σεαυτόν, -ήν あなた自身
    ¶属格の σεαυτοῦ, -ῆς が見出し語になるこ

313

とも多い。

σήμερον　今日

σῑγάω　黙っている、静かである

σῑγή, -ῆς, ἡ　沈黙、静寂

σῖγῶ　σῑγάω の直説法・現在または接続法・現在

σκηνή, -ῆς, ἡ　幕舎、（劇場の）楽屋、舞台

σκιά [ᾱ], -ᾶς, ἡ　影

σοί / σοι　「あなた」の与格

σοφίᾱ, -ᾱς, ἡ　知恵、巧みさ

σοφός, -ή, -όν　賢い、優れた、知恵のある
¶ σοφός, -οῦ, ὁ　賢い男、賢者、知者
¶ σοφή, -ῆς, ἡ　賢い女

σοφώτερος, -ᾱ, -ον　σοφός の比較級

σπεῦδε　σπεύδω の命令法・現在 2nd. sg.

σπεύδω　急ぐ、熱心に求める

σπεῦσον　σπεύδω の命令法・アオリスト 2nd. sg.

στάδιον, -ου, τό　スタディオン［距離の単位］
¶ 約 180 メートル。

στρατηγός, -οῦ, ὁ　将軍、指揮官

στρατιώτης, -ου, ὁ　兵士

στρατός, -οῦ, ὁ　軍隊、軍勢

συλ|λαμβάνω*　捕まえる、集める、まとめる

συμπότης, -ου, ὁ　一緒に飲む者、宴会の同席者

συμ|φιλεῖν　συμ|φιλέω の現在不定詞

συμ|φιλέω　愛をともにする、愛しあう

σύν（＋ 与格）　...と一緒に

συν|έλαβον　συλ|λαμβάνω の直説法・アオリスト

Συρᾱκόσιος, -ᾱ, -ον　シュラークーサイの
¶ Συρᾱκόσιος, -ου, ὁ　シュラークーサイ人

σχοινίον, -ου, τό　（小さな）ロープ

σῴζω*　救う、救出する

Σωκράτης, -ους, ὁ　ソークラテース［人名］
¶ 古代ギリシャを代表する哲学者。

σώφρων, -ον　思慮深い、分別がある

■ τ ■

τάδε　ὅδε の中性・複数・主／対格［182 ページ］

ταῦτα　οὗτος の中性・複数・主／対格［183 ページ］

ταύτην　οὗτος の女性・単数・対格

τάχα　素早く、すぐに

τάχος, -ους, τό　速さ、迅速さ、性急さ

ταχύς, -εῖα, -ύ　速い、急速な、差し迫った

τε　"and" に相当する接続詞
¶ θνητοὶ ἀθάνατοί τε（死すべき者と不死なる者）のように使う。
¶ θνητοί τε ἀθάνατοί τε や θνητοί τε καὶ ἀθάνατοι とすると強い連結になる。

τεθνηκέναι　(ἀπο)θνήσκω の完了不定詞

τεθνηκώς, -υῖα, -ός　(ἀπο)θνήσκω の完了分詞

τέθυκα　θύω [ῡ]¹ の直説法・完了

τέκνον, -ου, τό　子供 [cf. τίκτω* 子を生む]

τέχνη, -ης, ἡ　技術、技芸、策謀

τίθημι*　置く、定める、...を...にする

τίνα　τίς の単数・対格または τί の複数・主／対格

τίνες　τίς の複数・主格

τίνι　τίς または τί の単数・与格。

τίς, τί　誰？、何？、どんな...？［第 17 課］
¶ 中性・対格の τί は「なぜ？」の意味でも使う。

τις, τι　ある...［第 17 課］

τόξον, -ου, τό　弓、（複数形で）弓矢

τότε　そのとき

τοῦτο　οὗτος の中性・単数・主／対格

τράπεζα, -ης, ἡ　（四脚の）テーブル

τρεῖς, τρία　3 つの、3 人の（three）

τρέφω*　養う、育てる

τρέφων, -ουσα, -ον　τρέφω の現在分詞

τρέχω*　走る

Τροίᾱ, -ᾱς, ἡ　トロイアー［都市名］

τυγχάνω*　（＋ 分詞）たまたま／まさに...する；（＋ 属格）...に遭う、...を手に入れる

τυραννίς, -ίδος, ἡ　僭主の地位／権力、専制政治 [cf. τύραννος 僭主]

τῡρός, -οῦ, ὁ　チーズ

■ υ ■

ὕβρις, -εως, ἡ　傲慢、暴虐、横暴

ὕδωρ, ὕδατος, τό　水

υἱός, -οῦ, ὁ 息子

ὑμᾶς [ῠ] 「あなたたち」の対格

ὕμνος, -ου, ὁ 歌、讃歌

ὑμῶν [ῡ] 「あなたたち」の属格

ὑπ|εχώρουν ὑπο|χωρέω の未完了過去 [142 ページ]

ὑπό (＋対格) ...の下へ；(＋属格) ...の下から、...によって [受動態の行為者]；(＋与格) ...の下で／に

ὑποκριτής, -οῦ, ὁ 俳優、解釈者

ὑπο|χωρέω 退く、退却する

ὑπο|χωρήσαιμι ὑπο|χωρέω の希求法・アオリスト

■ φ ■

φαγέτω ἐσθίω の命令法・アオリスト 3rd. sg.

φάγοιμι ἐσθίω の希求法・アオリスト

φάγω ἐσθίω の接続法・アオリスト

φαίνω* ...の姿を示す、明らかにする；[中] 現れる、...に見える／思われる

φέρω* 運ぶ、担う

φεύγω* 逃げる、逃れる

φεύγων, -ουσα, -ον φεύγω の現在分詞

φιλεῖν φιλέω の現在不定詞

φιλέω 愛する、好む、大切にする

φιλίᾱ, -ᾱς, ἡ 親しさ、友情、愛情

φίλος, -η, -ον 親しい、好ましい
¶ φίλος, -ου, ὁ 親しい者、友人
¶ φίλη, -ης, ἡ （女性の）友人

φιλοσοφεῖν φιλοσοφέω の現在不定詞

φιλοσοφέω 知を愛する、哲学する [cf. φιλοσοφίᾱ 哲学]

φιλόσοφος, -ου, ὁ 哲学者

φοβεῖσθαι φοβέομαι の現在不定詞

φοβέομαι* 恐れる

φοβοῦ (＜ φοβέ-ου) φοβέομαι の命令法・現在 2nd. sg.

φοιτάω 行き来する、（習慣的に）訪れる

φονεύς, -έως, ὁ 殺害者 [cf. φονεύω 殺害する]

φυγεῖν φεύγω のアオリスト不定詞

φυλάττειν φυλάττω の現在不定詞

φυλάττω 見張る、見守る、監視する [cf. φύλαξ 衛兵、見張り]

φύσις, -εως, ἡ 生まれ、自然、（生来の）性質

φυτεύω 植える、（種や苗を）植え付ける

φύω* [ῡ] 生み出す、生じさせる；[中] 生じる

φωνή, -ῆς, ἡ 声

■ χ ■

χαλεπός, -ή, -όν 困難な、難しい、手強い

χαλεπώτατος, -η, -ον χαλεπός の最上級

χελῑδών, -όνος, ἡ 燕（ツバメ）

χθές 昨日（yesterday）

χρή (＋不定詞) ...する必要がある、...しなければならない [非人称動詞]

χρῆμα, -ατος, τό 必要なもの、価値あるもの、(pl. で) 金銭、財産

χρηστήριον, -ου, τό 神託

χρόνος, -ου, ὁ 時間

χρύσεος [ῡ], -ᾱ, -ον 黄金の [第19課]

χρῡσός, -οῦ, ὁ 金、黄金

χώρᾱ, -ᾱς, ἡ 場所、土地、国

■ ψ ■

ψεύδω 欺く、だます；[中] 嘘をつく

ψεύστης, -ου, ὁ 嘘つき

ψῆφος, -ου, ἡ 小石

ψῡχή, -ῆς, ἡ 魂、生命

■ ω ■

ὤν, οὖσα, ὄν εἰμί の現在分詞 [166 ページ]

ὥρᾱ, -ᾱς, ἡ 時、季節、時期
¶ 不定詞を伴って非人称動詞として「...すべき時である」の意味も表す。

ὡς 1.（まるで）...のように 2.（＋未来分詞）...するように／ために 3. 主語にとっての理由を表す [181 ページ]

ὥσπερ ちょうど...のように（just as ...）

ὦτα οὖς の単数・対格

ὠφέλεια, -ᾱς, ἡ 援助、助け

315

あとがき

　本書では古典ギリシャ語の基本的な文法事項に焦点を絞って、変化表の観察と訳読練習をしながら、この言語の仕組みを学んでいただきました。覚えるべきことがたくさんあるので、一読しただけでは消化不良という方も多いと思います。そのような方のために、最後にちょっとしたアドバイスをしておきます。

　まず、本書の全体を何度か読み返して、どのあたりは理解しやすく（または覚えやすく）、どのあたりは厄介そうだ（覚えるのに時間がかかりそうだ）という、大きな見通しを持つようにしてみてください。この作業をすることで、ギリシャ語にはどのような文法事項があるのかということが分かりますし、力を入れて学ばなくてはならないポイントが見えてくると思います。

　それができたら、本書のとくに前半部分の変化表をひとつずつ、しっかり覚えていくことをお勧めします。まずは第1課から第12課くらいまでの知識を確かなものにして、それができたら次は第17課か第20課まで、それができたらまたもう少し先までというように、足もとを少しずつ踏み固めていくようなつもりで進むとよいでしょう。先に進むにつれて学習は大変になりますが、それでもゴールまでの道のりは少しずつ短くなっていくはずです。

　ある学生はギリシャ語のことを、「難しい」言語ではなく「力のいる」言語だといいました。変化表と対峙して特徴をつかみ、粘り強くそれを覚えていく際の実感をよく捉えた、なかなか上手い表現だと思います。すべてをマスターするにはどうしても時間がかかりますが、ぜひ頑張って勉強を続けてください。覚える作業を進めていくうちにコツが分かってきて、次第に覚えること自体が上手になるということもあるようです。

　本書の完成までには多くの方々の助力を賜りました。まず東京大学の松浦高志さんには、校正協力者として全体の体裁を整えるだけでなく、専門的な知見からいくつもの誤りを正していただきました。それでも残る瑕疵はもちろん著者の責任ですが、本書にもし読みやすいところがあるとすれ

ば、それはひとえに彼のおかげです。

　また、竹内雄二さんにはカバーデザインを担当していただき、アサイレイコさんには素敵なイラストを描いていただきました。表紙のコインや書中のイラストのいくつかにはギリシャ語が記されていますが、本書で学習すればそれを読むこともできると思います。よろしければトライしてみてください。

　ベレ出版の脇山和美さんには遅れる原稿を辛抱強く待っていただき、短い時間での編集作業を強いることになりました。「初学者が無理なく学べる古典ギリシャ語の本を」という企画は、彼女に提示していただいたものです。

　最後に、本書の著者として私を推薦してくださったのは山下太郎先生でした。先生の主催する京都北白川の「山の学校」では私も何年か講師を務めましたが、受講生とともにとても楽しい時間を過ごしたのを覚えています。古典ギリシャ語やラテン語のクラスもあり、インターネットを介しての遠隔授業も展開していますから、関心のある方は問い合わせてみるとよいでしょう。ギリシャ語とラテン語の教室については、日本西洋古典学会のウェブページ（https://www.clsoc.jp）にも「ギリシア語ラテン語を学べる教室」（京阪神編／関東編／名古屋編／札幌編）の案内があります。

　本書の完成にご助力くださったすべての方に感謝いたします。

著者紹介

堀川 宏（ほりかわ・ひろし）
獨協大学専任講師。1981年山梨県生まれ。2012年京都大学大学院文学研究科博士後期課程研究指導認定退学。2016年京都大学博士（文学）。訳書として『古代ギリシャ語語彙集 基本語から歴史／哲学／文学／新約聖書まで』（共訳、大阪公立大学共同出版会）と『アポロニオス・ロディオス　アルゴナウティカ』（京都大学学術出版会）、著書として『反「大学改革」論：若手からの問題提起』（共著、ナカニシヤ出版）がある。

● ──カバーデザイン　　　竹内 雄二
● ── DTP・本文図版　　　株式会社 文昇堂
● ──校正協力　　　　　　松浦 高志
● ──本文イラスト　　　　アサイ レイコ

しっかり学ぶ初級古典ギリシャ語

| 2021 年 1 月 25 日 | 初版発行 |
| 2023 年 11 月 4 日 | 第 4 刷発行 |

著者	堀川　宏
発行者	内田 真介
発行・発売	ベレ出版 〒 162-0832　東京都新宿区岩戸町12 レベッカビル TEL.03-5225-4790 FAX.03-5225-4795 ホームページ　https://www.beret.co.jp/
印刷	モリモト印刷株式会社
製本	根本製本 株式会社

ISBN 978-4-86064-643-1 C2087　　　　　　　　　　　　編集担当　脇山和美

しっかり学ぶ初級ラテン語

山下太郎 著

A5 並製／本体価格 1900 円（税別）■ 360 頁
ISBN978-4-86064-366-9 C2087

本書ははじめてラテン語を学びたい人、もう一度ラテン語の基礎からきちんと学習したい人の本格的な入門書です。文字から発音、そして初級レベルの文法事項をできるだけ丁寧にわかりやすく解説しました。この初級の文法理解がラテン語学習の核になります。文法解説と練習問題でラテン語の仕組みを自然に会得できるようになっています。また本書では味わい深い例文を 500 とりあげました。この例文読解をとおしてラテン語の世界を十分堪能できます。

しっかり身につく
ラテン語トレーニングブック

山下太郎 著

A5 並製／本体価格 2500 円（税別）　■ 360 頁
ISBN978-4-86064-431-4 C2087

ラテン語の基礎文法を一通り学んだ人が練習問題を通じて知識の定着を図る本です。本書の構成は文法のまとめ＋練習問題。1300 あまりの豊富なラテン文が取り上げられ、そのほとんどが原典からえりすぐられたものばかりです。味わい深い例文がラテン語の魅力を伝えてくれます。練習問題を解きながら「この言葉の背景を読んでみたい、ラテン語の読解に挑戦したいという気持ちが湧いてくる本です。

ラテン語を読む
キケロー「スキーピオーの夢」

山下太郎 著

A5 並製／本体価格 2900 円（税別）　■ 368 頁
ISBN978-4-86064-510-6 C2087

辞書を引いてラテン語で書かれた作品を読み解きたいというラテン語学習者の夢を実現させました。テキストとして取り上げたのはキケローの代表作「国家について」の最終巻「スキーピオーの夢」。原文のすべての単語に文脈に即した説明がついています。また丁寧な文法解説、逐語訳、全文訳をつけてきめ細かく作品を読んでいきます。この本があればなぜこのラテン語はこのような日本語に訳せるのか、その理由が手に取るようにわかります。ラテン語講読が独習できる家庭教師のような内容になっています・